A política social do
Estado Capitalista

Dados Internacionais de Catalogação na Publicação (CIP)
(Câmara Brasileira do Livro, SP, Brasil)

Faleiros, Vicente de Paula, 1941-
    A política social do estado capitalista : as funções da previdência e assistência sociais / Vicente de Paula Faleiros – 12. ed. – São Paulo : Cortez, 2009.

Bibliografia.
ISBN 978-85-249-0237-6

    1. Brasil – Política social 2. Política social 3. Previdência social 4. Previdência social – Brasil 5. Seguro social 6. Seguro social – Brasil I. Título.

                                  CDD-361.61
                                      -361.610981
                                      -368.4

90-0133   -368.400981

Índices para catálogo sistemático:

1. Brasil : Política social 361.610981
2. Brasil : Previdência social 368.400981
3. Brasil : Seguro social 368.400981
4. Política social 361.61
5. Previdência social 368.4
6. Seguro social 368.4

Vicente de Paula Faleiros

A política social do Estado Capitalista

12ª Edição
5ª reimpressão

A POLÍTICA SOCIAL DO ESTADO CAPITALISTA
Vicente de Paula Faleiros

Capa: DAC
Revisão: Maria de Lourdes de Almeida
Composição: Dany Editora Ltda.
Coordenação editorial: Danilo A. Q. Morales

Texto revisto a partir da 8ª edição, 2000.

Nenhuma parte desta obra pode ser reproduzida ou duplicada sem autorização expressa do autor e do editor.

Copyright © do autor

Direito para esta edição
CORTEZ EDITORA
Rua Monte Alegre, 1074 – Perdizes
CEP 05014-001 – São Paulo – SP – Brasil
Tel.: (11) 3864-0111 – Fax: (11) 3864-4290
E-mail: cortez@cortezeditora.com.br
www.cortezeditora.com.br

Impresso no Brasil – abril de 2018

SUMÁRIO

Introdução 7

PRIMEIRA PARTE: PERSPECTIVAS TEÓRICAS 9

CAPÍTULO 1: A Economia Liberal do Bem-Estar Social 11

1.1 O Capitalismo concorrencial, as práticas de classe
e as teorias do bem-estar social 12

1.2 O sistema monopólico e as teorias do bem-estar social .. 19

1.3 A análise do custo-benefício aplicado aos projetos sociais 22

1.4 A economia do bem-estar e o Estado de bem-estar 24

CAPÍTULO 2: As Necessidades Sociais: Perspectivas de Análise 29

2.1 O naturalismo do sujeito e o culturalismo 30

2.2 As exigências do sistema e a negação do sujeito 37

2.3 Luta de classes e necessidades 41

**CAPÍTULO 3: Ideologia Liberal e Políticas Sociais no
Capitalismo Avançado** 46

3.1 Elementos constitutivos da política social liberal 47

3.2 A política social liberal no contexto político e econômico
capitalista 52

CAPÍTULO 4: As Funções da Política Social no Capitalismo .. 59

4.1 A classificação empírica das políticas sociais 60

4.2 As funções ideológicas 63

4.3 Contratendência à baixa tendencial da taxa de lucro 64

4.4 Valorização e validação da força de trabalho 70

4.5 Reprodução dinâmica das desigualdades 77

4.6 Manutenção da ordem social 78

SEGUNDA PARTE: ANÁLISES CONCRETAS 85

CAPÍTULO 5: O Seguro Social nas Sociedades de Capitalismo Avançado: lutas e resultados 87
5.1 Colocações teóricas 88
5.2 As sociedades de ajuda mútua e os seguros privados ... 93
5.3 O seguro contra os acidentes de trabalho 95
5.4 A aposentadoria 96
5.5 O seguro-saúde 101
5.6 O seguro-desemprego 102
5.7 Expansão e restrição das políticas sociais 104

CAPÍTULO 6: Seguros Sociais no Capitalismo Dependente: corporativismo, populismo e previdência social no Brasil e no México 110
6.1 Os conceitos de populismo e de corporativismo 111
6.2 Da exclusão das classes subalternas à sua integração controlada 113
6.3 Os aparelhos da integração 120
6.4 A previdência social como canal de reprodução das relações sociais 124
6.5 A previdência social como instituição liberal e como estímulo à produtividade e à demanda 127

CAPÍTULO 7: Previdência Social no Brasil e México: lutas e resultados 133
7.1 Perspectiva de análise: as forças sociais no campo da previdência 133
7.2 A previdência social no Brasil 140
7.3 Os seguros sociais no México 158

CAPÍTULO 8: Contradições da Previdência Social Brasileira no contexto dos anos 70 173
8.1 Aspectos estruturais 173
8.2 As conjunturas sociais 175
8.3 Burocratização, privatização e medicalização 179
8.4 A integração dos camponeses 181
8.5 Compartimentalização 182
8.6 Fundos privados 183
8.7 Empobrecimento dos aposentados 183

CAPÍTULO 9: A Política Social, Previdência e Neoliberalismo 187

INTRODUÇÃO

A Política Social do Estado Capitalista está reeditado com algumas modificações, principalmente no capítulo 4, contemplando ainda a substituição do capítulo 9, que se referia à Junta Militar Chilena, por um capítulo sobre neoliberalismo. A sua republicação tem o sentido de manter o debate em torno das relações Estado, sociedade e mercado na formulação das políticas sociais.

Depois da primeira edição, em 1980, a discussão sobre políticas sociais muito se ampliou, considerando as questões políticas propriamente ditas e as questões teóricas. As questões políticas vieram no bojo das reformas do Estado, que colocaram em xeque a estruturação do Estado de Bem-Estar Social, feita no pós-guerra e articulada em torno dos fundos públicos para proteção social em casos de perda de renda ou de idade avançada, doença, invalidez, morte e acidente. Essa estruturação se baseou numa economia de pleno emprego e de forte industrialização, em que o salário estável era a garantia de contribuições também estáveis para os fundos públicos. A crise capitalista dos anos 70, a revolução tecnológica, o fim da guerra fria, as novas formas de globalização com a concentração de capitais e de rendas em países dominantes centrais mudaram profundamente as formas de reprodução da força de trabalho e das organizações de trabalhadores. O desemprego se tornou o principal problema social e a gestão do trabalho está confrontada com a gestão do não-trabalho.

As chamadas reformas do Estado capitalista, seguindo uma perspectiva neoliberal encampada pelo Fundo Monetário Internacional, estão, por sua vez, desmontando os fundos públicos e transferindo responsabilidades para o mercado e para o próprio indivíduo. A análise detalhada desses mecanismos vem sendo feita por meio de perspectivas diversas e complexas.

Neste livro confrontamos e apresentamos a perspectiva liberal (hoje neoliberal) nos seus fundamentos (capítulo 1) e seus discursos (capítulo 3), retomamos a discussão das necessidades sociais (capítulo 2) e analisamos a questão da política social na perspectiva marxista e da cidadania (capítulo 4). No capítulo 5 trabalhamos a relação da política social com a sociedade, mostrando que as crises e a correlação de forças condicionam profundas mudanças. O interesse pela história (capítulos 6, 7 e 8) mostra que as políticas sociais são um processo complexo que não pode ser reduzido a um único determinismo econômico do capital nem à iniciativa da burocracia estatal. Substituímos o capítulo 9, sobre a Junta Militar Chilena, que foi a primeira a favorecer o mercado da previdência social com o modelo da capitalização, por um capítulo sobre Neoliberalismo e Previdência Social.

Os demais capítulos, como explicitamos na primeira edição, foram resultado de conferências e cursos, e o capítulo 3 foi originalmente publicado na *Revue Canadienne d'Éducation en Service Social*. Cremos que o livro poderá continuar com o propósito definido na primeira edição: "contribuição ao debate".

Principalmente num momento em que se destaca o confronto entre "politicistas" e "economicistas" na análise das políticas sociais. O livro se situa na articulação do econômico e do político, na visão histórico-estrutural, evitando os reducionismos e privilegiando as análises concretas, das situações concretas, sem a pretensão de estabelecer uma única explicação para todas as situações. Ao contrário, pensar a realidade implica abrir o pensamento.

Reitero os agradecimentos à Cortez Editora, principalmente a José Xavier Cortez pelo estímulo à primeira edição, e a Margarida Luzzi Pizante F. pela tradução dos capítulos 1, 2, 5, e 6 do espanhol e 3 e 7 (exceto o item 7.1) do francês.

Brasília, 20/1/2000

PRIMEIRA PARTE

Perspectivas Teóricas

Capítulo 1

A ECONOMIA LIBERAL DO BEM-ESTAR SOCIAL

A problemática da política social ocupou uma importância estratégica fundamental na etapa do capitalismo monopolista do Estado. Justamente esse lugar estratégico vem do papel que o Estado exerce para proteger, financiar e suportar o capitalismo monopolista, tanto nos países hegemônicos como nos países dependentes.

Se os monopólios se instalam em países dependentes, isto não significa que o Estado seja um fantoche, mas conserva sua relativa autonomia e, o que é também importante, sua identidade nacional, apresentando-se como o Estado Chileno, Peruano, Uruguaio etc.

Do ponto de vista operacional, a política social vem interessando vários tipos de profissionais como os economistas, os sociólogos, os assistentes sociais, os médicos, tendo em vista que com a intervenção do Estado encontram-se na perspectiva ou na realidade do trabalho assalariado dependente da função pública.

Do ponto de vista teórico essas políticas são debatidas dentro dos esquemas mais variados e contraditórios.

Neste capítulo aborda-se o ponto de vista do *welfare economics*. Trata-se de uma apresentação crítica de algumas teorias econômicas, à luz das quais diferentes teóricos e diferentes governos têm se referido e justificado as políticas concretas.

Na primeira parte colocamos o problema na "etapa" do capitalismo concorrencial, para em seguida colocá-lo na "etapa" do capitalismo monopolista. Não se adota uma visão etapista do capitalismo, mas uma divisão esquemática para fins de análise.

1.1. O CAPITALISMO CONCORRENCIAL, AS PRÁTICAS DE CLASSE E AS TEORIAS DO BEM-ESTAR

Do ponto de vista das teorias econômicas liberais é no mercado que o indivíduo satisfaz suas exigências de bens e serviços, portanto adquire seu bem-estar.

No modo de produção feudal, o servo era vinculado ao senhor por relações de submissão e proteção (sobretudo militar), encontrando satisfação de certas "necessidades" dentro das associações comunais e principalmente religiosas. A religião servia para legitimar a esmola, o asilo e certos cuidados de saúde (coação extra econômica). Nesse modo de produção o servo era proprietário dos meios de produção. No modo de produção capitalista produz-se uma ruptura entre a posse dos meios de produção e o trabalhador. Os meios de produção passam a ser de propriedade do capitalista, pela expropriação, pela reprodução simples e ampliada, pela acumulação. O homem, como disse Marx, se vê livre, sem estar ligado ao senhor, pronto a oferecer sua força de trabalho como indivíduo, em troca de salário.

A ordem medieval se desmoronou em sua estrutura social e política, em conseqüência das modificações nas relações de produção, diante das novas exigências de produção dos valores e de intercâmbio de mercadorias.

O salário é o meio de prover a sua subsistência. Mas esse salário é obtido na produção da mais-valia e sob uma submissão total às novas relações sociais que as fábricas suscitam. Disto resulta a disciplina coletiva, o "despotismo da fábrica", como diz Marx.

Encurralados no campo, com as terras comunais usurpadas, foram os camponeses obrigados a vender sua força de trabalho para subsistir em penosas condições de trabalho (longas jornadas, baixos salários, trabalho de menores e de mulheres).

Aos que não foram incorporados ao mercado de trabalho, temporária ou permanentemente, se fez toda uma legislação repressiva. Assim, os considerados vagabundos e mendigos eram açoitados ou, em caso de reincidência, se lhes marcava com ferro e os condenava à morte (coação direta e indireta ao trabalho). Foram proibidas as esmolas aos mendigos não identificados como tais.

Por outro lado, os que não podiam se incorporar ao trabalho, eram socorridos pelas paróquias, por intermédio das caixas de socorro, mas de acordo com os interesses das classes dominantes, apresentando-se estas caixas como remédios contra o vício, a vagabundagem e a imoralidade. O objetivo real da ajuda era forçar ao trabalho. Os capazes de trabalhar eram enviados ao trabalho por salários muito baixos, e aos incapazes se lhes dava uma ajuda arbitrária, segundo os critérios da classe[1]. É essa a essência da lei dos pobres na Inglaterra.

Na França, foi seguida a mesma política. Os hospitais gerais acolhiam todo o tipo de incapazes para o trabalho. Ao mesmo tempo, todo o esforço era feito para punir os mendigos, obrigando-os a trabalharem em serviços "públicos", criados, deliberadamente, em terras dos senhores.

Para coroar esse esquema repressivo, os pobres eram obrigados a residir no lugar de ajuda para que a mão-de-obra não fugisse dos senhores locais.

É com a criação dos *workhouses*, na Inglaterra, por volta de 1730, e sua confirmação pela lei de 1834, que o esquema de obrigação ao trabalho se tornou mais rígido. Tratava-se de clara expressão do princípio da *less elegibility*, isto é, "a pior situação". Entre trabalhar e não trabalhar, era preferida a primeira situação.

As "casas de trabalho" eram depósitos onde os menos capazes para o trabalho eram utilizados para fazer vários tipos de produtos (principalmente, fiar) conservando-os em prisão, onde não podiam ter qualquer contato com o exterior.

Mas em épocas de crise, como em 1790, procurou-se contornar a situação. Foi na famosa reunião dos juízes, em Speenhamland, que se determinou que os soldos deveriam ser ajustados a um padrão mínimo, (evidentemente elaborado pelos juízes), baseado no preço do trigo. Era um regime de suplemento de salário, para compensar a alta súbita de preços.

Em 1832, ainda na Grã-Bretanha, houve uma crise social, com agitação nas ruas e o governo nomeou uma comissão para investigar a situação dos pobres. Mas a comissão em sua visão moralista disse que eles viviam na "imprevidência, na imoralidade, em comparação com os que trabalhavam, os quais sabiam conduzir as suas coisas".

Essas medidas administrativas concretas de controle e repressão da força de trabalho não pareciam contrariar os princípios do mercado porque eram vistas como combate ao vício, à preguiça e à imprevidência das classes pobres. O indivíduo era *obrigado* a ingressar no mercado, onde seria "livre" para realizar contratos com salários fixados pelos patrões.

Pouco antes, Adam Smith (1776) publicara a *Riqueza das Nações* na qual defendia o *laissez-faire* e onde afirmava que os capazes, os inteligentes é que prosperariam num regime de concorrência.

13

Para ele, o bem-estar se identificava com a riqueza, num ponto de vista objetivo[2]. Esta noção supunha que a riqueza dependia do esforço individual num sistema de concorrência perfeita. Assim, é no mercado que se produz o equilíbrio entre o consumo e a produção. Como Malthus assinala, a pobreza é um desequilíbrio entre a produção e a população. O auxílio para a distribuição do excesso de alimentos entre a população faria aumentar o número de pobres, como faria aumentar o custo dos alimentos, além de reduzir o rendimento dos trabalhadores independentes. Além disso, a distribuição só favoreceria a preguiça e o vício.

O indivíduo era julgado culpado de sua situação, legitimando-se essa ideologia por critérios morais, de uma moral natural. Como se o fato de existir pobres e ricos fosse um fenômeno natural e não o resultado do tipo de produção existente.

Do ponto de vista da produção supõe-se que as unidades de produção possam otimizar algumas independentes das outras e que no mercado existe uma concorrência pura e perfeita entre todos os preços e todas as quantidades[3].

Assim o indivíduo deve ser *libertado* das *amarras* da ajuda para procurar o máximo de "benefício" no mercado (como assalariado e como consumidor).

Segundo essa teoria, o fundamental será que o consumidor otimize a sua satisfação e a sua utilidade. Teoricamente cada indivíduo deve procurar otimizar sua satisfação e sua utilidade para retirar o valor de uso mais conveniente ao mercado.

O importante é considerar que, de acordo com a oferta e a procura, é no mercado que os indivíduos poderão alcançar o máximo de satisfação com as mercadorias produzidas.

O *welfare economics*, como assinala Ross, considera o bem-estar como não definível, porque leva em conta critérios subjetivos, pois a economia seria uma ciência positiva. Mas isto não impede que se considere o indivíduo como o melhor juiz (*the best judge*) de seu bem-estar[4].

No fundo, o bem-estar é identificado com o *consumo*, que traria para o indivíduo a "felicidade", com a satisfação de seus desejos e preferências individuais. É pela "livre escolha", num sistema de mercado, que o indivíduo satisfaz suas preferências, levando-se em consideração que se está num sistema de concorrência, em igualdade de condições.

A "teoria do bem-estar" deve considerar também a renda, não em sua distribuição, porém em sua globalidade. Conforme Pigou, um aumento no rendimento nacional aumenta o bem-estar se a participação dos pobres não for diminuída; e se a participação dos pobres no orçamento nacional não o diminuir, o bem-estar econômico, de alguma forma é aumentado[5].

É de acordo com essa teoria mistificadora que certos economistas medem a riqueza de um país e não a de seus habitantes, e continuam utilizando as estatísticas de *crescimento* do produto (PIB) e dos rendimentos, como índices do aumento do bem-estar.

Esta teoria atual do bem-estar, identificada com o crescimento, ainda seguida pelo *welfare economics*, tem suas raízes em Wilfredo Pareto.

Para entendê-la é necessário compreender seus pressupostos. Segundo esta teoria, o bem-estar da sociedade depende do bem-estar dos indivíduos que a compõem, e cada indivíduo é o melhor juiz de seu bem-estar. Se um indivíduo tiver um bem-estar superior aos demais, sem que o bem-estar desses diminua, o bem-estar da sociedade cresceu. Assim é preciso considerar todas as relações na economia e sua modificação. Se essa modificação for vantajosa para alguns, sem ser desvantajosa para outros, temos um aumento do bem-estar. Mas se a modificação diminuir o bem-estar de alguns poucos, mesmo aumentando o bem-estar da maioria, já não há bem-estar.

Como se pode notar, é a teoria do crescimento constante, isto é, a ideologia que defendem a pequena burguesia e a burguesia reformista, as quais consideram que se pode aumentar o nível de vida da classe operária sem nenhuma diminuição de seu próprio nível[6].

Pareto[7] divide a sociedade em duas classes: uma classe superior, a dos governantes, e uma classe inferior, a dos governados. Há uma certa circulação entre estas duas classes e que depende das qualidades e dos sentimentos das pessoas que a elas pertencem, como também do interesse e do caráter dos opositores. Diz ele, "aqueles entre os quais as qualidades de caráter têm mais importância que as qualidades de engenhosidade técnica ou financeira, ou que não possuem as mencionadas qualidades de engenhosidade, serão frustrados" (§ 1415).

Assim os homens se enriquecem, se tornam da *elite*, segundo suas habilidades para se aproveitarem de suas vantagens e de uma dada situação.

Os homens são movidos por suas preferências. Os indivíduos são as moléculas sociais do sistema econômico. Por outro lado, o sistema econômico se compõe dos seguintes elementos: solo, clima, fauna, as circunstâncias geológicas, mineralógicas; outros elementos como que são exteriores à sociedade num determinado tempo, como as ações externas, que outras sociedades exercem sobre a primeira; elementos intrínsecos, como a raça, os sentimentos sinceros, as tendências, os interesses, a aptidão para o raciocínio e a observação (§ 1.306).

Pareto procura encontrar um equilíbrio entre estes diferentes elementos, seja no espaço como no tempo. Para ele a sociedade, como os indivíduos, se deslocam num campo de forças, como as forças de ação e de reação, de forma tal que a modificação de um elemento quebra o equilíbrio, que ocasionará uma reação contrária de outros elementos para restabelecer o equilíbrio inicial.

Este equilíbrio é definido como um estado, de tal forma que se houver uma modificação artificial diferente da que existe em realidade, logo se produzirá uma reação para voltar ao estado real. Por isto é necessário ver os estados sucessivos de um indivíduo e de uma sociedade (§ 1.311). São estados-limites, dos quais a sociedade ou o indivíduo não pode se afastar.

A noção de *utilidade* para Pareto está vinculada a esta concepção de sociedade. A utilidade é a vantagem que se pode obter de uma ação, podendo ser direta ou indireta (como parte da coletividade), como em relação a outros indivíduos. Esta mesma classificação tripartida aplica-se à coletividade. Assim esta utilidade possui um índice e há estados em que esta utilidade é maior e pode alcançar seu grau máximo. Há momentos em que o indivíduo pode alcançar o máximo de utilidade. Esta utilidade, em economia, compreende o grau de satisfação de um indivíduo em relação a uma determinada mercadoria.

Se uma coletividade puder modificar um estado, com vantagem para todos os seus membros, é de utilidade máxima atuar nesta direção. Mas se não for possível agir assim, é necessário procurar *outros critérios de ordem social ou ética para se decidir, de modo 'que os indivíduos optem por uma determinada decisão.*

Otimizar, para os economistas, segundo Pareto, consiste na produção de um bem que satisfaça ao mesmo tempo as *preferências* do consumidor e atinja o critério de *eficiência*, isto é, o máximo de lucro para o empresário, no sentido em que não haja outro programa viável nestas mesmas condições. Assim as *preferências* e os *preços* se combinariam. O indivíduo obteria a quantidade que o satisfaça e o empresário o preço que o satisfaça.

De acordo com Pareto, dois indivíduos A e B estão em relação aos bens X e Y. No ponto de origem O, o indivíduo A possui 100% de Y. Assim as curvas se deslocam diagonalmente, mostrando os diferentes momentos de satisfação de ambos os indivíduos em relação à distribuição dos dois bens. As duas curvas X são tangentes segundo uma linha *de contrato* entre os dois, em que eles concordam as suas mútuas vantagens ao mudar seus bens segundo a utilidade para cada um deles[8].

Dobb faz a crítica desta teoria assinalando:

1) É uma distribuição totalmente relativa, que depende da posição relativa inicial de ambos os indivíduos, o que não é levado em conta. Qualquer outro deslocamento sobre o diagrama que implique um duplo deslocamento não pode ser contestado por Pareto.

2) Quando há um deslocamento supõe-se que os *outros fatores permaneçam constantes* (não se leva em conta os fatores políticos, sociais que influem nos gostos do indivíduo).

3) É um círculo vicioso no sentido em que a livre concorrência e o livre comércio supõem que os indivíduos que permutam entre si defendem seus interesses, o que faz supor que procuram suas mútuas vantagens e procuram melhorar sua sorte, o que presume o livre comércio e a livre concorrência.

Dobb assinala também, *de passagem*, a separação que Pareto faz entre o sistema de produção e o de distribuição, o que também, já tínhamos assinalado.

As condições necessárias ao ótimo de Pareto são: concorrência perfeita, liberdade do consumidor, que os custos marginais sejam iguais aos rendimentos marginais em toda a economia e que tudo que for produzido seja consumido. O consumo atual define o consumo futuro.

O problema do bem-estar econômico é assim um problema teórico, ideal, de relação entre os preços e os gastos de cada indivíduo.

Em última instância, o homem seria um ser que atuaria por suas preferências, por seus sentimentos. É uma redução do bem-estar ao gosto de cada uma das moléculas sociais, é a redução ao individualismo. Mesmo que Pareto fale da utilidade para uma coletividade, esta utilidade é a utilidade dos indivíduos (§ 1.347). É uma teoria ideal, normativa, mas que nem como ideal se há sustentado.

Segundo Godelier, a teoria da concorrência perfeita fica como uma norma, um ideal. Godelier se questiona porque sendo um ideal ela desapareceu. E como se justifica, no sistema de concorrência, a desigualdade da propriedade?[9]

Os postulados que acabamos de expor constituem alguns dos elementos básicos da teoria marginalista *neoclássica*. Pierre Archard[10] assinala que os marginalistas confundiram (valor de uso e valor de troca) o que Marx havia distinguido bem. Para os marginalistas o preço é a medida da utilidade. E como já assinalamos, é no mercado que se maximizam as satisfações.

O ótimo para o consumidor, assim, vai situar-se quando a última unidade do que *dou*, tem a mesma utilidade da última unidade do que *obtenho*.

Para o capitalista a inversão vai se situar num limite máximo, de tal forma que a última unidade produzida deve ser igual a seu custo de produção. No fundo o benefício deve ser maior que o custo, isto é, a inversão deve garantir uma rentabilidade constante. Igualmente, o capitalista vai contratar assalariados até que o último a ser contratado não produza mais que o seu próprio salário.

Esse tipo de "racionalidade", completamente abstrata, seria mantida pelo mercado de uma forma automática ou quase, porque, nesse modelo a produção não é produção de valor, porém produção física de mercadorias destinadas a satisfazer certas "necessidades" dos consumidores.

Attali et Guillaume[11] dizem que esta teoria de equilíbrio permite uma simplificação (extrema) de certas interdependências econômicas, ficando-se em um nível de abstração, ante a não existência real da concorrência pura e perfeita.

Esses autores notam ainda que as preferências dos *consumidores* se referem a diferentes estados individuais possíveis, sem que se leve em conta as preferências de outros agentes. Além disso, as preferências são independentes uma das outras, o que não corresponde à realidade.

O marginalismo é um meio de justificação ideológica do sistema baseado no otimismo burguês de que a livre concorrência resolveria todos os problemas econômicos.

Keynes se opõe de certa forma a esta teoria quando defende certa intervenção do Estado. Ele afirma que "exceto a necessidade de um *controle central para manter em equilíbrio a propensão para consumir e a incitação para investir*, não há razão agora, nem houve antes, para socializar a vida econômica"[12], mas a intervenção do Estado seria uma exceção.

Para Keynes, a incitação para investir se faz por intermédio da taxa de juro e a incitação para consumir, por intermédio da política fiscal ou da política social de inversões públicas.

Nesse modelo ideal o indivíduo-consumidor é *livre*, mas desvinculado do indivíduo produtor. Este é obrigado a vender sua força de trabalho para poder consumir, nas condições impostas pela sua situação no sistema produtivo.

A teoria exposta se baseia nessa separação radical entre produção e consumo, pois é a produção que produz o consumidor. Ela se realiza para o intercâmbio e não para satisfazer às necessidades ou preferências individuais.

O próprio desenvolvimento capitalista, a monopolização do mercado foi exigindo modificações nessa teoria do bem-estar como consumo. Com efeito, como pode o consumidor escolher livremente, se o mercado é monopolizado?

Além do mais o controle da força de trabalho no mercado não foi colocado como questão teórica, nesse modelo. Essa problemática será abordada no capítulo 4.

O problema da distribuição da renda também não foi abordado, não foi tomado em conta como variável do modelo, mas considerado um dado de fato, já que o simples crescimento implicaria (teoricamente) num aumento geral do bem estar de todos, esquecendo-se que o povo pode ir mal mesmo que a economia vá bem.

1.2. O SISTEMA MONOPÓLICO E AS TEORIAS DO BEM-ESTAR SOCIAL

O modo de produção capitalista mercantil e concorrencial transformou-se para reagir à "lei da baixa tendencial da taxa de lucro". Foram profundas as transformações nas relações de produção e nas relações sociais de produção.

É pela utilização da "mais-valia" relativa que o capital tenta se opor à baixa tendencial da taxa de lucro. Com a utilização da tecnologia avançada, da aceleração e do parcelamento do trabalho, do aumento da produtividade, o capitalismo busca diminuir a mão-de-obra implicada na produção e ao mesmo tempo aumentar a produção e a produtividade.

As sociedades por ações substituem as sociedades individuais, criando-se vastos complexos nacionais e internacionais. Os monopólios necessitam de uma expansão constante para manter seus lucros.

Com a crise de 1930 consolida-se o modo de produção capitalista monopolista, o qual entra em uma fase eminentemente expansionista, depois da Segunda Guerra Mundial, com a hegemonia americana.

Por intermédio dos investimentos direts, do controle do comércio e das finanças internacionais, os monopólios americanos controlam de maneira hegemônica, mas não sem contradições, a economia ocidental.

A teoria econômica do bem-estar precisou se adaptar a essa situação de dominação dos monopólios, tomando-a como um fato, como um dado positivo, isto é, sob o ponto de vista das ciências positivas, do positivismo.

Os economistas do *welfare economics* imaginaram a teoria do *second best*, isto é, "da segunda alternativa melhor".

Nesta perspectiva assinalam Lipsey e Lancaster que pelo menos é admitida uma limitação adicional às que existem no ótimo de Pareto. É da natureza desta limitação que ela preveja, pelo menos, a satisfação de *uma* das condições do ótimo da teoria de Pareto. Assim podem existir várias posições da "melhor segunda alternativa". Por exemplo, a proteção aduaneira (considerada indesejável em um regime de livre concorrência) pode ser desejável, segundo esses economistas, para aumentar a eficiência da produção mundial. É necessário advertir que eficiência significa alcançar o máximo de utilidade possível nos preços, do ponto de vista capitalista.

Mas esta teoria diz que em situação de monopólio é preciso procurar uma alternativa melhor de bem-estar, por exemplo, na distribuição do estoque de bens. Se a distribuição aumentar, o bem-estar dos indivíduos já é vantajosa. Os autores citados dizem que "o monopólio é assumido como um dado: por uma ou outra razão este monopólio não pode ser removido e a tarefa da indústria nacionalizada é determinar que a política de preços seja, o mais possível, 'de interesse público'." O postulado da "segunda alternativa melhor" é: qualquer política irá fazer certas coisas piores e outras melhores. *This is a typical "second best situation": any policy will make some things worse and some better".* Aceita-se que não se pode melhorar a situação de todos ao mesmo tempo.

Da mesma maneira se passa no caso das tarifas, dos impostos, enfim da intervenção do Estado. É o ótimo social em presença do monopólio e da taxação do Estado. Os lucros do monopólio são vistos como uma transferência privada de pagamento e que podem sofrer uma taxação sem afetar a produção. O que se passa é que o consumidor vai selecionar a quantidade de mercadorias do mercado, para maximizar a função de seu orçamento. Em outros termos, isto significa que o consumidor escolhe a qualidade e a quantidade do produto de acordo com as suas possibilidades. Em realidade, nos países capitalistas, encontra-se a diferença de qualidade e de quantidade das mercadorias, numa escala adequada a todos os orçamentos, isto é, desde a mais baixa até a mais alta qualidade. Uma vez que o consumidor de baixa renda escolheu a qualidade, ele começa a diminuir a quantidade do que quer comprar, segundo seu orçamento. Assim terá o refrigerador usado, móveis, utensílios e comida de segunda categoria, e na quantidade limitada à sua renda.

Toda teoria liberal do bem-estar está baseada no *mercado* e no *consumo*. É no mercado que os indivíduos, átomos sociais, devem procurar satisfazer suas preferências, seus gostos, segundo uma curva de indiferença. (Supõe-se que os operários que produzem um automóvel de luxo não tenham interesse em possuí-lo.) Assim, supõe-se que todos os bens que "atendam" às "necessidades básicas" do homem estejam no mercado: alimentação, moradia, roupa, lazer, educação (em parte), saúde (em parte), transporte (em parte). Os subsídios do Estado têm por objetivo manter o lucro das empresas que se dedicam em produzir certos produtos essenciais, como tem sido o caso do leite, do pão, do açúcar. Estas subvenções têm também por objetivo manter estável a demanda em caso da infra ou da superprodução. A retirada destas subvenções dos Estados capitalistas para deixar "livre" o preço no mercado, depende das conjunturas econômicas e sociais e, portanto, não é o mercado que conduz a produção com sua "mão invisível".

Uma vez que se aceite o monopólio e a desigualdade de renda como dados, trata-se de adaptar-se a eles, dizem os economistas em questão. Ora, isto mostra que não são os monopólios que se adaptam aos consumidores e às suas preferências, mas que a produção comanda o consumo.

A própria formulação teórica do *second best* mostra que o consumidor já não tem a primeira escolha. Ele está prisioneiro do monopólio e sua liberdade está condicionada pelo critério do interesse público, também não escolhido por ele.

Mas para manter-se a satisfação do consumidor é necessário que este acredite na livre escolha. A produção de produtos de função igual (autos, por exemplo), mas incrementados (pequenas diferenças) de forma diversa manifesta alternativas aparentes de escolha.

A escolha porém se torna menos complexa se a publicidade "escolhe" pelo consumidor. Este já nem tem o "trabalho" de eleger: os meios de comunicação lhe apresentam o que é bom para ele. E o que é bom para ele será bom para o produtor.

Invertem-se os termos. O que é bom para o produtor deve aparecer como bom para o consumidor, sendo que o interesse do produtor é produzir (mercadorias) e não o "bem" do consumidor. Mas sem a "satisfação" do consumidor a produção baixa. Então se produz também a "satisfação", pela máquina publicitária.

O consumidor consome o produto e a alegria vendida de possuí-lo. O valor de uso é transformado em valor de troca. Já se compra por comprar em certos países, porque o valor de uso foi vendido como valor de troca.

Não há *second best* para o consumidor, porque ele está sujeito à produção. Ele pode fazer cálculos das vantagens a retirar das alternativas possíveis. Mas "o possível" é também produzido. Sua escolha é posterior e depende de sua inserção na estrutura produtiva.

A concentração da riqueza, das decisões e da produção e sua centralização vão eliminando cada vez mais a liberdade do consumidor. J. K. Galbraith[13] diz que se criam poderes compensatórios à ação dos monopólios, restabelecendo-se o equilíbrio entre produção e consumo. Para ele as grandes redes de distribuição, os sindicatos e as organizações dos consumidores são "poderes compensatórios".

Esquece Galbraith que as redes de distribuição são dominadas pelos monopólios, que os sindicatos têm forças e regras limitadas e que os consumidores não têm uma base organizacional estável e que seus interesses podem ser divergentes.

O equilíbrio está longe de ser restabelecido pelos meios propostos por Galbraith.

Além do mais, o modelo de sociedade de consumo é um fracasso.

Os ricos se tornam mais ricos e os pobres, ainda mais pobres. Onde é que está a vantagem geral? Basta analisar as estatísticas da América Latina e mesmo dos países considerados desenvolvidos para se dar conta disso. O rendimento *per capita*, na América Latina, em meados de 1961, era de 421 dólares e em 1970 era de 490 dólares. Enquanto nos países desenvolvidos este rendimento passou de $ 1744 para 3.000 dólares. No interior da América Latina 20% da população possuem 3% do rendimento e os restantes 20% possuem 63% do rendimento nacional. Mesmo nos Estados Unidos os pobres são considerados 20% da população, com uma renda *familiar* anual menor que 3.000 dólares. Esta proporção tem se conservado nestes últimos 30 anos.

1.3. A ANÁLISE DO CUSTO-BENEFÍCIO APLICADO AOS PROJETOS SOCIAIS

A aplicação concreta da teoria do *welfare economics* no campo social se faz por intermédio de planos e projetos, por meio dos quais se tenta implantar o sistema do custo-benefício.

Segundo Peter Bohom[14] "na teoria econômica elementar, o critério para uma inversão lucrativa implica que o valor descontado (valor presente) de todos os rendimentos (+) e custos (–) que uma companhia de investimentos acumula seja maior que zero". Em outras palavras, isto significa que as entradas de dinheiro devem ser maiores que os gastos. Quer dizer, que o valor ocasionado por um projeto em seu período de exploração deve ser superior à taxa de juros. Isto se chama de rentabilidade financeira de um projeto, isto é, seu rendimento bruto (sem contar as amortizações) ou seu saldo líquido (descontando as amortizações). Ou seja, o lucro possível. Peter Bohom reconhece que esses critérios não são totalmente aplicáveis a um investimento social, porque só consideram o lucro individual sem ter em conta os benefícios sociais, e refletem os preços do mercado.

Um investimento social, segundo esta teoria, deveria considerar também seus efeitos sobre a economia, como um todo, e não examinar somente o lucro, além de considerar outros objetivos, os objetivos da política governamental e seus critérios de eficiência.

Segundo esta teoria, é necessário identificar os efeitos secundários. Mas na realidade, os efeitos positivos são os benefícios e os efeitos negativos são os custos. Em segundo lugar, supõe-se que a atual distribuição do rendimento representa a distribuição desejada[15].

Em relação aos preços, verifica-se que a chamada eficiência social também procura equiparar-se aos preços do mercado, com a fórmula do excedente do consumidor (*consumer's surplus*). O excedente do consumidor, segundo Joseph de Salvo[16], é "o dinheiro adicional que lhe teria sido outorgado para que o utilizasse tão bem (*sic*), fora como dentro do programa estabelecido pelo governo ponderando que ele deve pagar preços do mercado pelos bens que compra e pagar aluguéis pela casa onde mora".

Assim o critério para reserva de recursos num projeto social, como a construção de casas, é permitir ao consumidor as mesmas "vantagens" que o mercado, somente através de um subsídio que ele deve pagar, é claro. Assim é que se processa com os projetos sociais de construção de casas a "preços módicos", os quais seguem as mesmas leis do mercado e que, em geral, só atingem uma parcela ínfima da população, geralmente a que possui recursos para adquirir o produto no mercado.

Criou-se uma espécie de mercado paralelo, seja pela subvenção direta aos vendedores, seja pela subvenção direta aos compradores.

Em relação ao seguro social o mesmo fenômeno se processa. Nos países desenvolvidos o governo quer instaurar uma renda mínima garantida, em dinheiro, para permitir a "livre escolha" no mercado. Essa estratégia vem mistificada pela ideologia da igualdade de oportunidades, que encobre, justamente, a desigualdade de condições[17].

Precisamente o critério do "excedente do consumidor" faz supor que o consumidor tenha excedente em seu orçamento e que, se aceita a atual distribuição do rendimento, supõe-se que a satisfação obtida pela compra feita, exceda o preço pago. Conclui-se então que ele estava disposto a pagar o preço estabelecido. Quer dizer, quando se está disposto a gastar é porque existe o excedente. O que importa é "corrigir as imperfeições do mercado", como se existisse um mercado ideal. Na realidade, trata-se de fazer os ajustes necessários desde que haja manifestação do descontentamento dos consumidores.

1.4. A ECONOMIA DO BEM-ESTAR E O ESTADO DE BEM-ESTAR

Uma das teorias não econômicas, vinculadas à teoria do *welfare economics*, é desenvolvida por John Rawls[18] (em sua idéia "democrática" de justiça) e resume-se em dois princípios básicos:

1) Cada pessoa tem igual direito ao mais extensivo esquema de liberdades básicas, compatível com um esquema similar para todos;

2) Frente às desigualdades sociais e econômicas deve-se atender a duas condições:

a) ao maior benefício esperado para os menos favorecidos (critério máximo); e

b) os ofícios profissionais e posições devem ser abertos a todos, sob condições de uma justa igualdade de oportunidades.

Assinala Rawls que o primeiro princípio tem prioridade sobre o segundo e que a medida do benefício para os menos favorecidos se faz em termos de um índice dos bens sociais primordiais. A prioridade do primeiro princípio sobre o segundo significa que nenhuma melhora na *igualdade* poderá afetar o estatuto de *liberdade*.

Estes princípios supõem uma sociedade "bem organizada", na qual cada um sabe que as demais pessoas aceitam os mesmos princípios de justiça, que acredita na realização desses princípios pelas instituições e que todas as pessoas dessa sociedade são e se vêem a si mesmas como livres, iguais e morais e este sentido de justiça deve ser inalterável. Supõe-se também, que existem poucos recursos e divergência de interesses, mas há um consenso para a produção de bens e é necessário concordância unânime para a distribuição dos bens (atribuída à função pública).

Esta mesma teoria de justiça foi assimilada à teoria do equilíbrio dos preços no mercado, ao que Rawls contesta dizendo que esta analogia deve ser usada com discrição. Mas não a repele. Isto demonstra que a teoria do *welfare state* corresponde à teoria do *welfare economics*, isto é, é uma forma mais rebuscada para apresentar o capitalismo monopólico.

Que é uma sociedade "bem ordenada" (*well ordered society*) senão a sociedade de indivíduos em equilíbrio por um mútuo contrato? Para Rawls cada parte da sociedade sabe o que quer (está totalmente informada).

Os bens primários são aqueles que as partes da sociedade acham razoável assumir como necessários, quaisquer que sejam os objetivos finais. "Assim o objetivo da sociedade é assumir a responsabilidade de manter certas liberdades básicas e *oportunidades básicas* e prover uma igual participação nos *bens primários*, deixando aos indivíduos e grupos a responsabilidade de formarem e reverem seus objetivos e preferências de comum acordo. Supõe-se um entendimento entre os membros de uma tal sociedade, da qual como cidadãos eles pressionarão, reclamando, somente, por certos tipos de coisas e de acordo com o que for permitido pelos princípios de justiça".

Esta concepção do *welfare* se baseia nos seguintes postulados fundamentais:

1) De que o Estado é neutro.

2) De que a sociedade representa um consenso entre os homens (consensual) e que o Estado visa objetivos de justiça (isto é, humanitários).

3) A igualdade se faz para alguns bens primários (excludente).

O princípio do consenso significa que todos os membros da sociedade querem adotar os mesmos postulados.

Este modelo é parcialmente aplicado em alguns países (por exemplo, na França) nos quais, num mesmo quadro de negociações, se procura um entendimento entre patrões, operários e funcionários. O Estado aparece como a terceira parte. É o modelo consensual que está por detrás da política do *welfare state.*

O Estado aplica os mesmos critérios do mercado, atenuando temporariamente alguns preços. No caso da alimentação há alguns subsídios para certos produtos (mas outros ficam livres). Em outros setores há também subsídios, subvenções, créditos, com o que se pretende *harmonizar,* conciliar interesses opostos em relação a certos domínios bem específicos.

Esses domínios são escolhidos, não porque significam a promoção da justiça, mas porque há uma crise no mercado (oferta-procura) e para que este seja mantido no seu conjunto.

No setor do lazer a intervenção do Estado abre um novo mercado à empresa privada na construção de equipamentos e na venda de produtos, aparecendo como promotora da distensão, do bem-estar.

A *harmonia* social buscada nos conselhos técnicos, coloca em posição de minoria os trabalhadores que possuem também qualificação técnica inferior para abordar certos assuntos em que são "enrolados" pelos tecnocratas. É o caso da co-gestão alemã, em que os operários são obrigados a contratar profissionais para defender seus pontos de vista, sendo por isso mesmo afastados da co-gestão.

A harmonização pretendida é vista como neutralidade, e a neutralidade apresentada como harmonização, mas numa relação de forças em que predominam os interesses do capital, a longo e não raro a curto prazo.

O princípio do consenso oculta e mascara a divergência de interesses, a "monopolização do bem-estar", confundido pela publicidade com o consumismo de bens de consumo imediato ou duráveis. A "felicidade" seria comprada com uma TV em cores, um carro, uma casa na praia, ou mesmo alugada como diz uma publicidade canadense da TV Granada: *louez un peu de bonheur* (alugue um pouco de felicidade).

O consenso é assim *imposto*, devendo ser visto como consenso, o que retira pois, seu caráter consensual, servindo como instrumento de manipulação para a venda e a reprodução da exploração capitalista.

A suposta neutralidade do Estado é relativizada pelo próprio Rawls, que admite um certo controle por parte do Estado sobre essa mesma sociedade.

Como é que as "partes" da sociedade podem negociar um consumo de igualdade se já têm como condição uma situação desigual?

As liberdades básicas supõem igualdade, mas para Rawls é a liberdade a condição fundamental para resolver as desigualdades, "abrindo oportunidades" para a corrida individual.

Essa "abertura de oportunidades" aos desiguais significa a aceitação da desigualdade e não sua eliminação.

Nesse esquema a política social compreende: a criação de direitos dentro do consenso social, para a manutenção de um mínimo razoável, para os menos favorecidos e a abertura de oportunidades.

Esse "mínimo para todos" e o "máximo para os que têm menos" não podem ferir o princípio das "liberdades básicas", isto é, da prioridade, da livre iniciativa, da livre empresa, do capitalismo.

As análises que posteriormente se fará mostram que esta "utopia" de Rawls serve de justificação da reprodução das desigualdades.

E as desigualdades são atribuídas então aos indivíduos como o faz J. K. Galbraith[19]. Para ele, a pobreza é atribuída à incapacidade de poupar e à acomodação, realizando-se o que chama de equilíbrio da pobreza.

Assim o Estado deveria favorecer o consenso quanto ao mínimo, estimular o ascetismo para a poupança e o trabalho contra a acomodação. A base das desigualdades, como veremos, nos capítulos seguintes está na exploração e não no indivíduo. O Estado, ao aparecer como consensual, vem esvaziar as lutas de classes e controlar os movimentos sociais, concedendo certos mínimos históricos exigidos pelas classes subalternas depois de muita pressão por parte destas últimas, o que mostra seu compromisso com as classes dominantes.

Esse consenso ideal proposto por Rawls significa aceitar o projeto histórico da burguesia, compartilhar o mecanismo de exploração e esforçar-se apenas para corrigir os abusos e os desvios desta hegemonia.

Esses desvios podem ser corrigidos por meio de uma reforma administrativa, segundo Offe[20], que constata três modos de operação: o burocrático, o finalista e o reformista.

O modo burocrático, segundo o autor citado, implica numa forte centralização das estruturas administrativas, tendo como objetivo "um conjunto mais amplo de subsistemas administrativos de tal forma que essas regras diretivas e informações sejam aceitas com mais confiança por um número cada vez maior de atores".

Em segundo lugar, o modelo finalista racional é o modelo que inspira todas as sugestões que procuram um controle mais estrito, por objetivos, resultados, "outputs" ou por técnicas tais como o controle por programas, a análise de custo e benefício e os indicadores sociais.

Finalmente, existe uma escola de reformistas de administração que procura promover a responsabilidade, a eqüidade e a consideração de valores democráticos de uma participação significativa. O marco, guia desses propósitos é, obviamente, o modelo conflito/consenso, que significa a implantação de uma maior participação dos escalões mais baixos e/ou de uma parte da clientela dentro da organização.

A busca de um consenso no *modus operandi* das políticas sociais significa um maior controle e uma integração dos movimentos contestatórios.

Esses três modelos de Offe implicam o consenso. A centralização burocrática das decisões por parte do Estado é resultado da centralização monopólica, que exige do Estado um conjunto de informações concentradas e um controle maior da sociedade.

A teoria de Rawls e as proposições de Galbraith ainda fazem referência ao indivíduo como consumidor e elemento de decisão enquanto molécula isolada, abstrata.

Nos capítulos seguintes vamos situar a política social no processo produtivo e nas lutas políticas para então retomar a análise do Estado, do mercado e da sociedade.

NOTAS

1. Sobre a história das políticas sociais na Inglaterra ver SCHWEINITZ, Karl — *England's, Road to Social Security*, New York, Perpetua Book, 1975, p. 281.

2. Distingue a noção de bem-estar como riqueza objetiva, das noções de satisfação e utilidade, in ROSS, J. P. — *Welfare Theory and Social Policy*. Helsinki, Societas Scientiarum Fenica, 1973, p. 42.

3. PERROUX, François — *Techniques Quantitatives de la Planification*. Paris, PUF, 1962, p. 8.

4. ROOS, J. P. — Op. cit., p. 33.

5. In ROOS, J. P. — Op. cit., p. 83.

6. É o esquema do bolo — Quanto maior, maiores serão as partes a serem apropriadas em cada ano, sem levar em conta a proporção de cada uma das partes apropriadas.

7. PARETO, Wilfredo — *Traité de Sociologie Genérale*. Genève, Librairie Droz, 1968.

8. Ver a respeito DOBB, Maurice — *Economie du Bien — Être et Économie Socialiste*. Paris, Calman Lévy, 1971, p. 25.

9. GODELIER, M. — *Rationalité et Irrationalité dans L'Économie*. Paris, Maspero, 1971, p. 65.

10. ARCHARD, Pierre et alii — *Discours Biologique et Ordre Social*. Paris, Seuil, 1977, p. 175.

11. ATTALI, Jacques et GUILLAUME, Marc — *L'anti-économique*. Paris, PUF, 1975, p. 43 et ss.

12. KEYNES, J. M. — *Théorie Genérale*. Paris, Payot, 1971, p. 372 (grifado por nós).

13. GALBRAITH, J. K. — *Le Capitalisme Américain*. Paris, Genin, 1966, p. 138-167.

14. BOHOM, Peter — *Social Efficiency*. New York, John Wiley & Sons, 1973, p. 91.

15. BOHOM, Peter — Op. cit., p. 95.

16. SALVO, Joseph — *A Methodology for Evaluating Housing Programs*, in HARBERGER, Arnold et alii, Benefit Cost.

17. Ver sobre o mesmo tema o interessante estudo de GREFFE, Xavier — *La Politique Sociale*. Paris, PUF, 1975, p. 252.

18. RAWLS, John — "Reply to Alexander and Masgrave". in *Quartely Journal of Economics*, vol. LXXXVIII, nov. 74, n. 4, p. 632.

19. GALBRAITH, J. K. — *A Natureza da Pobreza das Massas*. São Paulo, Nova Fronteira, 1979.

20. In OFFE, Klaus — "The theory of the capitalist state and the problem of Policy Formation", in LINDBERG, Leon — *Stress and Contradiction in Modern Capitalism*. Toronto, Lexington Books, 1975, p. 142.

Capítulo 2

AS NECESSIDADES SOCIAIS: PERSPECTIVAS DE ANÁLISE

A noção de necessidade está presente em quase todos os discursos oficiais sobre o bem-estar[1]. As Nações Unidas consideram a satisfação das necessidades como a definição do nível de vida de uma população[2]. Mas somente as necessidades suscetíveis de quantificação entram na composição do nível de vida, tal como é definido pelas Nações Unidas.

Na literatura econômica e sociológica essa noção ocupa um lugar central, tal como, em seguida, se verá. Dentro do Seguro Social há uma corrente que afirma que "a pirâmide do bem-estar social" (serviços) repousa sobre um sistema de necessidades particulares aos indivíduos, às regiões e aos grupos[3].

A pirâmide de serviços seria estruturada a partir de uma focalização das necessidades a muitos níveis[4]: a comunidade, o homem na comunidade, o homem na esfera social e a pessoa. A cada nível dessa focalização corresponde um nível de intervenção e um serviço de saúde pública, de consulta, de psicoterapia.

No campo da educação procede-se da mesma maneira[5], definindo-se necessidades e soluções. Esse mesmo esquema é utilizado para justificar intervenções do poder público e profissional e em muitos outros campos, como a habitação, o consumo etc.

John Macknight fez uma crítica rigorosa do profissionalismo, destacando que são os profissionais que necessitam dos problemas, de dizer às pessoas quais são estes problemas, de solucioná-los à sua maneira e de afirmar que os indivíduos estão contentes[6].

Nosso objetivo, neste trabalho, é mostrar em primeiro lugar que a noção de necessidade, na concepção funcionalista, resulta de uma visão abstrata do homem. No marxismo há correntes que negam o sujeito e a história para considerar somente as necessidades do sistema. Ao final, trataremos de demonstrar que as necessidades são uma práxis social, determinada, ao mesmo tempo, pelas exigências da produção e pela luta de classes nas diferentes frentes.

2.1. O NATURALISMO DO SUJEITO E O CULTURALISMO

As teorias da necessidade que supõem uma natureza humana, seja ela empírica ou essencialmente definida, são consideradas por nós como vinculadas a uma concepção naturalista do sujeito.

Esses pontos de vista se caracterizam por um pressuposto comum: o homem considerado como um indivíduo isolado, como átomo social, empiricamente definido; ou como o "gênero humano" dotado de certas características essenciais como a consciência ou o espírito e a sociabilidade, o que o distinguirá obrigatoriamente do animal. Esse empirismo, esse idealismo do sujeito (que se refere a uma liberdade humana ideal) ou esse idealismo da essência (o gênero humano) já foram analisados por Althusser[7].

Segundo essa concepção naturalista haveria uma natureza humana, independente da sociedade e em função da qual as organizações econômicas, sociais e políticas estariam estabelecidas.

Este paradigma vai ainda mais longe quando afirma que a sociedade deveria ser resposta às necessidades dessa natureza, que seria o fim último de toda a organização social[8].

Trata-se assim de uma concepção *instrumentalista*, por meio da qual a sociedade se constitui em um instrumento, um meio a serviço de uma natureza humana abstrata. O homem é considerado fora da própria sociedade.

Não negamos a existência dos indivíduos, mas eles existem concretamente, como membros da sociedade e ocupam um lugar na produção da sociedade. Isolá-los é torná-los abstratos.

Segundo esta concepção naturalista é a *falta* que caracteriza a necessidade. Seja ela a necessidade de sobreviver, seja a de desenvolver-se. A "falta de algo" em uma natureza ideal e genérica.

As atividades do homem seriam fruto de suas insuficiências, de seus limites, de seus efeitos e de suas ausências. Poder-se-ia afirmar "no princípio era o sujeito".

Essa tese serviu de justificativa à economia clássica, a uma certa sociologia culturalista e a muitas correntes psicológicas. Em seguida, apresentaremos as concepções marginalista e a culturalista de Malinowski e psicologista de Maslow.

A — A concepção marginalista

Segundo esta concepção, a produção não é um fim em si mesmo, mas um instrumento de satisfação das necessidades.

Citando Rescher, Ross[9] diz que o princípio de utilidade pode ser dividido em duas partes:

1) O bem maior (*the greater good*); e

2) O número maior (*the greater number*), quer dizer, uma parte agregativa e outra distributiva.

Ross distingue bem, *wants* de *needs*, observando que o *welfare economics* acentua mais as primeiras (aspirações) que as segundas (necessidades).

Se olharmos rapidamente esta concepção, podemos fazer tais distinções, mas na realidade nessa corrente de pensamento, as preferências e os desejos seriam manifestações das necessidades.

O problema que se colocam os marginalistas é a otimização do bem-estar nas condições de uma competição perfeita, sem levar em conta a distribuição de rendimentos. Supõe-se muitas coisas: que a competição existe, que os indivíduos são informados, que os preços são iguais às utilidades, que o bem-estar comum é a soma das satisfações individuais.

Pierre Salama apresenta assim essa visão: o indivíduo racional (*homoeconomicus*) conhece *por um lado* suas necessidades e *por outro lado* os preços e seu orçamento. De posse dessa informação o indivíduo pode escolher de maneira ótima. Necessidades e preços-orçamento são, portanto, dados *independentes um do outro*. É isto que permite traçar em primeiro lugar o mapa de *indiferença* (necessidades), e depois a linha direita do orçamento (preço-orçamento) e encontrar assim o ponto de equilíbrio[10].

Para criticar essa teoria Salama observa que as necessidades não são isoladas dos preços e do rendimento. Assim, o bem maior (*the greater good*) para o indivíduo não é independente de sua situação social. As necessidades é que são condicionadas pelos preços e pelo rendimento.

31

O princípio do maior número se baseia no postulado segundo o qual o todo é a soma das partes, e a sociedade é a soma dos indivíduos. Arrow já demonstrou que a escolha coletiva e as prioridades não são as mesmas que a soma das preferências individuais. Ele optou pelo exemplo da escolha de candidatos, segundo a qual as preferências coletivas podem se mostrar irracionais.

Segundo Arrow "para que as utilidades de diferentes indivíduos sejam compatíveis entre elas, se faz necessário um juízo de valor categórico"[11].

O fundamento da teoria econômica de bem-estar é a redução da utilidade à escolha. Assim se alguém preferir um bem a outro é porque o primeiro lhe é mais útil. A utilidade e o preço estão correlacionados e os preços dependem da raridade. O indivíduo é o melhor juiz de seu bem-estar. As teorias das preferências cardeais foram refutadas por certos economistas que propuseram a teoria das preferências ordinais[12]. Há ainda autores que continuam definindo as comparações interpessoais. São disputas de escolas, mas cujo ponto de partida é o indivíduo e não a sociedade. As escalas de comparação, como se verá com Beaudrillard, dependem de uma relação social e não de um escalonamento baseado nas utilidades do indivíduo. Tanto ordinalistas como cardinalistas, introspectivos ou behavioristas, partem das *preferências individuais*, observáveis ou não.

Os marginalistas crêem que a sociedade será melhor se o indivíduo estiver numa situação melhor, sem que ninguém se encontre numa situação inferior. E o postulado da promoção, do melhoramento *individual* que serve' de justificativa para esta teoria que considera que todos os indivíduos são igualmente informados.

A teoria da soberania do consumidor é uma disciplina impotente (*impotent*) e inútil (*useless*), segundo Ross. Ela só serve de pano de fundo e de meio para justificar e estimular o consumo. Para que a máquina econômica funcione é necessário que os indivíduos ou as famílias (na linguagem Keynesiana) consumam. Para consumir é necessário que eles se sintam satisfeitos.

Esta teoria separa o consumo da produção, automatizando o consumo e fazendo dos valores e dos serviços, valores úteis em si mesmos.

Segundo essas teorias, o bem-estar depende do consumo de bens por parte dos indivíduos e da satisfação que eles obtenham no mercado. Supõe-se também que os fatores de produção são alugados e não possuídos e que existe uma racionalidade na produção, de tal sorte que o preço de venda é igual ao custo marginal.

Finalmente, para que exista o máximo de satisfação é necessário um sistema de competição perfeito, o que não corresponde absolutamente à realidade.

É absurdo supor que a produção vai se basear em micro-decisões de milhões e milhões de mônadas isoladas.

Há alguns autores, como Arrow, que propuseram a instituição de regras formais para o intercâmbio social, que garantissem uma certa realização de justiça ou do bem-estar individual[13].

Institucionalizando os conflitos, através do estabelecimento de regras e de limites precisos, as sociedades liberais permitirão mais a manutenção do mercado ou a criação de novos, do que a igualdade social. Não é pela institucionalização de regras que os indivíduos se tornam iguais e que as relações de força são eliminadas.

Admitem também certos economistas a consideração da sociedade como uma soma de indivíduos isolados, em função dos quais se estabelecem regras para *compensar* suas debilidades, numa atitude paternalista a respeito das necessidades dos "mais carentes".

Uma visão geral sobre o paradigma marginalista das necessidades mostra suas diferentes conotações (a distribuição, a compensação, a institucionalização) para melhor fortalecer os *indivíduos* perante o mercado.

A abstração do sujeito e do indivíduo não se apresenta somente na teoria econômica, mas também em certas tendências psicológicas e sociológicas.

B — A noção de necessidade, segundo Maslow: ponto de vista psicológico

A teoria de Maslow[14] exerce grande influência na classificação das necessidades, na prática profissional e política.

Maslow representa uma corrente psicológica que enfatiza, na realização de si mesmo, uma atualização da personalidade.

Essa realização deve levar em conta, não somente as motivações do indivíduo, como também os estímulos e os desafios do meio. Segundo Goble, Maslow representa um terceiro caminho entre o behaviorismo e o freudismo. Está muito próximo dos psicólogos da atualização da personalidade, como Nuttin e Zunini.

A característica principal da *personalidade realizada* é uma integração do indivíduo, sua realização, motivada pelas deficiências da própria natureza humana, quer dizer, por um naturalismo do sujeito, moderado por sua inserção no meio ambiente.

Para Maslow, "o ser humano é motivado por certo número de necessidades fundamentais que são comuns à espécie, aparentemente imutáveis e genética ou instintivas em sua origem"[15].

As necessidades são "intrínsecas à *natureza humana*". É a presença ou ausência de enfermidades, determinadas pela presença ou ausência de certas características que faz crer que a necessidade é fundamental ou não para a natureza humana.

Maslow estabelece uma *hierarquia* de necessidades a partir das necessidades psicológicas. Uma vez satisfeita esta necessidade psicológica surgem as necessidades de segurança. Se estas últimas forem satisfeitas, encontraremos a emergência da necessidade de amor e de pertencer. Em seguida as necessidades de estima, de realização pessoal, de desejo de conhecimento, as necessidades estéticas e as de crescimento pessoal.

Para se chegar a estas necessidades superiores supõe-se um meio ambiente externo estimulante, num clima de liberdade, justiça e *orderlines*. Podemos confrontar, facilmente, esta visão com a teoria marginalista. As necessidades seriam desenvolvidas a partir de "pontos de equilíbrio", que marcariam a passagem de um estado ou de uma situação para outra mais "vantajosa para o indivíduo". A sociedade seria um meio para estimular essa passagem, cujo ponto de partida são as "deficiências individuais".

C — O culturalismo sociológico

Tomaremos como referência o ponto de vista de Malinowski[16] e o de Chombart de Lauwe.

O culturalismo de Malinowski focaliza uma determinação conjunta da natureza e da cultura, uma atuando sobre a outra. Afirma ele que, "o corpo humano é escravo de diferentes necessidades orgânicas". Segundo seu ponto de vista, essas necessidades elementares criam o ambiente, num mínimo de condições que levam a um novo nível de vida, co-determinado pelo nível cultural da comunidade, trazendo em conseqüência novas necessidades, num movimento contínuo.

Para Malinowski, a *função* é a satisfação de uma necessidade por meio de uma atividade. As instituições são, assim, meios para satisfazer as necessidades. Segundo este autor, o biológico determina os elementos que atuam em qualquer cultura, mas isto não explica suficientemente as *diferentes* formas e funções que são determinadas em conjunto pela tradição e pelos hábitos.

Esta concepção coloca o indivíduo como o centro, o ponto de partida, o sujeito ativo de transformação do meio.

Para Parsons, o bem-estar de um indivíduo está nitidamente em função daquilo que os sociólogos estão acostumados a chamar "as experiências da socialização" (na família na qual cresceu, na educação formal, desde o jardim da infância até o nível que atingiu). É também função da rede de relações com as quais vive o indivíduo no ambiente da casa, e da organização do trabalho. É função de um equilíbrio entre o trabalho e a recreação[17].

Parsons considera que, sustentando o sistema de ação, há um sistema cultural, da personalidade do indivíduo e do organismo *comportamental (behavioral)*. Por intermédio da socialização do trabalho e do lazer realiza-se a satisfação dos indivíduos. É o indivíduo ou o seu comportamento que constitui o ponto de partida de uma sociedade instrumental.

Esta reflexão sobre o bem-estar conduz Parsons a um exemplo. Sendo a educação orientada em termos cognitivos, sua função cognitiva predomina sobre a econômica. O indivíduo usufrui desse serviço e obtém seu bem-estar "socializando-se", incorporando papéis e *status* por exigências sociais, que segundo Parsons não têm relação direta com a produção capitalista.

O bem-estar é parcializado segundo as distintas funções sociais. Ao que parece um indivíduo pode ter um bem-estar no trabalho, mas não tê-lo no lazer.

Essa visão positivista do bem-estar reduz-se ao indivíduo e à sua satisfação, parcializando-a além do mais.

Separando o trabalho e lazer, Parsons cai na hierarquização naturalista das necessidades, segundo a qual há necessidades primárias e secundárias, separadas.

Pelo trabalho o homem satisfaz suas necessidades primárias (sua subsistência) e pelo lazer encontra outras satisfações.

A sociedade parece parcializada em função do homem, havendo organizações específicas para cada nível de necessidade.

A questão fundamental colocada a esses autores é a da produção do homem e das necessidades nas relações socioeconômicas. Essa questão será abordada na segunda parte deste capítulo.

O culturalismo de Halbwachs e o de Chombart de Lauwe inscrevem-se numa perspectiva um pouco diferente de Parsons, a partir do

35

estudo da distribuição do orçamento-dinheiro e do orçamento-tempo dos operários.

Estudando as leis de Engel sobre o consumo (mais alta renda, menos gastos para as necessidades chamadas inferiores), Halbwachs constata que os empregados gastam mais dinheiro no vestuário que os operários com igual rendimento[18]. A partir desta constatação, Halbwachs demonstra que não é somente a renda que determina o consumo, mas a posição que o indivíduo ocupa no processo de trabalho. Halbwachs não pretende fazer um estudo das classes sociais, nem do processo de produção, mas se refere ao processo de trabalho e distingue nele certos grupos sociais.

Voltamos, aqui, a uma certa psicologia de grupo. O indivíduo é situado num grupo. Portanto, a natureza humana é modelada por essa situação.

Halbwachs afirma: "as necessidades poderiam ser classificadas em duas categorias: aquelas que têm raiz nas necessidades orgânicas e que nascem conosco, mesmo que se satisfaçam pela sua exteriorização; e aquelas que consistem simplesmente na utilização de todos os objetos e dispositivos mecânicos que a indústria e o comércio não cessam de nos oferecer[19].

Para Chombart de Lauwe, há "necessidades estado" e "necessidades obrigação". As primeiras se originam da necessidade vital, como a necessidade (estado) *de* habitação, distinta da necessidade (objeto) *por* habitação (*besoin en habitation*).

Tal como Maslow, este autor *observa* as necessidades através das perturbações provocadas pela sua insatisfação. Para ele, "a necessidade é uma distância, um estado provocado por uma distância entre o que é necessário ao sujeito e aquilo que ele possui atualmente"[20].

As necessidades do indivíduo ou do grupo dependem da relação com o ambiente. "Se a exigência vem da vida social, a necessidade é uma obrigação", diz Chombart.

Chombart de Lauwe refuta a idéia de uma hierarquização de necessidades, falando só de primazia de umas sobre outras, do deslocamento de umas por outras (por exemplo, primazia da alimentação e da proteção).

Esse culturalismo não elimina o pressuposto do sujeito individual que permanece como ponto de partida da organização social.

Contra essas tendências, apresentamos aquela que nega o sujeito e a história, e que exalta a estrutura das relações e o sistema em seu conjunto, numa crítica radical ao naturalismo do sujeito.

2.2. AS EXIGÊNCIAS DO SISTEMA E A NEGAÇÃO DO SUJEITO

As concepções anteriores fazem da sociedade um instrumento que se estabelece em função de sujeitos históricos determinados, dos indivíduos ou de uma natureza humana abstrata e geral.

Ao contrário dessas concepções, há aquelas que partem do sistema em geral, de sua complexidade, da estrutura social para situar a problemática das necessidades humanas e dos indivíduos.

O postulado geral dessa perspectiva é que as necessidades são necessidades do sistema, já que o indivíduo não existe como sujeito, mas como objeto da produção que determina os lugares de cada um no contexto social.

Não há necessidades de uma natureza abstrata nem do indivíduo empírico porque não há sujeito.

Tanto Beaudrillard como os marxistas estruturalistas partem da estrutura, mas por caminhos diferentes. E são estas duas correntes que se passará a analisar em seguida. Aquela que situa as necessidades no sistema de signos e aquela que as situa no sistema produtivo, uma posicionando-se frente à outra.

A — O sistema de signos de Jean Beaudrillard

O autor se situa na tradição sociológica de Thorstein Veblen[21]. Para este último é a regra da distinção social, da diferenciação, da emulação, que se encontra na emergência das necessidades, das classes, da propriedade. Ele afirma que "mesmo nas prioridades de subsistência das classes indigentes, as necessidades físicas não são motivação predominante como às vezes podemos supor"[22].

O homem atua por emulação e pelo desejo de se evidenciar entre os demais. Desta maneira, as classes superiores se distinguem das classes trabalhadoras pelo evidente "não trabalho". O lazer, a moda, o consumo ostensivo são todos meios para se distinguir.

O nível de gastos considerados como normal na coletividade ou na classe, da qual o indivíduo faz parte, determina, em grande parte, seu nível de vida pessoal[23]. Assim os gastos não são orientados pelas necessidades, mas sim por uma *regra* social. Para Beaudrillard, o sujeito real e o objeto de consumo são mitos. O objeto não é nada. Ele não é senão diferentes tipos de relações e de significações que convergem, se contradizem, se afogam nele mesmo. Ele não é mais que a lógica oculta que ordena este feixe de relações, ao mesmo tempo que o discurso manifesto que o encobre[24].

O objeto tem sentido na diferença com os outros objetos, segundo um código de significados hierarquizados. Isso define o objeto de consumo.

O valor signo, baseado na lógica da diferença, se distingue do valor de troca simbólico, baseado na lógica da ambivalência. Um presente que se dá é ambivalente: é a manifestação de uma relação.

O objeto signo distingue-se também do valor de uso (lógica das operações práticas) e do valor de troca (lógica da equivalência).

Para Beuadrillard não existem objetos nem sujeitos das necessidades. Tudo é codificado, tudo é estrutura de troca. O mínimo vital é o mínimo imposto, "as necessidades existem porque o sistema tem necessidade delas".

Beaudrillard elimina o sujeito e o objeto em nome do código, da estrutura de intercâmbio. Mas na sua "lógica da diferença", o código de consumo é automatizado do sistema de produção.

Ele não vê na mercadoria, seu duplo caráter de valor de uso e de troca[25].

Considerando o "código" isolado da luta de classes, Beaudrillard, segundo o nosso ponto de vista, não leva em conta as relações sociais que o constituem. Com efeito, é o código dos dominadores que é imposto nesse estágio de capitalismo monopolista. O capital monopolista, os meios de informação e de consumo não são espontâneos. Além disso, as normas de consumo são incessantemente veiculadas pelos meios de comunicação de massa, pelas relações sociais e pelo sistema de *marketing* que organiza o consumo, desde a entrega da mercadoria até o indivíduo ou a clientela, passando pela publicidade, pela distribuição e por outros canais de influência. A "distinção", a "diferença" não são características da natureza humana, mas sim uma relação social inscrita na luta de classes.

B — O sistema de produção

Do ponto de vista do marxismo estruturalista as necessidades são as necessidades da produção. É o sistema de produção que produz as necessidades. As exigências objetivas da produção determinam todo o processo social como também as representações subjetivas dos indivíduos no momento do consumo. O consumo não é autônomo, é somente um momento da produção. "A determinação das necessidades, assim como sua satisfação, não são senão momentos da produção social"[26]. Terrail afirma: "As necessidades são, sempre, aquelas da reprodução de um modo de produção determinado"[27].

O sujeito converte-se assim num produto do sistema, a serviço da produção. A produção produz os objetos, mas também um sujeito para o objeto.

O homem é, então, considerado como um suporte da estrutura, determinado pelo lugar que ele ocupa no sistema de produção. O sistema de lugares é determinado pela produção material. Não é a economia que é um instrumento, um meio para o homem, mas é o homem que é considerado um instrumento para a realização da economia em seu conjunto.

A força de trabalho do homem é uma mercadoria, mas uma mercadoria especial. Ela produz o valor e as necessidades a serem mantidas e sustentadas pelos meios de subsistência. Esses meios de subsistência provêm do salário, que é o pagamento da força de trabalho, a qual produz mais que o salário pago: a mais-valia. Hoje em dia as desigualdades sociais mostram que não é a natureza do homem que orienta a economia, mas é a economia que tem necessidade das desigualdades[28]. Por intermédio das desigualdades se estimula o consumo, a produtividade e a produção.

Segundo J. P. Terrail, o consumo individual do operário forma um elemento da reprodução do capital. A reprodução da mão-de-obra, da força de trabalho é ao mesmo tempo a reprodução do capital. No processo de produção concretiza-se a acumulação do capital. O consumo é produção, a produção é consumo, mas na produção cria-se a mais-valia que é realizada na circulação. Para produzir a mais-valia o indivíduo consome suas capacidades na produção e deve consumir para reproduzir-se.

"A partir das relações capitalistas de produção, constitui-se o que chamamos de um sistema de manutenção material dos trabalhadores nas relações sociais"[29], diz Grevet. O termo manutenção significa para ele "a redução da personalidade dos trabalhadores à sua força de trabalho, que é considerada como mercadoria". Nesse sistema, o valor de troca predomina sobre o valor de uso. Não se produz para responder às necessidades, mas para a troca, cujo fim é o lucro.

Grevet observa ainda que "as necessidades não são satisfeitas por si mesmas, mas na medida em que isto se torna necessário para que a exploração possa continuar"[30].

Essa perspectiva abandonou a problemática da alienação individual para considerar o período social e a estrutura social em sua totalidade.

Marx, na Introdução de 1857 diz: "o ponto de partida são os indivíduos que produzem em sociedade, portanto, uma produção socialmente determinada"[31]. E continua: "Quando falamos de produção, sempre se trata da produção numa determinada etapa do desenvolvimento social, da produção de indivíduos sociais"[32].

Para Marx, a produção oferece não somente um objeto à necessidade, como também uma necessidade ao objeto. Quando o consumo se distingue da rudeza primitiva e perde seu caráter imediato — e o próprio fato de ficar nesse ponto seria ainda o resultado de uma produção em estado de rudeza primitiva —, esse consumo enquanto impulso tem o objeto como mediador. A necessidade que o consumo experimenta desse objeto é criada pela percepção que dele se possui. O objeto de arte — como qualquer outro produto — cria um público apto para compreender a arte e gozar da sua beleza. A produção não somente produz um objeto para o sujeito, como também um sujeito para o objeto[33].

Na etapa atual do capitalismo e da "crise", as trocas no modo de produção ocasionam modificações na utilização da força de trabalho, "pela diminuição de certas categorias de trabalhadores e pelo movimento contraditório de qualificação do trabalho e pela utilização desgastante desta força"[34]. Esse desgaste produz novas necessidades de férias, de recreação para reconstituição da força de trabalho.

A concentração industrial provoca novas necessidades nas moradias e novos sistemas de distribuição de transporte, de consumo. Esta transformação determina o consumo individual, como também novos sistemas de consumo coletivo, como o transporte em comum, as praças públicas, etc.

A necessidade sentida é a forma subjetiva das determinações objetivas das práticas sociais que estruturam a reprodução da força de trabalho. A maneira pela qual a necessidade é sentida depende da relação de forças no domínio da produção e das lutas reivindicativas e sindicais dos trabalhadores.

Esta perspectiva, que acabamos de mencionar, caracteriza-se como economicista ou da produtividade, pela ênfase conferida ao processo de produção, como único determinante das necessidades. Certos autores falam da classe como *um momento privilegiado* no processo de tomada de consciência do real conteúdo social das necessidades"[35], mas o economicismo tudo reduz à "última instância" do produtivismo.

Mas há outra perspectiva que não automatiza o consumo e que considera a luta de classes historicamente como condicionamento das necessidades e da consciência que delas têm os trabalhadores. E a perspectiva histórico-estrutural.

2.3. LUTA DE CLASSES E NECESSIDADES

Num artigo escrito em 1972, Francis Godard diz: "a pobreza absoluta, o desgaste da força de trabalho, não são suficientes por si mesmos para criar necessidades sociais, porque a necessidade social aparece como o reverso de uma falta, o positivo de um negativo. O grau de exploração determina o desgaste da força de trabalho, mas somente se pode compreender o que significa a noção de necessidade quando as relações sociais, políticas e ideológicas e o jogo de dominação/integração, interferem"[36].

Num artigo mais recente[37], ele desenvolve seu pensamento, distinguindo nas relações sociais, as relações de classe e outros tipos de relações que não correspondem diretamente às relações de classe. Refere-se a ideológicas práticas primárias referentes a um dos quatro processos seguintes, da reprodução da força de trabalho:

1) Utilização do tempo no processo de produção (condições de trabalho).

2) Repartição dos gastos do orçamento das famílias (políticas sociais).

3) Apropriação dos meios e objetos de consumo, considerando a repartição desigual dos meios de consumo sobre o território e os bens de consumo (políticas de equipamentos coletivos). O sistema de apropriação de objetos urbanos obedece ao princípio dos canais (*"Filières"*).

4) Participação social em relação ao saber, à cultura e ao poder (políticas escolares, culturais e de gestão).

Estas práticas são determinadas pelo processo de exploração. As práticas determinadas pelos quatro processos enumerados, são canais complexos de consumo que designam sistemas de relações sociais e não sistemas de estratificações empíricas.

O homem não é somente a força de trabalho. Ele estabelece relações sociais fora do meio de trabalho, na família, no sistema de distribuição, em sua participação política.

Mas não pensamos como Dahrendorf que considera as classes sociais, segundo as relações de autoridade ou do poder em lugares distintos. As classes se definem nas relações de produção. Tanto estas como as relações de consumo implicam determinações ideológicas e políticas.

As práticas sociais de consumo da classe operária são, simultaneamente, determinadas pela reprodução da força de trabalho e pelas relações sociais ideológicas e políticas. Os aparelhos ideológicos de educação, da religião, da família são fundamentais na determinação das necessidades e de sua percepção.

Por exemplo, os tabus alimentares persistem no consumo das classes dominadas, como em certos setores das classes dominantes. São as relações de força de conjunto das classes dominadas e das classes dominantes que determinam novas necessidades e que podem modificar os níveis de vida das massas.

As lutas sindicais pelos salários e pelas condições de trabalho e as lutas populares pelas condições de vida, colocam em confronto forças contrárias em torno de problemas que se referem à sobrevivência dos indivíduos em sociedade. Estas lutas desenvolvem a consciência das necessidades da produção e dos indivíduos em determinadas conjunturas.

Se as relações estruturais da produção ocasionam efeitos sobre o conjunto das classes, as relações de força, das lutas, produzem efeitos sobre as práticas familiares e individuais de consumo e de reprodução da força de trabalho[38].

A personalidade não se reduz à força de trabalho. Os lares operários consomem de maneira diferente, segundo a personalidade e a cultura de seus membros, dominados pela diferenciação do consumo e por sua inserção no processo produtivo.

É verdade que o operário não tem liberdade de escolha para comprar uma carne de primeira qualidade, mas somente pode escolher os produtos de segunda ou de terceira categorias, em quantidades restritas, mas suas lutas abrem novos espaços e criam canais específicos.

A intervenção dos monopólios e do Estado na vida quotidiana cria novas possibilidades para as lutas sociais e transforma completamente as práticas sociais de consumo. Esta intervenção no comércio (por exemplo, os "centros comerciais"), na recreação, no transporte, transforma o consumo individual em consumo coletivo.

Esta intervenção mantém as desigualdades sociais, estabelecendo mercados paralelos para as diferentes classes sociais. Assim encontramos uma escola para a burguesia, de qualidade e quantidade distintas das possibilidades de escolarização para a classe operária. A medicina dos ricos é distinta da medicina dos pobres.

O mercado acessível ao proletariado para aquisição dos valores de uso, mantém o proletariado como tal. Nestes mercados ou nesses corredores de consumo, a intervenção do Estado cria valores de usos distintos para diferentes classes, permitindo a reprodução imediata da força de trabalho e a reprodução global das relações sociais.

É evidente que a modificação das condições de vida dos trabalhadores é inseparável das lutas sociais e ao mesmo tempo das relações de produção.

A construção de bairros de operários para as populações marginais da América Latina mantém as diferenças de classe pela qualidade inferior de habitação, sua localização e a quantidade de espaço disponível. Mas são conquistas e lutas que vão dando consciência de outras necessidades.

A instalação e a construção de conjuntos residenciais, de supermercados, põem em evidência e não raro em choque diferentes frações do capital. O Estado intervém neste contexto segundo a relação de força. Os movimentos cooperativos, de controle popular do consumo, da fiscalização, de boicote podem resultar positivos para as lutas populares ao menos a curto prazo.

Os movimentos sociais de hoje se desenvolvem nos terrenos ideológico, político e econômico, pondo em jogo o processo produtivo, desde ângulos diferentes.

É a partir da união indissolúvel dos processos de produção e de consumo, das lutas urbanas e sindicais que se pode vislumbrar a *autonomia* relativa de cada processo e as distintas determinações das necessidades. Estas são o efeito das necessidades da produção a um nível muito geral, mas sua manifestação concreta nos movimentos sociais não as reduzem a essa definição abstrata da produção. As práticas sociais são complexas e em sua determinação concreta a conjuntura específica joga um papel determinante.

NOTAS

1. Por exemplo, o *Rapport Castonguay*, de Quebec, afirma: "as necessidades humanas, materiais ou espirituais, se complementam com as necessidades sociais, cujo reconhecimento compete à sociedade política". Vol. III, *L' Éditeur officiel du Québec*, 1971, p. 163.

2. *Les facteurs économiques et sociaux du développement*. Institut de recherche des Nations-Unis pour le développement social. Rapport n. 3, Genève, février, 1966.

3. KULKARIN, P. D. — "Le bien-être social, ses disciplines connexes et sa fonction déterminente dans le développement", in *Service Social*, vol. 24, n. 1 e 2, p. 28. Ver também o *Documento de Teresópolis*, produzido em 1970 por um grupo de assistentes sociais brasileiros.

4. O grupo de técnicos em saúde mental da comissão consultiva Federal-Provincial do Canadá, afirma: "Mental Health senices external across a wide range of *Human Need*". In *Canada's Mental Health*, vol. 25, n. 1, p. 4.

5. Ver "Livre Vert sur l'Education", Québec, 1977.

6. MACKNIGHT, John — "Le professionalisme dans les services: un secours abrutissant". In *Sociologie et Societés*, vol. 9, n. 1 e 17.

7. ALTHUSSER, Louis — *Pour Marx*. Paris, Maspero, 1969, p. 234.

8. O supracitado *Rapport Castonguay* afirma: "o primeiro papel da sociedade política é de orientar as relações sociais dos homens, de tal maneira que possam obter as condições mais favoráveis à satisfação de suas necessidades e para o seu desenvolvimento".

9. ROSS, J. P. — *Welfare theory and Social Policy*. Helsinki, Helsingfors, 1973, p. 81.

10. SALAMA, Pierre — *Sur la Valeur*. Paris, Maspero, 1975, p. 127.

11. ARROW, Kenneth — *Choix collectif et préferences individuelles*. Paris, Calmon-Levy, 1974.

12. Ver ROSS, J. P. — Op. cit., p. 91.

13. Ver ROSS, J. P. — Op. cit., p. 155.

14. MASLOW, Abraham — *Motivation and personality*. New York, Harper & Row, 1954 e *Vers une psychologie de l'être*, Paris, 1972. Ver também GOBLE, Frank G. — *The Third Force*, New York, Grossman Publishers, 1970, sobretudo o capítulo IV.

15. GOBLE, Frank — Op. cit., p. 37.

16. MALINOWSKI, Branislaw — *Une théorie scientifique de la culture*. Paris, Maspero, 1968, p. 34.

17. PARSONS, Talcott — "Commentary on Herbert Cintia". "A Radical Analysis, Welfare Economics and Individual Development". In *The Quarterly Journal of Economics*, vol. LXXXIX, n. 2, p. 284.

18. HALBWACHS, Maurice — *L'évolution des besoins dans les classes ouvrières*. Paris, Félix Alcan, 1933, p. 56.

19. HALBAWACHS, Maurice — Op. cit., p. 107.

20. CHOMBART DE LAUWE, Paul Henri — *La culture et le pouvoir*. Paris, Stock Monde Ouvert, 1975, p. 170.

21. VEBLEN, Thorstein — *Théorie de la classe de loisir*. Paris, Gallimard, 1970, p. 278 (Primeira edição, 1889).

22. Idem — Op. cit., p. 20.

23. Idem — Op. cit., p. 75.

24. BEAUDRILLARD, Jean — *Pour une critique de l'économie politique du signe*. Paris, Gallimard, 1972, p. 60.

25. Este aspecto é ressaltado por Jean Pierre Terrail: "A chave de sua argumentação teórica reside no tratamento do valor de uso como forma especial, específica da produção mercantil. Portanto, a crítica dirigida a Marx sobre esse ponto demonstra um desconhecimento decisivo da teoria marxista sobre a mercadoria. A ausência do conceito de valor e a referência sistemática do valor de uso ao valor da troca e não ao valor, são significativas quanto ao desconhecimento e ao enfoque da mercadoria, análoga em sua lógica à dos economistas clássicos. Tomando a relação de valor de uso ao valor de troca, como uma relação do significado e do significante, Beuadrillard contenta-se em justapor uma à outra, como ele justapõe "lógica de utilidade" e "lógica de equivalência"." In DECAILLOT, M., PRETECEILLE, E. e TERRAIL, J. P. — *Besoins et Mode de Production*. Paris, Éditions Sociales, 1977, p. 56.

26. TERRAIL, J. P. — *Fétichisme de la marchandise et idéalisme des besoins*, in DECAILLOT, M. et alii — Op. cit., p. 84.

27. Idem, Ibidem, p. 101.

28. ATTALI, J. e GUILLAUME, M. — *L'anti-économique*. Paris, PUF, 1975, p. 205 e segs.

29. GREVET, P. — *Besoins populaires et financement public*. Paris, Éditions Sociales, 1976, p. 27.

30. Idem — Op. cit., p. 35.

31. MARX, K. — *Introduction à la critique de l'économie politique*. Paris, Éditions Sociales, 1974, p. 111.

32. Idem — Op. cit., p. 115.

33. Idem — Op. cit., p. 137.

34. PRETECEILLE, E. — *Besoins sociaux et capitalisme monopoliste d' État*, in DECAILLOT, M. et alii — Op. cit., p. 175 e segs.

35. TERRAIL, J. P. — Op. cit., p. 107.

36. GODARD, Francis — "De la notion de besoin au concept de pratique de classe", in *La Pensée*, n. 166, déc., 1972, p. 96.

37. GODARD, Francis — "Classes Sociales et Modes de Consommation", in *La Pensée*, n° 180, avril, 1975, pp. 140-164.

38. "A formação de reivindicações e o desencadeamento eficaz das lutas, não resultam somente de um problema objetivo na base (necessidade social) mas de uma relação conscientemente estabelecida entre a necessidade comum a uma classe ou a uma coletividade de trabalhadores ou de cidadãos e a possibilidade de satisfazê-la. A avaliação da possibilidade desde um ponto de vista de classe se refere tanto ao desenvolvimento das forças produtivas quanto à correlação de força na luta. Esta consciência do necessário e do possível, que desencadeia as lutas de hoje, será também motor da democracia de amanhã." MOYNOT, Jean-Louis "Déterminations sociales et individuelles des besoins", in *La Pensée*, n. 180, avril 1975, p. 87.

Capítulo 3

IDEOLOGIA LIBERAL E POLÍTICAS SOCIAIS NO CAPITALISMO AVANÇADO*

As políticas sociais conduzidas pelo Estado capitalista representam um resultado da relação e do complexo desenvolvimento das forças produtivas e das forças sociais. Elas são o resultado da luta de classes e ao mesmo tempo contribuem para a reprodução das classes sociais.

Esta contradição é dissimulada pelas ideologias humanistas, progressistas ou liberais, que apresentam estas medidas como instrumentos de igualdade social, de melhoramento do bem-estar, de igualdade de oportunidades. As intervenções do Estado neste setor são explicadas pela relação existente entre a sociedade civil e o órgão do poder que esta sociedade concreta (formação social) proporciona. Nas sociedades capitalistas avançadas, estas *medidas* de política social, são *mediações* para reproduzirem a força de trabalho, segundo o projeto da fração hegemônica da burguesia. Entretanto, essas mediações realizadas pelo Estado se limitam e se dinamizam pela força de dominação desta burguesia, e pelas contradições e as exigências das diferentes frações da burguesia e pela força dos movimentos das classes subordinadas, de sua capacidade de obter concessões e/ou de constituir alternativas concretas ao poder existente.

Na primeira parte deste capítulo, apresentamos a visão liberal da política social, segundo sua linguagem de proteção, de arbitragem e de partilha.

---

* Agradecemos ao *Canadian Journal of Social Work* a autorização para aqui transcrever esse artigo originalmente publicado no volume 4, n. 2 e 3, 1978, dessa revista.

Na segunda parte, situamos as intervenções do Estado no contexto das lutas sociais.

3.1. ELEMENTOS CONSTITUTIVOS DA POLÍTICA SOCIAL LIBERAL[1]

Segundo a visão liberal, a ação espontânea do mercado deveria ocasionar um equilíbrio entre todos os indivíduos, de tal sorte que todos pudessem nele tirar vantagens, pelas vias da livre concorrência e da livre escolha. Esta utopia liberal, jamais foi realizada. Em realidade o mercado é um mecanismo que mantém a desigualdade de condições. Para "corrigir" esse mecanismo, o Estado Liberal intervém com medidas sociais "fora do mercado". Martin Rein definiu a política social como "intervenção fora do sistema de mercado"[2]. Esta intervenção, como Rein reconhece, está cada vez mais ligada aos interesses mercantis. A intervenção "não mercantil" do Estado, contribui, com efeito, para a gestão da mão-de-obra, para a criação e melhoramento dos recursos humanos, para a produtividade das empresas, para o estímulo da demanda. Nestas condições, a intervenção "não imediatamente mercantil"[3] favorece contraditoriamente a economia do mercado em seu conjunto.

O Estado intervém no mercado pelo apoio que dá às empresas ou aos indivíduos para produzir ou ascender aos bens e aos serviços existentes no mercado. Chega mesmo a favorecer os "mercados paralelos" para certos grupos sociais que não estão em condições de comprar bens ao preço corrente.

A construção das habitações populares pode ser um bom exemplo desta política. Por intermédio da Sociedade Central das Hipotecas e Habitações (uma espécie de BNH), o Estado canadense favorece as *empresas* e subvenciona *indivíduos* para construção de casas, estimulando a renovação urbana. O capital imobiliário é então triplamente favorecido: ocupa o centro da cidade e obtém a construção de habitações para os desalojados e, ao mesmo tempo, o Estado subvenciona uma determinada diferença entre a capacidade de pagamento desses últimos e o preço do mercado de habitação, criando uma nova clientela para o capital[4].

No domínio dos seguros sociais, o Estado, geralmente, age como uma companhia privada que, com antecipação, desconta as quotas e cobre certos riscos.

A rentabilidade desses seguros é garantida pela obrigação de se valer dos serviços do Estado, o que amplifica a demanda[5]. O auxílio social e toda a política fiscal (entre as quais a renda mínima garantida), são os meios de estimular a demanda ou pelo menos de mantê-la nos períodos de crise econômica.

As políticas sociais permitem também uma certa regularidade no mercado do trabalho, pelos mecanismos de colocação e de formação de mão-de-obra e pelos mecanismos de auxílio ou de seguro aos desempregados. São estes os instrumentos de controle da força de trabalho e dos salários, cujas modificações seguem as crises econômicas e sociais.

Estas políticas neokeynesianas se caracterizam, assim, por uma dupla ação no mercado: estímulo à demanda e subvenção às empresas. E por esta mesma razão as relações de produção não são tocadas por estas políticas no que têm de essencial: as relações de exploração.

"O Estado-Árbitro"

Para justificar esta intervenção, o Estado é apresentado como um árbitro neutro, acima das classes e dos grupos sociais. Por intermédio do Estado-árbitro vão ser favorecidos os mais desfavorecidos no mercado, em razão de insuficiências pessoais ou individuais, de rendimento, de organização e de estatuto. Em princípio, o Estado deve restabelecer o equilíbrio social e econômico do mercado para que todos possam retirar daí certas vantagens.

O Dicionário Inglês, de Oxford, define o Estado de bem-estar como: "Uma política de tal modo organizada que cada membro da comunidade tenha assegurado o sustento que lhe é devido, com as mais vantajosas condições para todos"[6]. Segundo esta concepção o Estado deve assegurar um mínimo, sem afetar as condições de funcionamento do mercado, onde *cada um* e *todos* possam usufruir do maior número possível de vantagens.

A compensação e a proteção dos "fracos"[7]

Mas como há grupos e indivíduos que não podem, por razões pessoais ou de debilidades sociais, usufruir destas vantagens do mercado, o Estado, sem ou com "preconceito favorável", intervém para "proteção" dos grupos desfavorecidos. O *Rapport Castonguay*[8] afirma que "o que a Sociedade propõe, pela publicidade, como conjunto de bens essenciais a todo cidadão, torne-se de fato, um direito do cidadão, por pertencer à sociedade. Esta, e em particular seu agente principal o Estado, devem tornar acessível a todos este teto mínimo"[9].

O Estado é assim considerado, como o "agente principal" que age pela sociedade civil, para tornar acessível este mínimo para "proteção" material dos indivíduos[10]. Esta concepção paternalista do Estado se traduz por uma série de medidas para possibilitar a acessibilidade a esse mínimo: eliminação das barreiras geográficas pela descentralização; das barreiras financeiras pelas transferências; e das barreiras técnicas pela racionalização.

O Estado se apresenta como o protetor dos fracos, como meio de satisfazer as necessidades sociais, pelas medidas legais que compensem as fraquezas dos indivíduos, pela introdução dos direitos sociais. Esta compensação se justifica em nome de uma justiça distributiva[11], da eqüidade ou da igualdade de oportunidades. Em suas leis, o Estado liberal, "o protetor dos cidadãos", estabelece sua norma de intervenção nos seguintes parâmetros:

Garantia de um mínimo[12]

O Estado jamais ultrapassa um determinado teto, deixando todos os mecanismos do mercado funcionarem livremente sobre esse mínimo. São esses os casos de salário mínimo, dos limites mínimos para os seguros e para o auxílio social.

Individualismo

O Estado considera os indivíduos como sujeitos dos direitos, mas não as coletividades, os grupos ou as classes. O auxílio social, por exemplo, está assentado sobre uma base individual ou no máximo familiar. Cada um deve velar por si mesmo.

Acessibilidade

O Estado estabelece *normas* para eliminar "barreiras" à acessibilidade, à educação (reforma educacional), à justiça (auxílio jurídico), aos rendimentos, ao auxílio social, à habitação, sempre nessa visão dicotômica entre fracos e fortes, realizados e não realizados.

Universalidade

Estas medidas visam garantir um certo mínimo para todos os indivíduos, que são considerados *iguais* perante a lei, mas que devem também ser *desiguais* em relação aos rendimentos, à habitação, à justiça para poderem ter acesso a esses direitos. A universalidade protetora revela-se discriminatória, pois vale também para os favorecidos.

Livre escolha

A política liberal considera que também ela deve "proteger" a autonomia dos indivíduos, oferecendo-lhes a possibilidade de escolher seu advogado (assistência jurídica) ou os produtos a comprar (auxílio social) ou o tipo de educação, no mercado.

A cobertura dos ricos sociais

O Estado liberal não visa, somente, "compensar" os grupos ou os indivíduos fracos no mercado, para que eles possam usufruir das vantagens do mercado, mas também para compensar os "riscos individuais", provenientes do desenvolvimento industrial, do assalariado e do mercado. O maior risco, na visão liberal, é a interrupção ou a perda da renda[13].

O desenvolvimento industrial concentra milhares, centenas ou dezenas de trabalhadores no processo de produção com riscos crescentes de acidentes de trabalho. O sistema de responsabilidade civil é pesado e dispendioso. Pode acarretar a falência da empresa ou a insatisfação dos operários. O regime de assalariado abole os vínculos individuais do feudalismo e "monetiza" a classe dos trabalhadores, que devem buscar sua reprodução no mercado. Assim o risco de ficar sem dinheiro (velhice, desemprego, doença) não é mais coberto pelos mecanismos tradicionais da solidariedade familiar, das ligações pessoais.

Em nome do direito à vida, os liberais utilizam uma linguagem de solidariedade coletiva para estabelecer um sistema de previdência social que cubra os riscos inerentes a uma economia de mercado (produção e consumo). O relatório Beveridge, no qual se inspiraram quase todos os regimes de seguro social de pós-guerra, defende este direito à vida. Na França fala-se do estabelecimento de uma solidariedade entre aqueles que trabalham e aqueles que não trabalham, dos jovens com os velhos, dos sadios com os doentes. Esta visão liberal de cobertura dos riscos, foi adotada, em larga escala, depois da grande crise de 1930. Então, os governos liberais tiveram de implantar um regime obrigatório (baseado no risco e não na culpa) financiado e de controle administrativo da força de trabalho. Mas esses regimes guardam, assim mesmo, o princípio da poupança, da capitalização, da diminuição dos custos, de uma gestão de mão-de-obra em grande escala. Além disso, podem manter dispendiosos serviços de profissionais e tecnocratas[14].

Na cobertura de riscos, o Estado mantém o acesso individual, os limites mínimos e máximos às prestações bem controladas, para não desestimular o mercado. Enfim, os riscos cobertos são riscos da classe operária que não pode fazer um pecúlio, vivendo, como vive, em regime de assalariado, para enfrentar a interrupção ou perda de fonte de renda.

Institucionalização dos conflitos

Em face do aumento dos conflitos sociais, de toda espécie, derivados da organização e da combatividade da classe operária, a burguesia liberal no capitalismo foi obrigada a estabelecer novos "contratos sociais", ao nível institucional. Esses contratos se limitam ao problema em questão, com regras bem precisas, para que cada uma das partes possa apresentar seus interesses imediatos, em vista de uma negociação e de uma conciliação. O Estado força o consenso, força as partes a negociarem, e se necessário, impõe uma "solução à força" para manter a forma mercantil global da sociedade[15].

Como exemplo, pode-se enumerar as legislações que registram o direito à greve, os debates entre proprietários e locatários e as diferenças entre comerciantes e consumidores.

O Estado se apresenta, ainda, como o Estado-providência, protetor do *cidadão*, que vela pela paz social e pela tranqüilidade pública. O "cidadão" é a figura típica criada pelo Estado-liberal. O cidadão é membro constituinte da cidade, da sociedade civil, acima da qual se encontra o árbitro do bem geral: o Estado.

Certos economistas liberais propuseram também o estabelecimento de regras formais para permitir aos mais fracos se defenderem diante das desvantagens do mercado[16].

Para os liberais o problema das desvantagens se coloca ao nível da distribuição e não da produção. C. F. G. Masterman diz: "Se qualquer coisa não está correta nas condições materiais, isto não se deve ao aparelho de acumulação, mas ao da distribuição"[17].

A instauração do *welfare state*, não corresponde a uma visão coerente e sistemática do Estado, na implantação da política social. Se se olhar a história das medidas das políticas sociais, ver-se-á que elas apareceram em conjunturas bem diferentes, segundo uma correlação de forças diferentes. Por exemplo, não se pode estabelecer, em Quebec, um mesmo parâmetro para enquadrar a instauração do socorro às mães necessitadas na época de Duplessis e a ajuda social em 1969, ou o seguro-saúde em 1970.

51

Mas estas respostas diferentes, nas diferentes e particulares relações de força nos levam a pôr em questão o porquê desta intervenção do Estado.

3.2. A POLÍTICA SOCIAL LIBERAL NO CONTEXTO POLÍTICO E ECONÔMICO CAPITALISTA

As concessões do grupo do poder

O Estado não é um árbitro neutro, nem um juiz do bem-estar dos cidadãos. Nem é um instrumento[18], uma ferramenta nas mãos das classes dominantes, para realizar seus interesses. O Estado é uma relação social[19]. Neste sentido, o Estado é um campo de batalha, onde as diferentes frações da burguesia e certos interesses do grupo no poder se defrontam e se conciliam com certos interesses das classes dominadas.

Se não se considera o Estado como o resultado de um consenso social para evitar "a guerra de todos contra todos", então é preciso situá-lo no contexto global da sociedade. O Estado é, ao mesmo tempo, lugar do poder político, um aparelho coercitivo e de integração, uma organização burocrática, uma instância de mediação para a práxis social capaz de organizar o que aparece num determinado território como o interesse geral.

A instância do poder político interpenetra e reflete a base econômica. A autonomia relativa do Estado resulta desta relação dialética com a economia, segundo a qual é determinado, mas também determinante.

Em conseqüência, o Estado resume, condensa, mediatiza as relações sociais, segundo as correlações de força da sociedade civil. O aparelho estatal não está somente em função dos interesses da classe dominante. Ele pode integrar, dominar, aceitar, transformar, estimular certos interesses das classes dominadas. O Estado é hegemonia e dominação. A hegemonia representa sua capacidade de orientar o conjunto da sociedade, de arbitrar os conflitos entre as classes e os conflitos de classe, de estabelecer uma certa coesão social. Pela dominação, o Estado impõe a repressão, a força e *manu militari*, destrói as oposições e resolve os conflitos[20]. Esta natureza contraditória do Estado, somente pode ser compreendida de maneira histórica e concreta, de acordo com sua força ou sua fraqueza, em face da força e da fraqueza das forças da sociedade civil. A ação do Estado se situa, então, em relação à correlação das forças sociais. Se as classes dominadas representam uma ameaça real à coalizão dominante, a intervenção do Estado pode ser caracterizada por uma repressão brutal. Se a pressão das classes dominadas se exerce num contexto da legalidade liberal, as intervenções do Estado se caracterizam pelo estabelecimento de certas regras do jogo, pela recuperação e pela regularização dos conflitos sociais. É neste contexto que nós situamos o Estado liberal democrático[21].

Contudo é preciso compreender que nas sociedades capitalistas avançadas a regularização a curto prazo de certas reivindicações populares, situa-se numa estratégia a longo prazo de manutenção da acumulação, sob a hegemonia da burguesia monopolista. A sustentação da acumulação se faz por meio do aumento da produtividade, da expansão das multinacionais, do controle dos preços, da socialização dos custos sociais, da manutenção da paz social.

Então, as intervenções do Estado dependem de sua capacidade de dispor e de gerir recursos originários da acumulação monopolista, segundo a pressão das forças sociais, as exigências da reprodução da força de trabalho e a manutenção da paz social. Para se legitimar junto às classes dominadas, num sistema liberal eletivo, o grupo do poder deve afastar a ameaça de perder o controle do Estado perante um movimento ou partido concorrente das classes dominadas e ao mesmo tempo procurar a lealdade destas classes para obter o apoio popular à sua política.

Esta atitude implica uma autonomia relativa do Estado na gestão das contradições inerentes ao processo de produção e às relações de classe e de grupos, mesmo fora do processo de produção. Para a gestão destas contradições o grupo do poder utiliza o aparelho do Estado ou cria novos aparelhos, seja pela repressão, seja pela recuperação, integração e controle das classes dominadas ou dos grupos populares.

Poulantzas admite mesmo que o Estado capitalista pode realizar uma política anticapitalista a curto prazo, mantendo os interesses do grupo do poder a longo prazo[22]. Mas as concessões feitas pelo Estado se inscrevem num contexto de produção capitalista, onde devem por um lado assegurar a garantia da propriedade privada e a acumulação de capital e por outro lado, garantirem o clima social necessário a esta acumulação. E nesta perspectiva que vamos analisar agora, as medidas liberais acima descritas.

O discurso ideológico

O discurso da igualdade de oportunidades, da eliminação das discriminações, da proteção aos fracos, da criação de novos direitos sociais é a expressão manifesta da ideologia liberal.

Em face das mudanças sociais profundas trazidas pela industrialização e pela concentração do capital, o Estado desempenha um novo papel no estímulo, na coordenação e na garantia dos investimentos.

O novo discurso da burguesia permite mascarar as desigualdades que provocam o desenvolvimento do capital. Esse discurso enfatiza a eliminação da discriminação de sexo, raça, religião, que deve ser abolida. As numerosas "cartas de direitos dos cidadãos" são um exemplo deste discurso ideológico. Ao mesmo tempo, esta linguagem permite a mobilização de grandes setores da população, que se organizam em torno a estes temas, esvaziando-se assim completamente as relações de classe. O sexo, a raça ou a religião aparecem como os entraves fundamentais de uma "nova ordem social", de uma "nova grande sociedade"[23]. Os homens devem assim se entender e chegar a um consenso acerca desses temas secundários que escondem, porém, a contradição fundamental da exploração.

Gestão dos custos sociais da produção

A existência da exploração e da acumulação é a condição fundamental da existência do sistema capitalista e do Estado. A política social possibilita uma gestão, ainda que conflitiva, da força de trabalho para que ela se reproduza nas melhores condições para o capital.

A instauração da cobertura de "riscos" sociais pela previdência social implica na complementação de uma série de objetivos. Por este meio procura-se, ao mesmo tempo, contribuir para a acumulação de capital, para manter o sistema de compra e para responder às pressões das forças sociais do momento. A implantação destas medidas depende muitas vezes das lutas entre as frações da burguesia[24]. Os seguros sociais contribuem para a produtividade, para o "capital humano", na linguagem liberal[25], para a socialização dos custos de reprodução da mão-de-obra, para o estímulo ao consumo (sobretudo em período de crise), e para a *capitalização*[26].

No que tange à capitalização, o Estado recolhe a poupança popular para financiar os investimentos. Em Quebec, com o regime de aposentadoria, criado em 1967, o governo financiou a caixa econômica estadual, que faz empréstimos ao próprio Estado. Através do seguro à doença, a prestação de serviços de saúde melhorou, assim como a acessibilidade da população a esses serviços. Ao mesmo tempo o consumo desses serviços foi estimulado, sustentado pelo crescimento da tecnologia e do profissionalismo dos serviços de saúde: E pela via indireta da *obrigação* de consumir que o Estado pode "universalizar" o regime de seguros e garantir seu funcionamento. O *direito* se torna uma *obrigação* de "consumir", isto é, de pagar a taxa do regime de maneira direta ou indireta, para utilizá-lo.

54

As condições de *produção* da doença, do desemprego, dos acidentes são pouco modificadas, a não ser pela pressão social. O Estado enfatiza o "esforço pessoal" dos indivíduos para "solucionar problemas" dos riscos sociais, no lugar de mudar as condições sociais. Assim mesmo, socializando, o Estado Liberal contribui para a economia de mercado e a sustenta. O Estado exalta a distribuição de serviços. O auxílio social contribui para manter uma mão-de-obra excedente fora do mercado de trabalho. O Estado "protetor" dos fracos quer, antes de mais nada, proteger o mercado, o consumo e a produção.

As políticas de seguro, de assistência social ou de serviços apenas minoram certas desigualdades de acesso e oportunidade ou impedem que elas se agravem. Os profissionais que trabalham neste setor formam também um grupo de pressão que representa os interesses da pequena burguesia: salários elevados, autonomia de trabalho, monopólio profissional. Conhecem-se as reivindicações dos médicos em relação ao seguro-doença. Em geral vão até à greve, para manter suas condições.

Os interesses dos trabalhadores pelo seguro-desemprego, o seguro-velhice, a assistência, a saúde são tomados em consideração na estratégia burguesa, quer seja para os recuperar, quer para os reduzir a "serviços" burocráticos.

Paz social

A estratégia do Estado não depende somente do desenvolvimento das forças produtivas, do mercado, da relação de força dentro do grupo do poder, dos interesses imediatos dos "profissionais", mas depende também do clima social e da relação das forças políticas.

Quando Bismarck introduziu o seguro-saúde, em 1883, precisou enfrentar um forte movimento socialista. Churchill e Lloyd George em 1909 começaram a pressentir a subida do Partido Trabalhista. Em Quebec, nos anos 60[27] houve uma forte mobilização social tanto nos sindicatos (frentes comuns) quanto nos grupos populares (por exemplo, os comitês de cidadãos, os grupos de ação-desemprego). A guerra à pobreza nos Estados Unidos seguiu-se aos motins dos "guetos" negros[28], Mesmo que o grupo popular não esteja organizado em partido político, pode provocar a intervenção do aparelho repressivo e/ou ideológico do Estado. O Estado pode tentar retardar as respostas às pressões sociais pelas vias indiretas das comissões de estudo[29], diagnósticos técnicos, negociação burocrática.

Pode se utilizar também das táticas de resposta simbólica, para dar impressão que se ocupa do problema e é para isto que servem também as comissões de inquérito.

O Estado pode recuperar ou integrar as reivindicações populares, pela institucionalização dos conflitos, estabelecendo regras do jogo do próprio regulamento do conflito. Dando aparência de equilíbrio e de força, o Estado procura conciliar os interesses em conflito. Mas sabe-se muito bem quem tem o poder, num conflito entre locatários e proprietários, comerciantes e consumidores, profissionais e clientes. A institucionalização permite aos elementos do grupo popular serem *consultados*, de representarem seus interesses nos conselhos, nos comitês de recursos, nos memorandos, mas *sem tomar decisões* políticas.

No Canadá os regimes de seguro social, a assistência social e os serviços sociais possuem representantes designados pelos usuários ou pelo Estado e nomeados pelo Estado. Em geral estão em minoria. O Estado se dá uma aparência de juiz e árbitro, muitas vezes instituindo (como no seguro-desemprego) os comitês tripartites. Esta maneira de proceder permite articular um simulacro de coesão de interesses e tem por efeito a divisão de trabalhadores em categorias (aleijados, velhos, desempregados, etc.). A representação dos interesses da classe deve-se fazer através das associações constituídas.

O Estado se utiliza desta política de fragmentação para estimular os conflitos entre os trabalhadores, fazendo com que as políticas de assistência social, de financiamento de outros trabalhadores, dependam de impostos e taxas. Para cada camada de trabalhadores há uma política diferente. Estas camadas são, hoje, chamadas de "populações-alvo". Ainda é o Estado que se apresenta como distribuidor de serviços ou de dinheiro para aqueles que não estão preparados para o mercado ou estão na reserva ou para manter a economia do mercado em seu conjunto.

O Estado age diferentemente, de acordo com cada conjuntura específica, cada problema específico, mas no quadro do desenvolvimento de forças produtivas e de relação de forças, entre o grupo popular e o do poder. Cuida sempre para manter a forma mercantil da economia e em seu conjunto, a acumulação do capital e sua legitimidade política junto à população.

NOTAS

1. Não se trata da política do Partido Liberal, mas do liberalismo.

2. REIN, Martin — *Social Policy*. New York, Random House, 1970, p. 13.

3. Esta intervenção pode ser considerada não imediatamente mercantil, porque ela não segue o princípio da remuneração direta dos fatores de produção. A assistência social é atribuída sem atenção ao esforço produtivo.

4. Para uma análise da rentabilidade do centro da cidade de Quebec, ver *Une ville à vendre*. Quebec, EZOP-Quebec, 1972, 4 cadernos.

5. Mesmo o seguro-desemprego serviu durante muitos anos para a capitalização.

6. *A policy so organized that every member of the community is assured of his due maintenance, with the most advantageous conditions possible for all.*

7. Certos economistas liberais falam de compensação na perspectiva do *welfare economics*. Assim se exprime J. P. Ross sobre este assunto: "Os estados A e B não são comparáveis se pelo menos houver uma pessoa que prefira B no lugar de A, sendo dado que outros prefiram A no lugar de B ou são indiferentes. O princípio fundamental da compensação é, pois, simplesmente, que (por exemplo) se os indivíduos preferem A no lugar de B podem compensar ("bribe") aqueles que preferem B no lugar de A, de tal maneira que aqueles se tornem, ao menos indiferentes com a condição de que os indivíduos que compensem continuem a preferir A no lugar de B e uma mudança de A para o B seja uma melhora na qual ele é socialmente preferido". *Welfare Theory and Social Policy*, Helsinki, Helsirfors, 1973, p. 10.

8. "À medida que aumenta o número de problemas confiados ao Estado, este último procura coordenar as diferentes políticas ou as diferentes medidas numa espécie de código de caridade pública para com os desfavorecidos." *Rapport Castonguay*, v. III, Tomo I, p. 210.

9. Idem, Ibidem.

10. Para os liberais é importante dar um nível mínimo de vida à população para garantir a eficiência da economia. A satisfação das necessidades ditas primárias é uma condição prévia de satisfação das necessidades chamadas superiores. "Se se ultrapassar o nível da subsistência, o problema das necessidades se coloca ao nível da atividade humana." *Rapport Castonguay*, vol. III, Tomo I, "Le développement", p. 166.

11. O novo liberalismo não foi um abandono do individualismo, mas uma nova interpretação dele. Segundo autores atuais, a idéia de justiça social facilitou a conciliação do individualismo e do coletivismo (Mowat). A justiça social exigia que cada privilégio ou instituição não fosse absoluto mas relativo ao bem estar mais amplo da sociedade. HAY, J. B. — *Origins of the Liberal Welfare Reform*. 1906-1914. London, The McMillan Press, 1975, p. 36.

Os liberais tiveram de mudar e modificar seu *Weltanshauung* no confronto com um importante movimento operário e socialista. É este confronto com o movimento operário que levou a burguesia a novas idéias e novas práticas sociais. Enquanto ela não foi desafiada, defendeu o individualismo liberal a qualquer preço.

12. Rapport Beveridge — *"Social Insurance and Allied Services"*. New York, McMillan Co., 1942.

"Social security must be achieved by co-operation between the state and the individual. The state should offer security for senice and contribution. The state in organising security should not stifle incentive, opportunity, responsibility in establishing a national minimum, it should leave room and encouragement for voluntary action by *each individual* to provide more than that minimum for himself and his family."

13. O *Rapport Beveridge* diz: "Abolition of want requires, first, improvement of State insurance, that is to say, provision against interruption and loss of earning power." Op. cit., p. 7. É a política keynesiana de apoio à demanda.

14. Ver, por exemplo, RIMLINGER, Gaston — *Welfare Policy and Industrialisation in Europe, America and Russia*. New York, John Willey & Sons, 1971 e, também, o capítulo 5 deste volume.

15. "Polices which pursue the goal of reorganizing, maintaining and generalizing exchange relationships make use of a specific sequence of instruments. These instruments can be categorized in the following way: *First*, we find regulations and incentives applied which are designed to control "destructive" competition and to make competitors subject to rules which allow for the economic survival of their respectiv market partners. Usually there regulations consist in measures and laws which try to protect the "weaker" parts

57

in an exchange relationship, or which support this party through various incentives. *Second*, we find the large category of public infrastructure investment which is designed to help broad categories of commodity owners (again both labor and capital) to engage in exchange relationships. Typical examples are schools of all kinds, transportation, facilities, energy, plants, and measures for urban and regional development. *Third*, we find attempts to introduce compulsory schemes of joint decision making and joint financing which are designed to force market partnets to agreee upon conditions of mutually acceptable exchange in organized way outside the exchange process itself, so that the outcome is reliable for both sides. Such compulsory schemes of mutual accommodation are to be found not only in the area of wage bargaining, but equally in areas like housing, education and environmental protection." OFFE, Klaus e RONGE, Volker — *Theses on the Theory of State*. New German Critique, n. 6, Automne, 1975, p. 143.

16. Estas regras formais compensariam as desvantagens existentes. É a tese constitucionalista do Estado.

17. MASTERMAN, C. F. G. — *The Condition of England*. 1909, p. 162, citado por J. R. Hay — Op. cit., p. 35.

18. A teoria instrumentalista do Estado é proposta por Ralph Miliband.

19. Para Poulantzas o Estado não é uma "entidade" essencialmente instrumental mas ele é, em si, uma relação, mais precisamente a condensação de uma relação de classe. *Les classes sociales dans le capitaliste d'aujourd'hui*. Paris, Seuil, 1974.

20. Norbert Lechner fala de um momento de hegemonia e de um momento de dominação. Ver LECHNER, Norbert — "A Crise do Estado na América Latina" in *Revista de Cultura Contemporânea*, v. I, nº 1, julho, 1978, p. 16.

21. Ver TOURAINE, Alain — *La production de la société*. Paris, Seuil, 1973, pp. 255-274.

22. Ver sobre este assunto: POULANTZAS, Nicos — *Pouvoir politique et classes sociales*. Paris, Maspero, 1971, v. 2, p. 9 e segs.

23. É muito significativo ver como a luta contra a pobreza nos Estados Unidos foi transformada numa luta pelos direitos e igualdades das raças.

24. PELLETIER, Michel e VAILLANCOURT, Yves, em seu texto: *Les politiques sociales et les travailleurs* mostram a luta havida entre a burguesia canadense e a burguesia de Quebec, em relação à política social. Falando do acordo federal-provincial sobre a assistência-desemprego, de 1959, dizem: "Ele nos demonstra que, definitivamente, são as "exigências da economia" e a superioridade já nitidamente estabelecida do Estado federal sobre o Estado de Quebec que provocaram, também, o confronto entre as facções internacionalistas e "quebequenses" da burguesia, a propósito das políticas sociais, do que a simples revisão de sua política social por parte da burguesia quebequense." (Caderno IV, p. 233.)

25. O *Rapport Castonguay* diz que o "custo da saúde aparecia, pois, como um investimento em *capital humano*. Como tal, o rendimento social que se pode descontar é muito elevado". Vol. I, *L'Assurance maladie*, p. 41.

26. Ver o capítulo 5 deste volume.

27. Nesta época introduziu-se, no Quebec, o seguro-doença, a assistência social estatal e os serviços sociais controlados pelo Estado.

28. Para Piven e Cloward, a política social é um meio de restabelecer a ordem social em tempo de crise e de agitação social, e um meio de coação ao trabalho em período de expansão econômica. PIVEN, F. e CLOWARD, Richard — *Regulating the Poor*. New York, Vintage Books, 1972.

29. Ver, por exemplo, a *Commission Royale* ao estudar as relações entre o capital e o trabalho, em 1886. Começou a reunir-se somente depois de um ano de haver sido nomeada e graças a pressões sociais.

Capítulo 4

AS FUNÇÕES DA POLÍTICA SOCIAL NO CAPITALISMO*

A análise da política social não pode ser colocada em termos de um esquematismo rígido, de leis imutáveis, como se a realidade se desenvolvesse segundo um modelo teórico ideal.

Se há um campo onde se torna necessário considerar o movimento real e concreto das forças sociais e da conjuntura, é o da política social.

Há os que consideram as políticas sociais como o resultado de um maquiavelismo do capital, e, de sua acumulação, sem uma análise dos limites impostos ao capital pela própria realidade e pelas lutas sociais. Marx diz claramente que "o capital age, portanto, sem nenhum cuidado contra a saúde e a duração da vida do trabalhador, *onde ele não é obrigado a tomar cuidado pela sociedade*"[1].

A análise da política social implica, assim, metodologicamente a consideração do movimento do capital e, ao mesmo tempo, dos movimentos sociais concretos que o *obrigam* a cuidar da saúde, da duração da vida do trabalhador, da sua reprodução imediata e a longo prazo. É necessário considerar também as conjunturas econômicas e os movimentos políticos em que se oferecem alternativas a uma atuação do Estado.

As políticas sociais do Estado não são instrumentos de realização de um bem-estar abstrato, não são medidas boas em si mesmas, como soem apresentá-las os representantes das classes dominantes e os tec-

---

* A expressão "funções" não implica um pressuposto para definir as políticas sociais e tem um significado histórico-estrutural no processo de relação Estado/sociedade/mercado.

nocratas estatais. Não são, também, medidas más em si mesmas, como alguns apologetas de esquerda soem dizer, afirmando que as políticas sociais são instrumentos de manipulação e de pura escamoteação da realidade da exploração da classe operária.

Trata-se, nos dois casos, de uma concepção instrumentalista e mecanicista que não tem em conta a realidade da exploração capitalista e da correlação de forças sociais.

As medidas de política social só podem ser entendidas no contexto da estrutura capitalista e no movimento histórico das transformações sociais dessas mesmas estruturas. Engels, falando da questão da habitação, diz que "a mesma circunstância, que outrora determinara um certo bem-estar relativo entre os trabalhadores — a saber a posse de seus instrumentos de produção — tornou-se para eles presentemente um entrave e uma calamidade"[2].

Assim, é necessário compreender dinamicamente a relação entre o Estado e o processo de acumulação de capital para poder visualizar as medidas de que estamos tratando.

4.1. A CLASSIFICAÇÃO EMPÍRICA DAS POLÍTICAS SOCIAIS

A natureza da intervenção do Estado, em termos bastante *empíricos*, considerando-se o que se chama comumente "medidas de política social", consiste na implantação de assistência, de previdência social, de prestação de serviços, de proteção jurídica, de construção de equipamentos sociais e de subsídios.

A assistência implica uma transferência de dinheiro, bônus ou de bens de consumo, com base num pedido, e de acordo com critérios de seleção, a um indivíduo que deve provar que se encontra em estado de privação e impossibilitado de prover imediatamente a sua subsistência. Em certos países, entre os quais o Canadá, a assistência pública é um direito consagrado em lei. Nos países latino-americanos, a assistência é prestada por órgãos governamentais ligados ao poder executivo, e com base numa distribuição limitada de recursos que são vinculados a objetivos eleitoreiros (quando há eleições!) ou paternalistas-nepotistas. Em muitos países, há departamentos de assistência pública. No Brasil, a assistência social em nível federal esteve vinculada à Legião Brasileira de Assistência (LBA) até 1995, quando foi extinta. Em nível estadual e municipal, ainda se vincula, muitas vezes, ao clientelismo dos chefes de governo e das primeiras-damas. Em 1993 foi aprovada a Lei Orgânica da Assistência Social (LOAS) para regulamentar os artigos 203 e 204 da Constituição de 1988, que estabelecia a assistência social como *direito* do cidadão necessitado. A lei passou a garantir uma renda mínima para os idosos (acima de 67 anos) e para portadores de deficiência cuja renda familiar não ultrapasse 1/4 de salário mínimo per capita. Criou os conselhos e os fundos de assistência social nos três níveis de governo. Pela Constituição, faz parte da seguridade social juntamente com a garantia da saúde e da previdência, esta contributiva (35 e 30 anos respectivamente para homens e mulheres depois da reforma de 1998) sob a forma de seguro social. A previdência dos funcionários públicos passou a exigir uma idade mínima e maiores descontos. A saúde pública se estruturou através do Sistema Único de Saúde, atendendo a grande massa da população de forma precarizada, ficando os segmentos médios e altos atendidos pelo setor privado dos planos de saúde.

A assistência privada, prestada por sociedades beneficentes, não raro confessionais e voluntárias, que recebem subsídios dos governos, distribuem os recursos (arbitrários e variáveis) e a cada ano os conseguem angariar com *lobbies*, coletas públicas, doações e trabalhos voluntários.

Já os seguros sociais, ou previdência social, consistem numa política geral de direitos sociais em função do pagamento de contribuições. O princípio dos seguros sociais é uma garantia adquirida pelo indivíduo, em certos casos específicos (riscos) de perda do salário ou da capacidade de trabalho (doença, desemprego, velhice, acidente, invalidez). O direito advém do pagamento das contribuições (eu pago, logo, tenho direito). A intervenção do Estado se manifesta claramente, nesse caso, pela regulamentação e pela obrigatoriedade dos seguros sociais. Alguns benefícios prestados, em alguns países, já são universais, mesmo sem exigência de uma prévia contribuição, como os serviços de saúde. Na América Latina, os seguros são garantidos aos assalariados de acordo com o modelo da cidadania industrial que articulava a reprodução da força de trabalho através do salário direto com prestações pré-pagas para as situações de perda do salário e financiadas por um fundo público. Os trabalhadores autônomos foram progressivamente incorporados ao sistema. As chamadas reformas do sistema dos anos 90 estão substituindo (como no Chile) os fundos públicos por contas individuais dos fundos privados, num movimento de redução do Estado e ampliação do mercado, na ótica neoliberal predominante. Outros países, como a Argentina, estabeleceram um sistema misto público e privado.

A prestação de serviços sociais compreende uma gama muito variada de intervenção estatal para informação, internamento, adoção, reabilitação, reinserção social, consulta médica ou psicossocial, vacinação etc. Os serviços são prestados por profissionais ou técnicos, dentro de normas administrativas preestabelecidas e com o controle superior.

Medidas jurídicas, muitas vezes, são tomadas como política social, como a proteção do consumidor, a regulamentação dos aluguéis, a normatividade de procedimentos educativos etc.

Além disso, o Estado interfere na produção de equipamentos físicos, como parques infantis, praças de cultura, teatros.

Os subsídios são outra forma de intervenção do Estado na subvenção de produtos específicos de consumo popular ou de produtos que interferem, de maneira significativa, no custo de vida, como petróleo. O subsídio pode ser feito diretamente ao produtor ou ao consumidor, em forma de créditos, descontos, doações.

A diversidade de intervenção do Estado capitalista pode também ser visualizada pelos distintos *domínios* de política social: saúde, educação, habitação, serviços sociais, informação, defesa do consumidor.

Esses domínios de intervenção são denominados sociais por questões históricas e ideológicas. O fato de se apresentar como *social* uma medida de política governamental, faz com que pareça boa à população. Assim, quando o governo fala de prioridades sociais, de prioridades humanas, aparece como defensor das camadas pobres, ao mesmo tempo em que oculta e escamoteia a vinculação dessas medidas à estrutura econômica e à acumulação de capital.

Os seguros *sociais*, nos Estados Unidos, foram assim denominados, em 1935, por uma "Comissão de Seguros Econômicos".

As intervenções do Estado, em política social, são definidas também por seus *objetivos* imediatos, como curativas e preventivas, ou primárias, secundárias e terciárias, terapêuticas e promocionais.

As medidas primárias, em relação à saúde, dizem respeito a uma ação de massa como a vacinação. As secundárias, ao diagnóstico e tratamento, e as terciárias à internação.

Em todos os domínios, as medidas sociais podem ser assim classificadas, tendo em conta o critério de sua extensão e profundidade. Mas é, principalmente, em função de certas categorias de população que as políticas sociais são apresentadas: os grupos-alvo, classificados ora por idade (crianças, jovens, velhos), ora por critérios de normalidade/anormalidade (doentes, excepcionais, inválidos, psicóticos, mães solteiras, desadaptados sociais, delinqüentes etc.). Esse tipo de classificação das populações-alvo das políticas sociais, ao mesmo tempo em que as divide, fragmenta, tem por objetivo controlá-las e realizar uma etiquetagem que as isola e as caracteriza como tal.

4.2. AS FUNÇÕES IDEOLÓGICAS

Ao implantar políticas sociais com intenção de reintegrar os desviados sociais, estes são marcados pela própria existência dessa política social em relação ao desvio, agora definido oficialmente como anormal.

As medidas de política social, discriminando as populações-alvo por critérios de idade ou de normalidade/anormalidade, transformam esses mesmos grupos em *anormais*, em fracassados, em desadaptados.

A ideologia da normalidade pressupõe que o indivíduo possa trabalhar para poder, *normalmente*, com o salário obtido, satisfazer as suas necessidades de subsistência e as de sua família. O trabalho é o critério de vida normal para *viver bem*. Os que não conseguem, com o salário que ganham, obter essa vida *normal*, vêem-se censurados socialmente pelas próprias políticas sociais, que atribuem, então, ao indivíduo, *seu fracasso*. É o que se chama culpabilização das vítimas, *victim blaming*.

No domínio da saúde, por exemplo, a doença passa a ser atribuída à falta de higiene pessoal, à educação deficiente, ao mau comportamento do indivíduo que bebe ou come de forma indevida.

A política social, ao mesmo tempo em que estigmatiza e controla, esconde da população as relações dos problemas sentidos com o contexto global da sociedade.

Esta *função* ideológica das políticas sociais, que se poderia chamar de *prestidigitação*, só pode ser desmistificada na medida em que se coloca essa problemática no contexto geral da economia e do Estado capitalista.

Para analisar essa questão, é necessário considerar as formas em que é apresentada a *evolução* dessas políticas sociais. No discurso oficial mudam-se simplesmente as categorias de denominação da clientela, buscando significar melhoria. Por exemplo, em vez de menores delinqüentes, adota-se a denominação de menores carentes, desadaptados, sem que, na realidade, se mudem as instituições e os aparelhos de controle da clientela.

Aos olhos da população, parece que as medidas sociais deixaram de ser repressivas, passando-se a uma etapa de humanização. Fala-se da cidade humana, do hospital humano, de instituições humanas, de atendimento humano. Para isso, impõe-se um discurso humanizante para falar de uma realidade desumanizadora.

Essa ideologia da "humanização" dos serviços se manifesta no discurso da "preocupação" com os direitos humanos, com a valorização da pessoa, com a igualdade de oportunidades, com a melhoria da qualidade de vida, com a "dívida social".

Um dos quadros teóricos que têm servido para descrever esta relação, e não raramente essa "passagem" das medidas *repressivas* às *ideológicas* dos aparelhos do Estado, é o texto de Louis Althusser sobre "Ideologia e Aparelhos Ideológicos do Estado"[3].

Nesse texto, o autor distingue os aparelhos que funcionam com base na *violência* daqueles que funcionam com base na *ideologia*, sendo os primeiros centralizados, e os segundos, múltiples, e lugares de luta de classes.

A função dos aparelhos ideológicos, para o autor, é a reprodução das relações capitalistas de exploração, concorrendo todos a esse mesmo resultado.

Nesse texto, os aparelhos de políticas sociais (embora o autor não utilize esse nome) aparecem como que monoliticamente orquestrados ("a única partitura que domina nesse concerto é a partitura da classe dominante") pelas classes dominantes para subjugar, para realizar a submissão total do proletariado às classes dominantes. Exercem a função de reproduzir a subordinação das classes dominadas.

As políticas sociais aparecem, assim, como intrinsecamente perversas, feitas por "essa máquina de repressão" (sic!) que é o Estado.

Mesmo ideológicos, os aparelhos do Estado são repressivos, na sua lógica implacável da submissão, da reprodução da submissão.

Essa postura leva a uma visão maquiavélica das políticas sociais do Estado capitalista, no sentido de que todo o espaço social é organizado por esses aparelhos para *submeter* a classe operária.

No entanto, a política social é uma gestão estatal da força de trabalho, *articulando* as pressões e movimentos sociais dos trabalhadores com as *formas* de reprodução exigidas pela valorização do capital e pela manutenção da ordem social, o que será analisado em seguida.

4.3. CONTRATENDÊNCIA À BAIXA TENDENCIAL DA TAXA DE LUCRO

O Estado capitalista não realiza a política dos capitalistas, individualmente tomados. Ele realiza os "interesses gerais do capital", como uma instituição especial, independente dos capitais individuais. Isso o coloca numa situação contraditória, obrigando-o a realizar compromissos entre as distintas frações da burguesia (por exemplo, entre o capital financeiro e o industrial), entre as exigências do capital como um todo e as pressões dos trabalhadores e de outras forças sociais[4].

"Quando o Estado é assim definido como uma instituição da sociedade capitalista, da qual é independente e que ela domina, aparecendo *simultaneamente* como fundamento interno dessa sociedade e como uma força contrária à formação de valor, torna-se claro que as funções históricas do Estado não estão originalmente nele contidas, mas *devem* ser o resultado de crises de produção social, mediatizadas por lutas de classes e conflitos entre as frações da classe dominante. Nenhum capital pode voluntariamente submeter-se às necessidades específicas, objetivamente percebidas; só a pressão da concorrência o obrigará a isso. Assim, nenhuma formação de capital irá aprovar o desenvolvimento de limitações externas, que são impostas pelo Estado, sem causa externa; ele não está disposto a tais medidas senão quando se encontra em face de catástrofes, conflitos, lutas", afirma E. Altvater[5].

O Estado capitalista é uma garantia de manutenção das condições gerais de reprodução do capital e da produção, isto é, da acumulação capitalista. Ele assume os investimentos não rentáveis para o capital, assume os investimentos que demandam recursos que superam a disponibilidade dos capitalistas, transforma os recursos públicos em meios de favorecer e estimular o capital, cria a infra-estrutura necessária para os investimentos e a circulação do capital, estabelece facilidades jurídicas e, sobretudo, gere a moeda e o crédito em favor da acumulação de capital, e investe em grandes empreendimentos, aplanando com tudo isso a concorrência intercapitalista.

Essa intervenção do Estado compreende, assim, uma das contratendências em relação à baixa tendencial da taxa de lucro. Mario Cogoy, afirma que "o emprego improdutivo do capital pelo Estado não constitui senão um dos processos próprios para retardar a queda da taxa de lucro"[6].

Cogoy insiste em que as despesas do Estado custam algo aos capitalistas. A crise capitalista é causada por um excedente, uma sobreprodução de capital, e isso leva seja a uma capacidade ociosa da indústria, seja a uma despesa improdutiva pelo Estado.

O fato de que as despesas do Estado sejam consideradas "improdutivas" não significa que não produzam mais-valia. A valorização do capital implica a extração da mais-valia e a acumulação de uma parte tão grande quanto possível desta. Na realidade, é o trabalhador que produz a mais-valia para o capitalista, quer trabalhe no setor produtivo, quer no "improdutivo". A mais-valia social global pode, no entanto, realizar-se enquanto capital e acumular-se, ou ser consumida sob a forma de bens de luxo ou de despesas públicas, afirma ainda Mario Cogoy[7].

Na interpretação keynesiana, a política social teria somente como função econômica subsidiar o consumo, ou o subconsumo, para estimular a demanda efetiva dos grupos ou camadas excluídos do mercado, ou de produtos específicos, politicamente selecionados.

Se é verdade que as medidas de política social, como assistência, seguros sociais, serviços, empregos, equipamentos, podem compensar uma certa defasagem temporária entre produção e consumo, elas não resolvem a crise, nem a contradição fundamental entre produção e consumo. Essas medidas foram feitas, às vezes, com intenção de prevenir as crises do capitalismo, como o pretenderam os keynesianos do pós-guerra, através de toda a pletora de incentivos ao consumo (alocações domiciliares, seguros, assistência). Em realidade, só serviriam como contra-tendência à baixa tendencial da taxa de lucro, pois a crise não significa um subconsumo, mas uma sobreprodução de capital e, portanto, de mercadorias[8].

Uma das tendências da política social nos países capitalistas dominantes é a implantação do *imposto negativo* como medida unificadora de todas prestações e transferências sociais. O imposto negativo consiste numa transferência de dinheiro, do governo ao contribuinte do imposto de renda, se o nível de renda deste último, e o de sua família, não atingirem um teto mínimo estabelecido. O controle da renda familiar será então total, sendo esta obrigada a declarar todas suas fontes de renda, recebendo do Estado uma só contribuição, por uma única via: o imposto de renda. Isto também unificaria as distintas formas de prestação social[9].

Essa medida tem o duplo efeito de controlar o contribuinte e de remercantilizar a política social, obrigando o indivíduo a abastecer-se no mercado, garantindo-se o regime capitalista na sua *essência*, isto é, como regime produtor de mercadorias. O *welfare state* se caracterizou pela implementação de direitos sociais, fundos públicos e acesso universal, ou seja, ao acesso a direitos universais estava garantido por fundos públicos independentemente do mercado e do mérito individual, contanto que houvesse o pressuposto da lei, que admitia tanto o critério das contribuições como o critério das necessidades, como as de saúde, de educação, de habitação, de renda mínima e de serviços psicossociais. Combinava-se, assim, a perspectiva da cidadania com a da desmerca-dorização ou desmercantilização da força de trabalho, a garantia de direitos ao trabalhador no sistema capitalista de produção. É um processo contraditório que pressupõe as lutas e conflitos de classe para que o trabalhador seja considerado cidadão, ainda que pobre. Ou seja, as pré-condições do capitalismo não são abolidas, mas modificadas. A remercantilização consiste na transformação dos fundos públicos em fundos privados com acesso baseado na contribuição ou no critério particular (meritocrático ou focalizado).

As organizações não-governamentais (ONGs) têm um papel ambíguo no processo de gestão do social. Ao mesmo tempo que adotam critérios particularistas de atendimento (*desentitlement*), são incorporadas na gestão pública como parceiras governamentais na prestação de inúmeros serviços. Este "novo contrato" social entre Estado e ONGs se justifica pelo discurso da publicização do privado (elas são privadas, porém públicas), mas não podem ser substitutas da garantia de direitos universais. De nosso ponto de vista, devem ser consideradas complementares à ação pública, podendo trazer mais agilidade, eficiência e participação em certos setores, mas por si mesmas não garantem direitos universais.

A tensão entre a privatização e mercadorização dos serviços e benefícios sociais e sua publicização e desmercadorização é inerente às contradições entre capital e trabalho e Estado e sociedade, pois o Estado é perpassado por interesses do capital e dos trabalhadores e de outros segmentos organizados. Na ótica capitalista, o Estado deve garantir as condições para o funcionamento do mercado, enquanto para os não capitalistas o Estado é a garantia dos direitos de ter necessidades atendidas por critérios fora do mercado. As pressões e contrapressões resultam num pacto dinâmico conforme as forças econômicas e políticas.

No contexto dos anos 90, de política neoliberal, de globalização da economia, de expansão do capital financeiro e de revolução tecnológica informacional aumentou o desemprego e diminuiu tanto o poder dos sindicatos e partidos de trabalhadores como dos Estados nacionais. As políticas sociais de gestão do trabalho, de transformação do não trabalhador em trabalhador, característica dos anos 60, devem ser combinadas com políticas de gestão do não trabalho e de redução dos benefícios públicos, gerando maior tensão entre Estado e sociedade. A mundialização do capital fragiliza as lutas nacionais por direitos. Embora as declarações e acordos universais ou de blocos regionais em torno de direitos sociais (como a Carta Social Européia) tenham trazido certas garantias aos trabalhadores e setores mais vulneráveis e oprimidos, quem tem ganhado com a mundialização é o capital financeiro internacionalizado.

A aliança entre o Estado e as multinacionais forma o que James O'Connor chama de complexo sócio-industrial[10], e que na América Latina consiste na aliança imprescindível do Estado-empresa privada, ou complexo sócio-empresarial. O complexo sócio-empresarial vem se transformando em complexo sócio-empresarial-financeiro, com articulação dos fundos privados das grandes seguradoras com as empresas, além da ampliação dos fundos financeiros pelo próprio Estado e pelo mercado que se descola do capital produtivo.

Esse processo se manifesta pela privatização ou pelo apoio dado pelo Estado à rentabilização dos empreendimentos privados de saúde, educação, habitação. O Estado realiza suas políticas por uma série de intermediários, numa simbiose entre o público e o privado, com a associação direta às multinacionais, seja pela compra e controle da tecnologia empregada, seja pelo controle direto da propriedade das empresas sociais.

Esse novo tipo de empreendimento destruiu e transformou completamente as associações voluntárias, os grupos de ajuda mútua, as instituições religiosas, que predominavam na prestação dos serviços sociais. Assim como também está sendo destruída a prestação de serviços de forma liberal do profissional autônomo, estando-se agora entrando num terceiro modelo das formas de prestação dos serviços sociais e de realização da política social, a forma empresarial.

Quando falamos de etapas ou de modelos de prestação de serviços sociais, não nos referimos a uma sucessão linear ou a uma separação estanque entre os modelos, mas a uma articulação dialética, cuja relação é transformada com as modificações do próprio sistema de acumulação capitalista.

A forma paternalista voluntária era sustentada por um capitalismo concorrencial com as sociedades beneficentes para determinados sócios, e de santas-casas, hospitais gerais (segunda classe) para a população ou classes dominadas.

A forma liberal consiste no livre contrato entre profissional e cliente. A forma empresarial consiste na criação de "empresas" de prestação de serviços que muitas vezes não só prestam os serviços, mas os financiam, recebendo uma clientela subvencionada pelo Estado e realizando os serviços com profissionais assalariados, objetivando a maximização dos lucros[11], ou combinando distintas formas de atendimento. Mesmo as instituições estatais funcionam com o modelo de administração de empresas.

Prolifera no setor saúde a Medicina de Grupo, que contrata profissionais assalariados e realiza convênios com empresas particulares, subvencionadas pelo governo. No Brasil, a Previdência Social restitui à empresa uma parte de sua contribuição com os gastos de saúde. A Volkswagen do Brasil, em 1964, realizou um acordo com a Previdência, pelo qual recebe, por empregado, 5% do salário mínimo da região, para que assumisse os encargos de saúde com seus empregados. Assim,

68

é a própria empresa que passa a controlar diretamente, no âmbito da fábrica, a saúde dos trabalhadores.

Na América Latina, as políticas sociais dentro da empresa visam o controle direto da produtividade com legitimidade, com o atendimento direto do trabalhador por serviços de saúde da empresa. O complexo social-empresarial se torna cada vez mais empresarial-financeiro com a transferência da responsabilidade de financiamento e atendimento para grupos ou seguradoras contratadas individual ou coletivamente, aprofundando-se o complexo social/empresarial/financeiro.

O desenvolvimento do capitalismo implica o desenvolvimento da produtividade não só pela mudança da composição orgânica do capital, mas também pelo aumento das cadências, das habilidades da mão-de-obra e da intensidade do trabalho, evitando-se absenteísmos e controlando-se os casos de doença, o que visa incrementar a taxa de mais-valia. As lutas sociais, com alianças complexas em nível institucional, legislativo e burocrático, é que foram impondo critérios democráticos e universais de acesso e de garantia de direitos.

A privatização, a tecnificação da prestação de serviços é acompanhada por uma profissionalização contínua, por uma dominação de certos grupos de profissionais que, por sua vez, introduzem a produção de serviços sofisticados, tecnificados e, portanto, vinculados às empresas multinacionais e financeiras.

A introdução de aparelhos caros, de tecnologia avançada, nas instituições de política social provoca um aumento considerável nos custos da prestação de serviços.

Esse complexo sócio-estatal-empresarial-financeiro tem três efeitos principais: uma socialização dos custos e privatização dos lucros e uma elitização ou exclusão das massas no acesso aos serviços mais avançados, reproduzindo as desigualdades sociais.

Em realidade, o financiamento desse complexo e de seu alto custo provém das contribuições dos trabalhadores aos seguros sociais e dos impostos ao consumidor que, justamente, constituem a grande massa de receitas do Estado. O financiamento de políticas de tratamento de saúde, aposentadoria, acidentes de trabalho, provém da contribuição dos trabalhadores (direta ou indiretamente). Os serviços privados atendem uma clientela proveniente de classes burguesas ou pequeno-burguesas e são financiados também pela contribuição do Estado que advém dos trabalhadores.

No Brasil, a maioria das medidas de intervenção estatal realizam uma transferência de recursos, dos mais pobres aos mais ricos. É verdade que as medidas de assistência realizam uma certa redistribuição da renda, mas limitadas sempre a um nível mínimo, a uma clientela restrita e com um controle rígido. As lutas pela igualdade de acesso, pela eqüidade alcançam resultado parcial, já que as condições gerais de produção de desigualdade são mantidas.

4.4. VALORIZAÇÃO E VALIDAÇÃO DA FORÇA DE TRABALHO

As políticas sociais devem ser vistas de forma contraditória, pois realizam não só uma valorização do capital, mas interferem diretamente na valorização e na validação da força de trabalho, como mercadoria especial, produtora de mais-valia e como sujeito de direitos no pacto da cidadania democrática.

Engels afirma que a solução capitalista ao problema da habitação se situa ao nível exclusivo do consumo e não atinge o trabalhador enquanto trabalhador, mas como comprador e vendedor. E para *comprar* o trabalhador deve antes *vender* sua força de trabalho para poder encontrar uma habitação[12].

Sob a ótica da valorização do capital, as medidas de política social fazem parte, segundo Suzanne de Brunhoff, do "despotismo capitalista" que, ao mesmo tempo, mantém a insegurança do emprego e a disciplina do trabalho[13]. Isso permite ao capitalista a obtenção de mão-de-obra barata e disciplinada, reproduzindo a força de trabalho nas condições impostas pelo capital. Suzanne de Brunhoff pouco insiste no processo de luta de classes que *impõe* ao Estado o que ela mesmo chama de "instituições não capitalistas" e que enfrenta e modifica esse "despotismo" na luta, na pressão, na reivindicação. As lutas articulam forças do plano político mais geral e que vão traduzindo reivindicações e necessidades em direitos num pacto que, ao mesmo tempo, incorpora contraditoriamente interesses dos trabalhadores e interesses do capital num equilíbrio instável de compromissos na conjuntura de forças em presença, onde as forças articuladas pelos interesses capitalistas têm exercido sua hegemonia.

Essas instituições rompem, em sentido imediato, a vinculação entre a renda e o esforço produtivo, liame fundamental para manter a disciplina da fábrica e a subsistência do trabalhador. Ao receber uma prestação, sem estar trabalhando, pode parecer que o trabalho como critério de vida normal esteja rompido. Esta *ruptura* não se realiza pelas seguintes razões:

1) o trabalhador pago com o salário indireto das políticas sociais ganha somente um mínimo, inferior sempre ao salário mínimo, estimu-

lando-se assim a volta ao trabalho; 2) a situação de viver da "política social" é temporária; 3) os controles administrativos para eliminação dos "fraudulentos" são cada vez mais restritivos; 4) as pressões sociais para a volta ao trabalho são grandes.

O trabalhador, no regime de previdência social ou de assistência, continua tão inseguro como antes, sendo retirado e empurrado ao mercado de trabalho, e mantido como reserva ou como inútil ativo, como o fazem as propostas de *workfare*. Trata-se de uma inserção do beneficiário de assistência social em atividades laborativas ou sociais como aumento do benefício ou mesmo como contrapartida do benefício recebido, tendo como objetivo certa vinculação do indivíduo com o mercado, o controle de comportamentos e a moral do trabalho.

Sob o capitalismo, não existe somente a produção da força de trabalho, mas também sua reprodução. O capitalismo transforma em assalariados ou excluídos do trabalho os trabalhadores dos modos de produção de subsistência e mercantil, pelo desenvolvimento das forças produtivas. Paul Singer diz que esse desenvolvimento se faz pela introdução de novos produtos ou pela mudança de processos de produção[14].

O desenvolvimento da produtividade vai substituindo os trabalhadores por máquinas, criando um excedente populacional que, por sua vez, vai traduzindo em excedente os trabalhadores de outros modos de produção. O capitalismo vai criando uma reserva permanente, um exército industrial de reserva ou de pessoas produtivamente inúteis que se reforça nos períodos de crise e pode ser absorvido nos períodos de expansão do capital, na medida em que haja acumulação.

O capitalista não produz para o consumo, mas para o intercâmbio, e para que as mercadorias adquiram valor é necessário que a força de trabalho incorpore valor ao capital no processo de produção. Ora, a reprodução da força de trabalho deve ser feita com um valor inferior ao produto, utilizando-se o valor de uso dessa mesma força.

A valorização dessa força de trabalho tem seu limite, mas "a disponibilidade de força de trabalho é o principal limite à expansão do capital"[15].

Certas políticas sociais, como a educação, a capacitação para a empregabilidade, a saúde, a habitação interferem diretamente na valorização da força de trabalho, e consomem mercadorias para sua reprodução com intermediação e mediação das relações políticas do Estado democrático e de direito.

Se o capital necessita manter a força de trabalho *apta* ao trabalho, o que na linguagem capitalista é expresso pela "inversão no homem", pela "formação do capital humano", isto implica o consumo de mais-valia e uma certa valorização da força de trabalho.

Altwater diz que "as despesas para o setor da educação não são somente da mais-valia retirada do capital, mas pelo seu crescimento elas aumentam também o valor da força de trabalho, e, assim, diminuem a taxa de mais-valia, que de outra forma seria estável"[16].

É necessário lembrar aqui, em relação à posição de Altwater, que a mais-valia pode se desestabilizar não só pelas despesas do Estado, mas pelas próprias crises do capitalismo e pela luta de classes.

As políticas sociais setorializadas contribuem para fragmentar e separar as distintas camadas da classe operária, adotando ao mesmo tempo um enfoque diferencial para cada uma, de acordo com a inserção destas nos diferentes modos de produção de uma formação social.

A política de valorização da força de trabalho a que nos estamos referindo diz respeito fundamentalmente à camada produtiva da classe operária. Os seguros sociais, a formação continuada, a medicina de empresa, intervêm quando é diminuída ou afetada a capacidade de trabalho do trabalhador, para que este retorne, o mais rapidamente possível, ao mercado de trabalho, mantendo a produtividade dos setores industriais.

A camada que trabalha no setor monopolista se beneficia de um acúmulo de vantagens sociais: melhores salários, restaurantes, transporte, contratos mais claros, férias, abonos, roupa de trabalho, fundos de pensão, maior segurança, além de uma sólida organização sindical.

Esse *setor* contribui, proporcionalmente, menos para com seguros sociais, tendo em conta o seu valor agregado, pois os seguros sociais foram instituídos em relação à mão-de-obra efetiva, *per capita*. As pequenas e médias empresas que empregam mais mão-de-obra (*labor intensive*) ficam em desvantagem em relação ao seguro e à previdência social.

Os trabalhadores do *setor* concorrencial contribuem e usufruem dos seguros sociais, mas não têm as mesmas vantagens de salário e de condições de trabalho que os do *setor* monopolista. Eles são pagos abaixo do valor quotidiano da força de trabalho, considerando-se que o salário mínimo não permite a subsistência do trabalhador.

Quando estão doentes, velhos ou acidentados, não têm as mesmas condições que os trabalhadores do *setor* monopolista, e sofrem mais facilmente as conseqüências das crises. São despedidos primeiro e reabsorvidos depois.

Os trabalhadores do *setor autônomo*, ainda remanescentes ou não do modo de produção mercantil, devem filiar-se à previdência social, de forma autônoma, para poder se beneficiar da política de seguros sociais, pagando uma contribuição mais elevada, individualmente. No contexto de dominação do capital financeiro, da precarização globalizada do trabalho e de crise fiscal do Estado, característico do final dos anos 90, o pacto dominante é de redução da responsabilidade pública e de aumento da responsabilidade privada e individual pela reprodução do sujeito, com aumento da polarização entre ricos e pobres.

No âmbito estatal, os trabalhadores gozam de seguros sociais, mas estão sujeitos a mudanças políticas e aos recursos orçamentários disponíveis. Não foi raro, na história da previdência social, os governos buscarem a lealdade de seus servidores pela concessão de certos benefícios, como as pensões e aposentadorias. Assim, não nos parece que tenha sido em função da produtividade, que é baixa no setor, que tenham sido instituídos os seguros para essa camada ou fração da força de trabalho. A previdência pública no Brasil foi se implementando com critérios políticos clientelistas, favorecendo determinados grupos, como os funcionários do legislativo, do judiciário e os militares. Até 1998, todos os funcionários gozavam de uma aposentadoria integral e sem um teto fixo.

Os *setores* monopolista e concorrencial estão intimamente correlacionados e articulados. Basta dizer do grande número de pequenas empresas subsidiárias que fabricam as peças, partes acessórias e matérias-primas para as indústrias monopólicas. A *fragmentação* das políticas se insere num contexto de *articulação* da valorização da mão-de-obra e de sua manutenção em reserva, e de uma população "inútil" ou inutilizada para o trabalho e socialmente excluída.

A população-alvo das políticas sociais não são os indivíduos isolados, mas a força de trabalho atual ou potencial, segundo a *correlação de forças sociais* e o desenvolvimento do Estado democrático de direito.

Os trabalhadores do *setor* monopolista estão em melhores condições de beneficiar-se da política de habitação, de educação, de lazer, de saúde. Os trabalhadores do setor concorrencial, por sua vez, dificilmente teriam acesso a casas, lazer, já que consomem a quase totalidade de seus salários em alimentação e vestuário[17].

Para essas camadas[18] da classe operária, o objetivo das políticas sociais é estimular a produtividade, o consumo, e manter a paz social.

Ao mesmo tempo em que se realiza essa política de valorização da força de trabalho, há políticas que pressionam por sua desvalorização, articuladas com a manutenção da reserva de mão-de-obra da população excedente, que, por sua vez, exerce uma pressão direta ou indireta para que os salários e os benefícios concedidos sejam rebaixados. No contexto capitalista, as prestações sociais devem estar vinculadas ao trabalho presente ou futuro, e a renda mínima ou renda universal, desvinculada do trabalho e vinculada às necessidades, é apresentada como utopia, embora alguns liberais, como Milton Friedman, defendam um mínimo garantido, em substituição à assistência, para manter a sobrevivência dos pobres, o consumo e o sistema desigual.

A força de trabalho supérflua é um excedente de população que não valoriza e que não é valorizada, na expressão de Wim Dierckxsens[19].

A população excedente é produzida pelo próprio desenvolvimento das forças produtivas. Os trabalhadores excluídos do mercado de trabalho constituem um exército industrial de reserva, que é necessário manter, guardar, mas dentro de duas condições fundamentais: 1) com um benefício inferior ao dos trabalhadores incluídos no mercado de trabalho; 2) em condições mínimas que os capacitem para uma substituição. Com o desenvolvimento tecnológico e a reestruturação empresarial, há um tremendo e cruel corte de postos de trabalho, fabricando-se uma grande massa de desempregados e de socialmente excluídos, para os quais não há emprego formal disponível e que passam a sobreviver de trabalhos precários, de trabalhos inadequados (*bad jobs*), de programas solidários, de programas de atividades sociais (inserção), de mendicância ou do crime organizado e da violência interpessoal.

Essa reprodução se realiza pela assistência social, que mantém esse "viveiro de trabalhadores"[20]. A superpopulação relativa, mais atraída que repelida pelo mercado de trabalho, constitui a população flutuante, sendo que a estagnada vive de ocupações irregulares e é mais repelida que atraída pelo mercado de trabalho[21]. O inferno do pauperismo é constituído por aqueles trabalhadores totalmente *desmonetizados* (órfãos, miseráveis, velhos abandonados, mendigos).

Tanto o regime de assistência como o regime de seguro social monetizam os trabalhadores excluídos do mercado não por uma questão de subconsumo, como já foi analisado, mas para resolver uma crise de superprodução combinada ou não com crises sociais de perturbação da ordem social.

Essa monetização da força de trabalho pela assistência, vinculada a um discurso de valorização do homem, não representa senão uma pseudovalidação social da existência da reserva.

É necessário que, mesmo estigmatizado pela recepção da ajuda, o indivíduo se sinta validado socialmente por uma política que não o valoriza.

Mas como nota Suzanne de Brunhoff no artigo citado, em situação de crise, e de crise fiscal, o valor de reprodução da força de trabalho pode ser socialmente reconhecido, mas não é mais socialmente validado com prestações efetivas, mas só validado pelo Estado por meio da despesa pública, forçando a uma volta do valor da força de trabalho a seu valor quotidiano.

O valor das aposentadorias, pensões e benefícios estatais reduz o valor da força de trabalho a um mínimo extremo, o que serve de *prova* aos demais trabalhadores de que se pode viver com "quase nada". No Brasil, as cestas básicas de alimentos constituem um mínimo "mortal" e não vital, pois, em geral, nem sequer alcançam o suficiente para alimentar uma família por uma semana e são distribuídas irregularmente, como favor e não como direito.

Essas prestações de seguro ou de assistência, em períodos de crise, são formas de validação da força de trabalho que não trabalha, que não contribui. Por sua vez, o Estado, não tendo em cofre o dinheiro disponível às prestações, tem que recorrer às despesas públicas para "validar" essa mão-de-obra, o que na expressão de Suzanne de Brunhoff consiste numa pseudovalidação, e com efeitos inflacionários.

A modificação da composição orgânica do capital e da produtividade do trabalho fazem aumentar a produção, baratear os custos, produzir mais, donde a necessidade de aumentar os consumidores para resolver a mesma crise de superprodução.

As políticas de transferência de dinheiro e de "distribuição de renda" objetivam dinamizar a própria capacidade ociosa do capital.

A assistência social também se estende à população que é liberada pelo capital do modo de produção de subsistência camponesa e ainda não integrada no mercado capitalista, quando não pode conseguir um biscate, que constituem os serviços ambulantes, de guarda de automóveis, de limpeza de carro, encontrados nas cidades latino-americanas.

A assistência clientelista, não reconhecida como direito, é atribuída segundo critérios morais de bom comportamento e segundo a *prova de indigência* ou de incapacidade de trabalhar, na maioria dos países latino-americanos.

As formas de seguro social, de assistência, são também combinadas com o que Claude Meillassoux chama de "modo de reprodução doméstico"[22]. É pelo trabalho extenso da família camponesa que esta mantinha seus membros em caso de velhice, doença, incapacidade.

No Brasil, em geral, era a família camponesa que assumia a subsistência dos velhos, inválidos, doentes e desempregados. O paternalismo da oligarquia agroexportadora era arbitrário, isto é, os trabalhadores que perdiam sua capacidade de trabalho poderiam ser "ajudados" como relegados aos cuidados da família[23], que buscava os "recursos"

75

da medicina rústica, no âmbito de sua cultura popular, no contexto de sua ideologia de fatalismo e submissão, e na ajuda mútua familiar.

À medida que o capitalismo penetra no campo e libera mão-de-obra, ao mesmo tempo torna assalariados os que são submetidos à produção capitalista, levando-se assim à adoção de medidas de previdência social para o camponês, exigidas pelas lutas sociais no campo.

As políticas sociais articulam essas distintas formas de manutenção da capacidade de trabalho e reprodução da força de trabalho de forma contraditória e dialética.

Se os seguros sociais são medidas de valorização da força de trabalho, eles também estimulam o consumo e mantêm o processo de acumulação. Se os trabalhadores ativos contribuem para os inativos, estes também contribuem para o trabalho produtivo, consumindo, e, portanto, mantendo a produção e o Estado, pois não deixam de pagar impostos.

Ao serem excluídos da previdência social, os trabalhadores do campo contribuíram com os trabalhadores urbanos na melhoria da manutenção de sua capacidade de trabalho, como também na baixa do custo dessa reprodução, barateando os gêneros de primeira necessidade.

No contexto do desemprego estrutural tecnológico, organizacional e político dos anos 90 há profundas mudanças nos contratos social e salarial, acarretando a precarização e a terceirização do trabalho e solapando as bases da seguridade e da coesão social construída no pós-guerra através do *welfare state*. São colocadas na agenda pública as políticas de formação de mão-de-obra, na perspectiva de empregabilidade e não de emprego, de focalização das ações em setores ou grupos específicos ao invés da universalização e de seguros privados ao invés de seguros públicos, validando-se a inserção social em atividades de baixa remuneração pelas próprias políticas sociais.

A reprodução da força de trabalho compreende quatro domínios principais: 1) a manutenção da capacidade de trabalho, principalmente pelo salário, para repor as energias gastas pelo trabalhador no processo de trabalho; 2) a restauração dessa capacidade, a sua reabilitação por meio de salários indiretos, serviços, prestações e manutenção de sua reserva; 3) reprodução de novos trabalhadores; 4) manutenção da disponibilidade e da empregabilidade para a atividade laborativa.

Até agora analisamos a reprodução da força de trabalho por intermédio das políticas de emprego, desemprego, seguros, assistência, isto é, da manutenção de sua capacidade de trabalho e de sua restauração ou de sua guarda.

A política social da infância (menores, creches, lazer, escolas, adoção, reeducação, sistema judiciário), vinculada ainda à manutenção da família como prioridade, mantém e forma a reserva de futura mão-de-obra, mas deve ser entendida na dinâmica das lutas pelos direitos da criança e de sua cidadania, e não de forma mecânica e determinista. A criação de creches está também vinculada à participação da mulher como força de trabalho, lançando novos trabalhadores no mercado ou na reserva, segundo sua expansão ou recessão econômicas e as lutas dos movimentos sociais pelos direitos da mulher enquanto cidadã e trabalhadora, inclusive pela igualdade de gênero.

4.5. REPRODUÇÃO DINÂMICA DAS DESIGUALDADES

A reprodução da força de trabalho reproduz também a situação de classe e as desigualdades sociais inerentes ao sistema capitalista, na dinâmica das lutas e forças sociais.

As habitações, a carreira escolar, a formação profissional, a internação, os seguros sociais, a assistência, reproduzem não só a força de trabalho, mas também o *lugar* ocupado pela classe trabalhadora no sistema produtivo. Essa reprodução se dá por intermédio do próprio sistema de organização da política social; 1) a institucionalização discriminatória, fragmentada e dominadora da realização das políticas sociais; 2) a forma de prestação de serviços e dinheiro vinculada à própria manutenção da situação de classe. Esta reprodução não é estática e depende das pressões de classe, movimentos sociais, de votos e partidos.

Não é o momento aqui de estudarmos as instituições[24], mas é necessário colocá-las como instrumentos de filtragem da reprodução social, como corredores, com os distintos níveis de atendimento, segundo o lugar ocupado pela mão-de-obra no sistema produtivo. Elas são a garantia, juridicamente estabelecida, de diferenças de classe, excluindo e integrando a força de trabalho tanto quantitativa quanto qualitativamente. Recursos limitados e qualidade deteriorada são os dois componentes para os atendimentos da *rede* da classe operária. A *rede* burguesa consome a alta tecnologia, os melhores profissionais, o maior número de recursos[25].

E mesmo que as *redes* de atendimento institucional cresçam, os problemas continuam mantendo-se, reproduzindo-se, pois a política concentradora e excludente de atendimentos faz com que os trabalhadores paguem e financiem os serviços melhores para as classes dominantes,

77

numa situação de "perversidade" social, de um ciclo vicioso de exploração e de sua manutenção.

James O'Connor[26], partindo de uma proposição teórica geral de que o Estado capitalista cumpre duas grandes funções, ou seja, acumulação do capital e a legitimação da ordem social, divide as despesas públicas segundo a realização dessas funções.

As despesas com *capital social* servem para manter a acumulação, enquanto as *despesas sociais* reforçam as funções de legitimação. As despesas de *capital social* referem-se à acumulação privada, consistindo em *investimentos sociais* (aumentam a produtividade da força de trabalho, como os parques industriais) e *consumo social* (rebaixam o custo da reprodução da força de trabalho, como os seguros sociais). A categoria *despesas sociais* tem como função a manutenção da harmonia social, servindo de legitimação do Estado, como a assistência social.

Essa classificação nos permite uma visão geral bastante clara das políticas sociais, mas como analisamos até agora, as despesas de assistência social e de certos serviços com a população excedente, não são somente gastos com a legitimação, mas também favorecem a acumulação de capital. Por outro lado, gastos com a acumulação vêm favorecer a legitimação do Estado.

Outra observação relativa a esta reflexão de O'Connor, é que as funções de legitimação e de acumulação não estão desvinculadas da função de coerção exercida pelo Estado capitalista[27] e nem são maquiavélicas.

4.6. MANUTENÇÃO DA ORDEM SOCIAL

Como já ficou assinalado no início deste capítulo, o Estado não é um instrumento ilimitado de acumulação de capital, mas intervém *obrigado* pela correlação de forças sociais. As políticas sociais se desenvolvem e se retraem segundo a conjuntura política, como afirmam Piven e Cloward[28], em relação aos Estados Unidos. Em períodos de agitação, perturbação da ordem pública, foram estendidos os programas de assistência, e nos períodos de expansão de capital houve uma política restritiva para reforçar a disciplina do trabalho.

A ordem pública, a paz social, a integração, enfim, não só a reprodução da força de trabalho, mas a reprodução de sua aceitação da ordem social dominante são fundamentais para o funcionamento da acumulação a longo prazo, o que não se faz sem hegemonia e sem dominação, e, portanto, sem luta e consenso, concessão e imposição.

Neste sentido, a política social é eminentemente *política*. A conservação do poder político, da hegemonia, da capacidade de direção, de manutenção de um "pacto social aceito" (ainda que não negociado com as classes dominadas, portanto, manipulado) por parte das classes dominantes, é função do *Estado*, mas não instrumento do capitalista em particular.

O Estado e suas políticas situam-se num marco histórico-estrutural, e não é dentro de uma lógica formal abstrata que se pode compreender suas funções[29], mas na correlação de forças e lutas sociais e políticas que articulam os movimentos da sociedade com setores do legislativo e do executivo, formando blocos de pressão e negociação onde os interesses dominados podem se manifestar a obter algumas conquistas.

Nessa perspectiva, as formas de legitimação do Estado passam por transformações ao longo da história e, segundo a correlação de forças, numa determinada conjuntura política.

O Estado liberal, como já analisamos no capítulo anterior, justifica suas políticas sociais com base na igualdade de oportunidades, no livre acesso dos indivíduos aos bens disponíveis, com o pleno desenvolvimento de suas capacidades e de suas responsabilidades no mercado. O Estado está se desobrigando, cada vez mais, de suas obrigações de garantia do bem-estar coletivo e investindo também cada vez mais em repressão para conter a violência social que se desencadeia com o desemprego e a perda das referências da cidadania social. O Estado de bem-estar está sendo substituído por um estado de contenção social que se expressa nos mecanismos de vigilância física e eletrônica, na construção de prisões e ampliação dos aparatos de punição. A competitividade e não a solidariedade é que é valorizada pelas políticas de responsabilização individual pela sua sorte, acentuando-se a desigualdade e a polarização entre mais ricos e mais pobres.

Na América Latina dos anos 60/70, vamos encontrar o Estado militar-mobilizador, o militar-tecnocrático e o liberal-paternalista, em relação à sua forma de constituição e ao desenvolvimento de suas políticas sociais[30]. Nos anos 90 vimos se implantar o Estado neoliberal, com o objetivo de assegurar o mercado de capitais e a livre circulação do capital especulativo em detrimento dos setores produtivos e da garantia dos direitos sociais.

O Estado militar-mobilizador, como o foi o peruano com Velazco Alvarado, busca suas formas de legitimação com um projeto reformista e de mobilização de certos grupos (camponeses, estudantes, certos grupos operários) em função desses projetos. Essa política, chamada por alguns de promoção social, permite uma modernização da estrutura social, a introdução do capitalismo em áreas retardatárias e certa redistribuição de terras ou de rendas. O Estado busca uma aliança explícita com setores populares para enfrentar os grupos mais resistentes à modernização.

Ao mesmo tempo, se produz uma desmobilização das classes dominadas, em seu conjunto, por um novo projeto histórico, com a implantação de projetos sociais de *asentamientos*, núcleos comunitários urbanos, sindicatos. A mobilização social global não é tolerada em termos de classe social, mas em função dos próprios projetos do governo.

O Estado militar-tecnocrático não tolera mobilizações, está fechado à negociação, destrói as organizações populares, impede a representação de baixo para cima, controla e patrulha os movimentos populares e os possíveis embriões desses movimentos.

Cercado por um grupo de tecnocratas, o Estado tenta justificar suas políticas com base em modelos técnicos, impulsionando o crescimento da economia, concentrando a renda, manipulando os índices e modernizando o atendimento de certos setores sociais. Essa tecnocratização é introduzida através dos planejamentos sofisticados, numa linguagem hermética para a população, sem nenhuma participação desta nas decisões, concentradas num pequeno grupo.

Esse tipo de Estado não deixa de modificar e de encontrar outras alternativas técnicas se, mesmo com o sufoco sofrido, a população consegue manifestar certo descontentamento, em certas brechas, os modelos são parcialmente modificados. Mas a questão da mobilização popular é vista sob o ângulo da política da internalização do inimigo, e logo é percebida como infiltração de elementos estranhos no meio do povo, os quais é necessário isolar e eliminar (de uma ou de outra forma).

Essa política de internalização do inimigo não admite tensões políticas, pois a ordem e a paz devem ser preservadas a qualquer custo.

Assim, os grupos populares têm pouca chance de fazer sua pressão, pois esta fica abafada em razão da aliança desse Estado com os interesses das multinacionais e de uma burguesia dependente e associada, temerosa de perder seus privilégios.

O objetivo estratégico desse tipo de Estado é a *estabilização social*, criação da estabilidade que, por sua vez, permita a inversão e a acumulação, e termine com as ameaças reais ou percebidas que as classes subalternas possam fazer aos investimentos estrangeiros e à burguesia dependente-associada. Os técnicos do governo inventam inúmeros programas sociais — até mesmo o da reforma agrária —, os salários são calculados com fórmulas complexas, uma rede de instituições pode ser criada, mas, sem a pressão popular, esses instrumentos técnicos passam a ser meios de manipulação popular. Os controles administrativos predominam sobre os controles políticos.

Dentro do Estado liberal-paternalista, as instituições de política social funcionam sob a pressão de certas reivindicações populares, que podem modificar ou reestruturar certas formas de política social. Combinam-se, ainda, mecanismos liberais de promoção do mercado, com a distribuição paternalista de certos benefícios a partir do poder público.

O desenvolvimento da cidadania social, que consiste na obrigação do Estado em garantir condições dignas para todos, só pode se estruturar através de uma rede de proteção social que articule o acesso à saúde, à educação de qualidade, à formação profissional, aos direitos trabalhistas, aos seguros sociais, à habilitação e saneamento, à informação e à assistência pública enquanto garantia de renda e de serviços sociais. Esta cidadania pressupõe um pacto de solidariedade social que vem sendo minado pelo neoliberalismo que retoma a palavra solidariedade no sentido clientelista de auxílios esporádicos.

É verdade que na Costa Rica os seguros sociais são muito mais extensos que em outros países da América Latina, o que também os transforma em bandeiras de um "Estado social", que por esse meio mantém a economia de mercado em seu conjunto.

Essas formas de Estado não são permanentes, podendo "endurecer" ou "abrir", segundo a correlação de forças sociais e buscando novas formas de intervenção em políticas sociais para legitimar-se, diminuir as tensões sociais, controlar os movimentos populares.

Os problemas sociais, ao se transformarem em política social são administrados política e profissionalmente.

A administração política estabelece um canal para que sejam expressos, com alguns recursos, atuando os profissionais para sua "juridificação", sua "medicalização", sua "serviçossocialização", sua "psicologização", sua "sociologização".

A questão da delinqüência transforma-se numa questão jurídica, o problema do menor numa questão de educação, o problema da saúde numa questão de remédios, o problema da fome/subnutrição num problema de supermercados, de rede de abastecimento ou de cestas populares. Essas e outras formas de legitimação/coerção variam segundo a ameaça possível ou real das classes subalternas.

A manutenção da economia capitalista, em seu conjunto, implica cada vez mais a intervenção do Estado, seja para manter a acumulação de capital, seja para manter a ordem social, seja para exigir a submissão ou impor o aniquilamento das forças populares.

Essa intervenção significa uma socialização dos custos e uma privatização dos lucros, utilizando uma expressão de James O'Connor. O mercado de trabalho é administrado politicamente, forçando-se a diminuição do custo da força de trabalho, as desigualdades são reproduzidas, as formas de exploração articuladas.

Ao mesmo tempo, busca-se o controle e a institucionalização dos conflitos pelo esvaziamento, desmobilização e despolitização das forças dominadas, quando não são levadas a um completo aniquilamento.

A reorganização das forças sociais, as mudanças na política internacional, as conquistas internacionais dos trabalhadores, as contradições internas dos capitalistas, as contradições internacionais, modificam a correlação de forças e as conjunturas para transformação e implantação das políticas sociais. Estas não são estáticas, mas tática e estrategicamente utilizadas na dinâmica dos conflitos sociais.

Trata-se de um campo que se define historicamente pela correlação de forças, e não de um campo abstrato ou de um instrumento rígido. É no confronto, na luta, que surgem as alternativas possíveis de política social, num equilíbrio instável de compromissos entre as *forças* presentes e os *interesses* em jogo. Se há força suficiente para a realização de um interesse, este se impõe, devendo parcializar-se, recuar, ou anular-se diante de uma força contrária que quer realizar interesses contraditórios a esses.

A realização dos interesses não depende só da estratégia dos atores (concepção voluntarista), nem das exigências implacáveis da produção (concepção determinista), nem de causas/efeitos imediatos (concepção mecanicista), mas de modificações estruturais complexas e dialéticas.

Sobre a questão das políticas sociais nos anos 90, ver o último capítulo deste livro.

NOTAS

1. MARX, K. — *Das Kapital.* Dietzverlag, Berlim, 1959, v. 1, p. 281, citado por SINGER, P. — *Economia Política do Trabalho.* São Paulo, HUCITEC, 1977, p. 124.

2. ENGELS, F. — *La Question du Logement.* Paris, Éditions Sociales, 1957, p. 15.

3. ALTHUSSER, Louis — "Ideología y aparatos ideológicos del estado", in *La filosofía como arma de la revolución.* Córdoba, Pasado y Presente/4, 1976, 7ª ed., pp. 97-141.

4. Para o conceito de forças sociais, consultar o capítulo 7, item 7.1.

5. ALTVATER, E. — "Remarques sur quelques problèmes posés par l' interventionnisme étatique", in VICENT, J. M. et alii — *L 'Etat contemporain et le marxisme.* Paris, Maspero, 1975, p. 147.

6. COGOY, Mario — "As teorias neo-marxistas, Marx e a Acumulação do Capital", in COGOY, Mario e SWEEZY, Paul — *Teoria da Acumulação Capitalista.* Porto, Publicações Escorpião, 1977, p. 43.

7. COGOY, Mario — Op. cit., p. 38.

8. Paul Mattick assim resume o ponto de vista de Marx: Quando Marx afirma que a causa última das crises reais "continua a ser a pobreza e o insuficiente consumo das

massas, relativamente à tendência da produção capitalista para desenvolver as forças produtivas de maneira tal que só o potencial absoluto do consumo de toda a sociedade deveria constituir o limite" (Capital, Vol. III, p. 568), essa evidente defasagem entre a produção e o consumo, "embora seja condição da existência do capitalismo", não altera o fato de ser "também" uma contradição entre a produção e o consumo. Na concepção de Marx as crises não podem ser abolidas nem por uma redução da produção, nem por um aumento do consumo, nem por uma harmonização de ambos", in "Teoria do Valor e Acumulação do Capital", in COGOY, Mario e SWEEZY, Paul — *Teoria da Acumulação Capitalista*. Porto, Escorpião, 1977, p. 125.

9. Ver sobre esta proposição STOLERU, L. — *Vaincre la pauvreté dans les pays riches*. Paris. Flamarion, 1974.

10. O'CONNOR, J. — USA: *A crise do Estado capitalista*. Rio de Janeiro, Paz e Terra, 1977, p. 63.

11. No Brasil é tal a lucratividade do setor saúde que a AMI (*American Medical International*) está penetrando nessa área com contratos com a Aço Minas e a compra de hospitais como o de Taubaté.

12. ENGELS, F. — Op. cit., p. 24.

13. BRUNHOFF, Suzanne — *Etat et Capital*. Paris, Maspero, 1976, p. 8.

14. SINGER, P. — *Economia Política do Trabalho*. São Paulo, HUCITEC, 1977, p. 111.

15. SINGER, Paul — Op. cit., p. 106.

16. ALTWATER, E. — Op. cit., p. 153.

17. Alguns indicadores sociais da reprodução das desigualdades no Brasil:

	Até 1 SM	Mais de 1 a 2 SM	Mais de 2 a 3 SM	Mais de 3 a 5 SM	Mais de 5 a 7 SM	Mais de 7 a 10 SM	Mais de 10 SM	SR	SD
a) *Alimentação* Despesas com alimentação em (1974)	62,8	59,2	50,2*	41,5	34,1	27,8	21,2**	—	—
b) *Situação domiciliar urbana* Rede de água (1990)	71	78	87	87	95	—	—	—	—
Rede de esgoto (1990)	23	27	38	63	63	—	—	—	—
c) *Educação* Pessoas de 10 a 14 anos estudando e trabalhando e só trabalhando (1990)	22,9	12,3	6,3***	—	—	—	—	—	—
d) Esperança de vida ao nascer (1976)	54,8	59,5	64,0	64,0	69,6****	—	—	—	—

FONTE: IBGE — Indicadores Sociais — Tabelas selecionadas — 1979.

* Até 3,5 SM.
** De 10 a 15 SM.
*** Mais de 25 SM.
**** Mais de 5 SM.

SM = Salário Mínimo; SR = Sem Rendimento; SD = Sem Declaração.

É necessário notar também que (em 1973) 52,4% das pessoas ocupadas ganham até 1 salário mínimo e 76,3% ganham até 2 salários mínimos. Mas no setor das "ocupações mais ligadas às indústrias "dinâmicas" e algumas tradicionais", construção civil, aos transportes e comunicações e algumas ocupações mais qualificadas em serviços diversos somente 22% ganham até 1 salário mínimo e 61,9% ganham até 2 salários mínimos, enquanto que 71% das pessoas ocupadas na indústria tradicional, no comércio e nos serviços domésticos, ganham só até 1 salário mínimo. Participação na renda em 1990: 20% mais ricos 65% e 20% mais pobres: 12%.

Esses dados indicam a reprodução não só das classes sociais, mas das diferentes camadas da classe operária de forma desigual. Não confundimos classe social com categoria de salário ou ocupação, mas os dados apontam no sentido indicado.

18. Nós utilizamos a categoria de camada, considerando justamente as condições de trabalho, salário, jurídicas e de acesso ao mercado de cada extrato. As frações da classe operária estão vinculadas à função do capital: industrial, financeiro, comercial.

19. DIERCKXSENS, Wim — *La reproducción de la fuerza de trabajo bajo el capital*. Lima, CELATS, Cuaderno CELATS n. 15, 1978, p. 16.

20. Paul Singer utiliza essa expressão para referir-se à "economia camponesa". Op. cit., p. 110.

21. MARX, K. — *Le Capital*. Paris, Ed. Seuil, Livre premier, p. 462.

22. MEILLANOUX, C. — *Femmes, greniers et capitaux*. Paris, Maspero, 1975, p. 152.

23. Ver o contrato de locação de serviços agrícolas no início do século que postulava a dispensa do trabalhador doente. Ver Código Civil, Art. 1229: A enfermidade do locador é causa de dispensa.

24. FALEIROS, Vicente — "Espaço profissional e espaço institucional", in *Serviço Social & Sociedade*. Vol. l, set./dez., 1979, São Paulo.

25. Ver o debate "Assistência médica para quem", de alguns especialistas em saúde *em Folhetim*, n. 157, Folha de S. Paulo, 20/01/1980.

26. O'CONNOR, James — *USA: A crise do Estado capitalista*. Rio de Janeiro, Paz e Terra, 1977.

27. Para um aprofundamento dessa crítica a O'Connor ver PANICH, Leo — "The role and nature of the canadian state", in PANICH, Leo — *The Canadian State*. Toronto, University of Toronto Press, 1977, p. 8.

28. PIVEN F. e CLOWARD, R. afirmam em *Regulating the Poor*, N.Y. Vintage Books, 1973 que em períodos de forte agitação social e de recessão houve extensão na lista de assistidos sociais.

29. Nesse sentido ver HIRSCH, Joachim, in "Elements pour une théorie materialiste ou L' Etat", in VICENT, J. M. — Op. cit., pp. 25-94.

30. PORTES, Alejandro em Política Habitacional — "Pobreza Urbana e o Estado: As Favelas do Rio de Janeiro 1972-76". *Estudos CEBRAP*, n. 22, s/d, pp. 133-161 — fala de três tipos de Estado na América Latina: o civil-populista (coerção temperada por certa abertura à sociedade civil), o militar-populista (incorporação das massas), a oligarquia militar (distância entre Estado e massa).

SEGUNDA PARTE

Análises Concretas

Capítulo 5

O Seguro Social nas Sociedades de Capitalismo Avançado: lutas e resultados

INTRODUÇÃO

Não é raro encontrar na literatura da previdência social quadros descritivos da evolução das medidas de seguro social em diferentes países. Apresenta-se o tipo e a quantia das prestações, sua administração, os riscos cobertos, as contribuições necessárias e os programas existentes[1].

Esta maneira de apresentar a previdência social nos permite conhecer os elementos que a compõem, mas não estabelece as relações entre ela e a estrutura global da sociedade.

Há, também, esforços para mostrar a evolução da previdência social como uma série de medidas acumulativas, isoladas da história, das contradições e das lutas de classes.

Este último enfoque[2] baseia-se no postulado de uma evolução linear progressiva da humanização das políticas sociais. O *welfare state* é considerado como resultado da evolução da beneficência, a partir da instauração da caridade privada. O bem-estar é apresentado como um fim a ser alcançado pela humanidade[3], em cada época histórica, pela atuação de certos líderes, sem levar em conta as forças sociais e políticas em ação nas estruturas sociais.

A perspectiva histórica é fundamental para análise da previdência social, mas, ao mesmo tempo, é necessário considerar as estruturas políticas, econômicas e ideológicas.

Sob o ponto de vista histórico, as medidas de previdência social representam um fenômeno relativamente recente. Antes a *política social* se resumia na assistência e na repressão.

Foi com o advento e o desenvolvimento da industrialização capitalista que se implantaram medidas de seguro social como garantia contra os *riscos* de invalidez, da velhice, das doenças, da demissões, da indigência e dos acidentes de trabalho.

A implantação e a organização dessas *garantias*, colocam-se no quadro de desenvolvimento global do capitalismo e nos quadros específicos de cada formação social numa determinada conjuntura. Por exemplo, na Alemanha, Bismarck instaurou o seguro-saúde estatal, em 1833; em Quebec, essa medida apareceu 83 anos mais tarde, e, nos Estados Unidos, essas garantias estatais ainda não existem.

5.1. COLOCAÇÕES TEÓRICAS

Há teses que se colocam em nível muito geral, e outras em níveis bem particulares quanto ao tema deste capítulo. O texto de Nicos Poulantzas[4] pretende mostrar que em nível geral, o Estado capitalista comporta, inscrito em suas próprias estruturas, um jogo que permite, nos limites do sistema, uma certa garantia de interesses econômicos de determinadas classes dominadas. Mas o Estado, que possui certa autonomia, pode debilitar o poder *econômico* das classes dominantes, sem que se ameace o poder *político* dessas mesmas classes.

Para Poulantzas, estes sacrifícios econômicos, a curto prazo, solidificam o sistema político a longo prazo. Os seguros sociais se situam nos interesses, a longo prazo, do capital, que deve fazer certas concessões a curto prazo, segundo a relação das forças entre si.

A um nível particular, Hatzfeld considera que os seguros sociais na França, representam os interesses do setor desenvolvido das empresas, em oposição ao setor tradicional. Observa ele, que na França, a pequena e média empresas se opõem sempre à realização dos seguros sociais para evitar gastos suplementares. Ele afirma que "parece-nos, portanto, razoável considerar não a luta em que os operários e patrões se defrontam ou de algumas frações do proletariado com outras frações do patronato, mas o efeito de dois grupos de forças: o primeiro, opondo e unindo uns aos outros, trabalhadores e empregadores das indústrias desenvolvidas, o segundo grupo, reunindo aqueles que pertencem às empresas que ainda se mantêm na idade pré-industrial. A ação desses dois grupos nos parece diferente. A grosso modo, o efeito do primeiro desses grupos nos parece "progressista", e o efeito do segundo, "conservador"[5].

Desse modo, numa conjuntura específica, parece que os interesses de certos trabalhadores podem estar em contradição com os interesses, a curto prazo, de outros trabalhadores, quanto à questão dos seguros sociais. As contradições em política social não podem ser reduzidas a um nível muito abstrato: classes dominantes *versus* classes dominadas, sem ter em conta as forças específicas que estão em jogo.

Pelletier e Vaillancourt insistem no fato de que para Quebec, em particular, as exigências da economia predominam sobre as razões ideológicas e políticas. Em relação ao convênio federal provincial, de 1959, sobre assistência aos desempregados, afirmam: "esse convênio nos mostra que em definitivo, são as 'exigências da economia' e a superioridade já estabelecida do Estado Federal sobre o Estado de Quebec, que provocaram o confronto entre as frações da burguesia internacional e a de Quebec, em relação às políticas sociais, por meio da revisão da política social da própria burguesia de Quebec"[6].

Segundo esses autores, as conjunturas econômicas (crises) e as lutas entre frações da burguesia, são fatores que explicam as políticas sociais em Quebec. Eles querem mostrar que a intervenção do Estado no domínio da assistência social para os *capazes para o trabalho*, representa uma profunda mudança na política social de Quebec. Essa mudança se origina nas crises econômicas!

É evidente que uma política particular, como a assistência aos desempregados, se coloca numa conjuntura econômica muito particular, mas, exigências políticas, ideológicas e outros conflitos que não sejam puras brigas entre grupos de burguesia, tiveram seu impacto nas políticas sociais. Assim, além das crises econômicas, que podem provocar efeitos particulares, é necessário considerar o desenvolvimento global do capitalismo e os fatores políticos e ideológicos, na explicação do processo de elaboração dos seguros sociais. Num período de crise, pode haver somente um aumento do número de inscritos nas políticas existentes, como foi o caso da assistência aos desempregados, em 1959, sem modificações profundas no leque das medidas sociais.

Piven e Cloward[7], por sua vez, enfatizam mais os aspectos políticos que os fatores econômicos para explicar a instauração de políticas sociais. São elas um meio para *restabelecer a ordem social* nos momentos de crise e um meio de forçar a mão-de-obra para o trabalho, em tempo normal. Assim os fatores sociais e políticos predominam sobre os fatores econômicos. Enquanto não houver desordem social (mesmo quando existe crise), o Estado não intervém nas políticas sociais.

Para Marc Renaud[8], assim como para Pelletier, o real interesse dos trabalhadores não é levado em conta pelo Estado. As políticas sociais seriam somente uma *resposta simbólica* aos problemas reais.

A tese de que as políticas sociais são meios de reprodução e manutenção das desigualdades sociais é ressaltada por vários autores[9].

Elas são também apresentadas, de forma idealista, por outros autores liberais como uma questão de *escolha entre valores opostos* como o igualitarismo, a eqüidade e a liberdade[10].

Estas reflexões teóricas nos levam a considerar o fenômeno dos seguros sociais sob diferentes ângulos: resposta às crises econômicas, resposta à desordem social, resposta simbólica, reprodução social e problema de valores.

Nossa reflexão, tendo em consideração o nível geral da reprodução do sistema e os níveis particulares das relações de força numa determinada conjuntura, nos leva a postular que, não há um esquema único, rígido, para todas as políticas concretas em todas as conjunturas.

Parece-nos importante, no estudo da previdência social, distinguir e unir os *aspectos gerais* e estruturais do desenvolvimento do capitalismo, com os aspectos *particulares* de cada conjuntura específica de cada país, considerando a situação econômica, política e ideológica.

Em nível geral, as políticas sociais e, sobretudo, a previdência social, concretizam uma política de mão-de-obra, e por esta mesma razão, se situam no âmago da contradição capital/trabalho.

A política de assistência social, particularmente, visa, em primeiro lugar, as categorias de trabalhadores não incorporados ou "inaptos" ao mercado de trabalho, como as viúvas com filhos, os velhos, os inválidos. Os demais, considerados "aptos" (mendigos e vagabundos), são forçados, diretamente ou não, a trabalhar sob repressão. Em períodos de crise, alguns auxílios econômicos são concedidos aos aptos para o trabalho, mas como medidas temporárias e numa quantia inferior ao salário mínimo. Ao mesmo tempo, criam-se serviços públicos para manter a ordem social e com baixos salários[11].

Os seguros garantem o *turn-over*, a lealdade e a produtividade da mão-de-obra, sem afetar a estrutura de produção e de mercado.

Por intermédio da aposentadoria e dos seguros contra os acidentes de trabalho, o incentivo ao trabalho se mantém, ao mesmo tempo em que se renova a mão-de-obra. O seguro-desemprego contribui para o *turn-over* e o seguro-doença contribui para a produtividade, evitando-se o absenteísmo e mantendo-se a capacidade de trabalho.

Os custos da manutenção da mão-de-obra sobem constantemente, entre outros fatores, pela introdução da mecanização agrícola (que influi nos preços dos alimentos) e pelo aumento constante dos preços dos serviços (saúde, jurídicos, educacionais). Os seguros, ao estabelecerem um direito sócio-econômico e a quotização obrigatória, permitem socializar os custos de manutenção da mão-de-obra entre os próprios trabalhadores, sem gastos suplementares importantes para o capital. Assim, são os próprios trabalhadores que financiam os serviços de saúde, educação, jurídico, de assistência, que eles recebem.

Os direitos sócio-econômicos são diferentes dos direitos políticos como tais (por exemplo, o voto). A "democratização econômica" é uma concessão da burguesia. Essa "democratização" *obriga* (dever) a população a consumir em massa os seguros sociais, o que vem reduzir os custos da administração do sistema. Entretanto, os recursos ficam distribuídos desigualmente dentro do mesmo sistema, obrigando os mais pobres a financiar os mais ricos[12].

Os seguros sociais são políticas destinadas à mão-de-obra direta ou indiretamente incorporada ao mercado de trabalho, mesmo se as prestações sobrevenham nos momentos de *perda do trabalho* por acidentes, desempregos, moléstias, aposentadoria.

Os seguros sociais não são mecanismos de redistribuição de recursos, mas um novo arranjo de recursos* econômicos e sociais no quadro das novas exigências impostas pela reprodução da força de trabalho.

Vinculado a isso, encontra-se a questão da capitalização. Por intermédio dela transfere-se a poupança popular para o financiamento das inversões, isto é, para a reprodução do capital. Isso se verifica, sobretudo, no seguro-aposentadoria, no fundo de garantia por tempo de serviço, organizado no Brasil. Esse fundo financia boa parte da indústria de construção. Em Quebec, de 1966 a 1970 foi a "caixa econômica" do Estado* financiada pelas contribuições do regime da aposentadoria. Tornou-se a principal "caixa" do gênero, no Canadá, pelo seu tamanho e pela diversidade de seus investimentos. Não raro os fundos de pensão se aliam às multinacionais para comprar ativos e controlar empresas até em nível global.

É preciso considerar, também, o impacto que os seguros sociais produzem no consumo de certos serviços, melhorando evidentemente o acesso, mas não necessariamente a qualidade dos mesmos.

Para não perturbar a economia do mercado, o Estado só garante um mínimo de acesso e de seguro.

---

* Caisse de Depôt et Placement.

O problema de consumo é importante, mas os seguros sociais devem, em primeiro lugar, ser considerados em relação às vinculações com a produção. Essas políticas têm como possíveis efeitos nesse domínio: a estabilidade da mão-de-obra, a regularização dos salários, a regularização do mercado de trabalho, a produtividade, a formação de mão-de-obra para novas exigências da produção, a socialização dos custos da manutenção de mão-de-obra, dependendo das conjunturas em que forem implantadas.

Esses efeitos são mais ou menos realizáveis, segundo a correlação de forças ao nível da produção, a nível político e a nível profissional.

O aspecto profissional é significativo em razão da importância que médicos e outros profissionais adquirem na implantação dos seguros sociais.

As outras forças sociais e políticas que intervêm nessa questão, são os sindicatos, os partidos, as associações profissionais, os burocratas, as organizações comunitárias, religiosas, patronais e as companhias de seguro.

Os seguros sociais põem em confronto forças poderosas como as companhias de seguro privado, os partidos, as indústrias e o movimento operário.

Em linha geral, porém, o princípio que orienta a instauração dos seguros sociais é o mesmo dos seguros privados: cobertura de um determinado risco baseado numa contribuição.

Esse confronto de forças em torno dos seguros sociais, estimula debates apaixonantes nos quais se manifestam as ideologias liberal, reformista, revolucionária. Por exemplo, dentro do movimento operário, há aqueles que se opõem aos seguros sociais, porque os consideram como uma ilusão, um meio de retardar a revolução. Outros defendem a estratégia do melhoramento progressivo das condições de vida da classe operária dentro do capitalismo. Os liberais defendem a igualdade de oportunidades pela intervenção do Estado, com a condição de que a propriedade privada e o mercado sejam respeitados. Os chamados conservadores defendem as regras do mercado no "livre jogo" da oferta e da procura.

Isso mostra que em cada conjuntura concreta, é necessário descobrir as forças e ideologias presentes em relação a um seguro social. Hoje em dia, a ideologia liberal/reformista de caráter jurídico-político que defende a igualdade de oportunidades, parece ser a ideologia dominante nos países da Europa e Canadá.

Nosso estudo consiste, agora, a partir dos elementos aqui esboçados, mostrar rapidamente o desenvolvimento dos seguros sociais (acidentes de trabalho, aposentadoria, seguro-saúde, e seguro-desemprego) em alguns países capitalistas avançados (França, Estados Unidos, Canadá, Inglaterra, Alemanha) que oferecem uma diversidade suficiente para examinar os aspectos aqui colocados. Em todos esses países as sociedades de ajuda mútua e os seguros privados precederam a intervenção do Estado.

5.2. AS SOCIEDADES DE AJUDA MÚTUA E OS SEGUROS PRIVADOS

Na etapa do capitalismo concorrencial, a forma predominante de extração da mais-valia, era a extensão da jornada de trabalho. O Estado intervinha na vida econômica para controle da moeda, dos salários, das alfândegas e, também, para proibição das coalizões operárias. Tudo isso em nome da livre concorrência.

As políticas sociais nessa etapa, refletem ainda resquícios da época feudal. As organizações operárias, também se inspiraram nas *guildas, corporações* ("*compañonadas*") ou outras formas de organização dos artesãos medievais. A assistência aos pobres estava organizada em torno da paróquia, no quadro da economia localizada. As *guildas* e as *compañonadas* garantiam certas formas de assistência a seus membros: ajuda-funeral, ajuda-doença, de nascimento etc.

O modo de produção capitalista destruiu o modo de produção feudal pela produção de mercadoria e instauração de produção manu-fatureira industrial, na extração da mais-valia. Os membros da "nova" classe operária, diante da política liberal de proibição dos sindicatos, tiveram de recuar para formas de organização de defesa mútua, para responder às necessidades urgentes em caso de desemprego, morte, nascimento. Só as organizações mútuas foram permitidas. Os sindicatos foram autorizados mais tarde na França, em 1864; na Inglaterra, em 1874; na Alemanha em 1869 e no Canadá em 1872.

Para os defensores do liberalismo econômico, a pobreza significava o fracasso do indivíduo na sociedade.

Adam Smith considerava a riqueza como resultado da inteligência e do esforço pessoal. A pobreza era considerada como necessária ao desenvolvimento da indústria, pela classe dominante. Turgot afirmava que "cada um era livre de seguir sua sorte, sendo responsável pelo seu êxito ou pelo seu fracasso"[13]. É interessante notar que esse discurso é retomado pelos grupos hegemônicos, inclusive os neoliberais.

As associações mútuas não contrariavam o princípio liberal do esforço voluntário, da poupança voluntária. De acordo com esse princípio, cada indivíduo deve cuidar de sua segurança em caso de urgência, por intermédio da poupança para a velhice e mesmo em caso de perda do trabalho.

Esse discurso sobre o esforço pessoal era uma justificativa ideológica de uma política de extrema exploração da mão-de-obra. Na aplicação de medidas de assistência exigia-se o domicílio do candidato na localidade onde era feito o pedido. Isto contribuía, eficazmente para a adaptação da mão-de-obra às necessidades *locais* de expansão industrial.

Para obrigar os mais aptos a trabalhar, utilizava-se a repressão. Os incapazes eram mantidos em condições tão desfavoráveis que se desestimulava os capazes a recorrerem à inatividade. Em 1834, na Inglaterra, o princípio da escolha da condição menos favorável (*less eligibility*) foi consagrado pela lei dos pobres. A caridade privada era um meio para esconder o problema do pauperismo e para manter essas condições "menos favoráveis", para evitar a criação de novos direitos sociais e para recolher a mão-de-obra inútil, a preço baixo. Exemplo dessas medidas são as *workhouses* na Inglaterra, os hospitais gerais na França, os asilos nos Estados Unidos e em certos países da América Latina. A conquista dos direitos civis pela burguesia era uma justificativa da não concessão de direitos sociais, o que não foi salientado por T. H. Marshall em seu estudo sobre a cidadania[14].

Na França, em 1859, o governo tentou estimular a economia por uma legislação que favorecesse o esforço voluntário. Os seguros privados, que se baseiam na mesma visão ideológica, expandiram-se extraordinariamente a partir do século XVII. A companhia *Lloyds* foi constituída depois do grande incêndio, em Londres, no ano de 1666.

O seguro privado veio garantir, antes de mais nada, a *propriedade privada*. Na perspectiva liberal, a propriedade é a primeira garantia da liberdade e da sobrevivência, devendo ser protegida nas situações em que for ameaçada.

A classe operária, sem acesso à propriedade, não tinha outros meios de garantir sua existência, fora e depois do tempo de trabalho, a não ser pela união, pelo socorro mútuo e pela auto-ajuda.

Por sua vez, os proprietários se organizavam por intermédio de *contribuições voluntárias para indenização* da propriedade privada, na ocorrência de certos riscos.

Os seguros privados expandiram-se em várias direções para garantir não só a propriedade privada, mas também, o consumo de novas mercadorias como os serviços médicos e funerários.

Um exemplo da "pujança" desse ramo de negócios, pode ser visto nos Estados Unidos e na Inglaterra, com o crescimento das grandes companhias de seguros.

Em 1870, a *Prudential* emitiu 11.000 apólices e, em 1900 essa mesma companhia tinha 3.500.000 apólices no mercado. Em 1914, a *Metropolitan Life* começou a venda do seguro-médico[15]. O seguro privado era duplamente sem efeito: as prestações eram mínimas em relação às necessidades e somente um número muito restrito de pessoas podia ser por ele coberto devido ao alto custo dos prêmios.

A organização das sociedades de ajuda mútua e do seguro privado não mudara em nada o mercado de trabalho. Os baixos salários foram mantidos, assim como o exército industrial de reserva. Os aptos ao trabalho eram obrigados a trabalhar.

A ênfase dada ao esforço individual foi um artifício ideológico para que a classe operária aceitasse sua situação de miséria de massa, originada pela industrialização.

5.3. O SEGURO CONTRA OS ACIDENTES DE TRABALHO

A primeira espécie de seguro coletivo obrigatório, relaciona-se diretamente aos conflitos capital/trabalho. Essa forma é a primeira manifestação das transformações do capitalismo e das pressões da classe operária. Trata-se dos seguros contra os acidentes de trabalho.

O Estado intervém para resolver um problema causado pela expansão da industrialização, pela produção em escala, que implica mais acidentes e pelo aumento dos custos para a indenização. A indenização estava baseada na prova de culpabilidade prevista no Código Civil.

O mesmo cenário se repete em todos os países estudados. Na França, em 1808, na Inglaterra em 1897, nos Estados Unidos em 1908 e em Quebec em 1909.

O seguro baseia-se nos princípios do *risco profissional* e de uma *compensação* pelo tipo e gravidade do risco. O princípio do risco é a base do seguro privado que permitiu eliminar, em muitos casos, o princípio da culpabilidade legal. A compensação, já pré-estabelecida, permitia uma diminuição dos custos, uma racionalização das normas de prestação, que ficavam, até então, a critério do juiz.

Ao mesmo tempo, eliminavam-se os procedimentos legais (duração, provas, decisões que levavam à falência certos patrões e ao descontentamento os operários).

Em geral, a compensação situava-se abaixo do salário anterior do operário, depois de um período de carência bem estabelecido. As companhias de seguros se asseguravam contra a falência.

Os fundos de indenização, contudo, ficavam, em sua maioria, sob o controle dos patrões, nas caixas patronais de compensação. Alguns Estados, nos Estados Unidos, estabeleceram fundos públicos para cobertura de acidentes em concorrência com a empresa privada.

O Estado intervinha somente para regulamentar esse "contrato social" entre operários e patrões, que permitia pôr um fim ao descontentamento operário causado pela ocorrência freqüente de acidentes e por suas conseqüências. A intervenção do Estado situava-se, assim, no quadro da ideologia liberal que favorecia o "livre contrato" entre a força de trabalho e o capital. As caixas dos acidentes de trabalho eram uma espécie de prolongamento desse contrato em benefício da paz industrial e da rentabilidade econômica. Esse seguro compulsório foi implantado em 1887 na Áustria, em 1895 na Finlândia, em 1884 na Alemanha, em 1898 na Itália, em 1901 na Holanda, em 1946 na Inglaterra e em 1948 na França. Nesses dois países o seguro voluntário existia desde 1898 e 1916, respectivamente.

5.4. A APOSENTADORIA

Os regimes de aposentadoria originaram-se nas grandes empresas e em caixas patronais, em benefício dos setores mais combativos do movimento operário.

Esses regimes de seguro, por outro lado, inspiraram-se nas associações mútuas e voluntárias.

Para as grandes empresas, esses seguros visavam, no início, a estabilidade da mão-de-obra e a paz industrial, mantendo-se, ao mesmo tempo, um controle direto sobre a força de trabalho.

As transformações industriais dirigiam-se no sentido de um aumento de produção como também de sua concentração. As novas empresas exigiam a mão-de-obra estável e disciplinada.

Era necessário que a mão-de-obra se habilitasse às novas exigências de produção, aos horários, à divisão do trabalho para o aumento dos lucros. Os dirigentes de empresa deviam elaborar uma política de produção, a par de uma política de pessoal: substituição de trabalhadores idosos, lealdade de mão-de-obra, redução das folgas, promoção da imagem da empresa[16].

O movimento operário foi se tornando mais combativo nas grandes empresas, por causa da própria concentração exigida pela produção. As caixas de aposentadoria surgiram nos setores de mais concentração e de mais contestações da classe operária. As caixas industriais dos ferroviários, dos mineiros e dos marinheiros (em alguns países) foram as primeiras a serem organizadas pelos patrões, transformando a sua "política de pessoal". Em relação aos ferroviários, essa política do ponto de vista patronal visava a conservação e estímulo de uma mão-de-obra, que, em sua maioria, era de origem rural.

As caixas aparecem como "isca" para atrair os trabalhadores e como o "cabresto", depois que são contratados. Para se ter direito às prestações exigiam-se vários anos de serviço e mesmo *boa conduta*, a juízo dos patrões.

O princípio do risco profissional não eliminou a responsabilidade *atribuída* aos operários na causa dos acidentes: falta de atenção, má utilização dos equipamentos e o não respeito às normas de segurança industrial etc.

Foi o primeiro dos seguros sociais que se colocou no centro do confronto trabalho/capital. Por isso, pôs em jogo as forças operárias e patronais. Evidentemente que esse tipo de seguro só podia ser implantado pelas grandes indústrias, em condições de arcar com seus custos elevados.

A aplicação das medidas varia de país a país. Como se trata de uma solução de compromisso, os operários renovaram suas reivindicações nesse domínio em suas lutas sindicais.

Essas primeiras caixas estavam comprometidas com a sorte da indústria. A falência da indústria acarretava a falência das caixas, com conseqüências funestas para os trabalhadores que perdiam os seus direitos. O controle era exercido, totalmente, pela classe patronal. As exigências para se ter direito às prestações eram estabelecidas por essa classe.

Nos Estados Unidos, as primeiras caixas patronais de aposentadoria foram organizadas pelas grandes companhias de aço (*United Steel* 1901) e das estradas de ferro. Segundo Lubove[17], em 1908, 14 companhias de estradas de ferro tinham caixas de aposentadoria e pensões.

Na França, segundo Hatzfeld[18], a grande empresa tinha necessidade de estabilidade da mão-de-obra. Segundo esse mesmo autor, na França, em 1882, 98% dos mineiros e, em 1898, 70% dos ferroviários, participavam de uma caixa. Em 1895, o Estado estabeleceu um novo controle formal dessas caixas, vinculadas às grandes empresas.

No Canadá, ocorreu o mesmo fenômeno. Os fundos privados se desenvolveram muito antes que o Estado interviesse. Essa presença do

Estado acontecia só para regulamentar as caixas de poupança voluntária e as mútuas, e justificada pela ideologia liberal do livre contrato. A classe patronal, enquanto isso, seguia aumentando e mantendo seu controle sobre a mão-de-obra. Esse controle se manifestava pelas severas exigências na seleção da clientela e na entrega de prestações.

A intervenção do Estado surge em seguida para tornar os seguros *obrigatórios*, transformando a forma *voluntária* anteriormente regulamentada. As pequenas empresas se opõem a essa política, por uma questão de custos, mas tem-se o apoio das grandes empresas.

Os operários também se dividiram em relação à obrigatoriedade dos seguros, por razões ideológicas e econômicas. Contribuindo para o seguro, o trabalhador sofria uma diminuição em seu salário. Sob o ponto de vista ideológico, as posições se diversificaram entre aqueles que consideravam os seguros uma ilusão reformista (uma parte do movimento socialista alemão e a C.G.T. francesa, em seu início), aqueles que defendiam a reforma, e aqueles que eram contra a reforma e contra a intervenção do Estado. Nesse último, situa-se Gompers, da *American Association of Labor*, nos Estados Unidos.

São as conjunturas políticas específicas que vão determinar a forma e o momento da intervenção do Estado, para tornar esses regimes obrigatórios.

Trata-se de regimes de capitalização e não de redistribuição, como já foi indicado na introdução.

Na Alemanha, a intervenção do Estado para instaurar o seguro obrigatório explica-se por uma conjuntura em que o Estado exercia um importante papel na sociedade civil, por sua ação unificadora e dirigente de uma burguesia retardada em relação ao resto da Europa. Em 1883, Bismarck inaugurou o regime de pensões para os idosos, procurando com isso debilitar o movimento socialista e conquistar as simpatias da classe operária[19].

Na Inglaterra, foi com uma nova força política no poder que, em 1908 se organizaram aposentadorias e pensões pelas iniciativas dos liberais Lloyd George e Winston Churchill. Mas as exigências para um trabalhador ter direito à pensão eram: fazer parte de um trabalho industrial, ser assíduo e ao mesmo tempo ter sua poupança pessoal[20]. O controle da mão-de-obra se fazia por intermédio do Estado que substituía, nesse ramo, as empresas privadas. Era uma forma de centralizar as caixas patronais e de socializar seus custos.

Nessa época, o partido trabalhista (*Labour*) aumentou sua popularidade e Lloyd George apresentou suas medidas de seguro social sob um discurso de justiça distributiva.

Nos países estudados, passaram a existir então, ao mesmo tempo, diferentes sistemas de seguro social: *voluntários, obrigatórios, privados e voluntários controlados pelo Estado*. O que variava, eram as prestações, as quotas e as condições de admissão.

O seguro obrigatório provocou grandes debates, principalmente na França e nos Estados Unidos. Os adversários do seguro temiam que o Estado, por sua organização gigantesca, agisse em detrimento do "voluntarismo", do mercado privado e dos seguros privados. A classe patronal, preocupava-se com essa intervenção estatal que poderia acarretar a perda de seu controle sobre a mão-de-obra.

Em 1910, na França, uma lei de aposentadoria para as classes operária e camponesa foi adotada. A Corte Suprema suprimiu seu caráter obrigatório. Essa lei acompanha outras disposições legais de caráter social da Terceira República, sob pressão de forças operárias, depois da Comuna de Paris. Na prática, a nova lei ficou muito reduzida, em razão da decisão da Corte. No fundo, predominava ainda, a ideologia liberal do voluntarismo.

Segundo Hatzfeld[21], os seguros sociais foram introduzidos pela porta do direito de propriedade, com o princípio: "pago, logo, tenho direito". É uma forma de legitimar a ideologia do livre contrato entre operários e empregados.

Em 1928, os seguros de enfermidades e velhice foram votados, mas com prestações muito reduzidas e limitadas para os assalariados. Ao mesmo tempo eram mantidas as caixas operárias e patronais com administrações bipartidas ou autônomas. Em 1930, como anota Hatzfeld[22], uma lei veio diminuir o imposto de propriedade, o que favorecia a grande empresa, compensando a concessão feita na implantação dos seguros.

Nos Estados Unidos, só durante a grande crise, com uma forte mobilização dos velhos, por *Townsend* e com Roosevelt no poder, é que pôde ser instaurado um regime de aposentadoria e pensões obrigatório.

O debate sobre seguros sociais obrigatórios estava aberto e em sua defesa encontravam-se vários líderes universitários da AALL *(American Association for Labor Legislation)*.

Esses novos atores na cena política são intelectuais liberais que vão mostrar como legítima a intervenção do Estado, com um novo discurso.

Esse discurso se refere aos direitos do homem, à igualdade de oportunidades, à possibilidade de acesso universal para certas garantias contra certos riscos de perda de trabalho. Mas foram os trabalhadores que, por intermédio do C.I.O. *(Congress of Industrial Organization)*, pressionaram mais fortemente para obtenção dos contratos coletivos e dos seguros sociais.

As companhias de seguros e os médicos foram os que exerceram seu *lobby* para que o Estado se mantivesse de fora do campo do seguro-saúde, que até hoje não é estatizado nos Estados Unidos.

Entretanto, as pensões e a aposentadoria para os idosos continuaram representando só um mínimo de subsistência. Essa concessão econômica e política se colocava, também, na perspectiva keynesiana de estímulo à demanda e como um meio de controle das crises econômicas. Durante a grande crise, a política se orientou, antes de mais nada, para a manutenção do hábito de trabalhar (serviços públicos) e da demanda, com subsídios mínimos e temporários.

No Canadá, as pressões pelas aposentadorias vieram de diferentes organizações políticas. Entre elas, é preciso destacar a C.C.F. (*Cooperative Commonwealth Federation*). Entretanto, foi o peso e pressão eleitorais da população idosa que determinaram a promulgação de uma série de medidas de assistência aos velhos, como pensões universais e auxílio social. Só nos anos 60 os regimes públicos de aposentadoria foram introduzidos, devido à ineficiência dos seguros privados na cobertura universal, às pressões sociais e à conjuntura econômica. Em Quebec, a nova conjuntura política da "Revolução Tranqüila"[23] foi favorável a essa medida, ditada pela necessidade de dinheiro para os investimentos estatais. Com esse dinheiro criou-se a "caixa econômica" estadual.

Em Quebec, os dirigentes da "Revolução Tranqüila" (nome dado para a modernização de Quebec, nos anos 60) procuravam também um consenso social para realizar seu plano de liberalização e de modernização. Essa concessão de aposentadoria à classe operária atrairia seu apoio ao governo.

As restrições à seleção e às prestações foram constantemente combatidas pela classe operária.

As companhias de seguros privados concederam ao Estado o seguro *mínimo* obrigatório mas ficaram com a parte mais rentável, isto é, com os seguros de quantia superior ao teto estabelecido pelo Estado. As sociedades mútuas foram absorvidas ou assimiladas pelas companhias privadas ou pelo Estado.

Os trabalhadores conquistaram o direito de participarem na administração de certas caixas, que, no fundo, ficaram controladas pelos burocratas do Estado, tendo em vista a capitalização.

Com esses fatos já podemos concluir que em diferentes conjunturas políticas as pressões e a força dos atores se defrontam, articulando, de modo diferente, a concretização dessa política que foi se universalizando

100

através dos regimes estatais de repartição que entram em conflito com os de capitalização, como está exposto no último capítulo.

5.5. O SEGURO-SAÚDE

O seguro-saúde, em geral, foi implantado na mesma época e nas mesmas condições políticas da aposentadoria. Bismarck o introduziu na Alemanha, Lloyd George e Churchill na Inglaterra, os liberais no Canadá e Quebec.

Nesse caso, é necessário considerar uma força nova e poderosa: os médicos e suas associações. Nos Estados Unidos e no Canadá, eles se valeram de todos os *meios* (*lobbying*, greves, boicotes) para fazer predominar seu "profissionalismo" e a visão liberal da medicina.

O seguro-saúde não é fundamentalmente uma prestação econômica, mas uma prestação de serviço que se situa na economia de mercado. Esses serviços se tornaram, cada dia mais caros, à medida do desenvolvimento do capitalismo e da tecnologia (preço dos aparelhos de diagnóstico e de tratamento). Por outro lado, grande parte da população já não tinha meios para pagar seguros nas companhias privadas.

O Estado deve intervir para tornar o seguro obrigatório. As concessões a serem feitas são: a autonomia profissional dos médicos e o pagamento do serviço médico por ato realizado. Com isso os custos individuais dos serviços podem diminuir, mas os custos globais aumentam cotidianamente, pelo aumento da clientela e do consumo dos serviços.

As grandes empresas também beneficiam-se, triplamente, do regime: pela eliminação de seus serviços médicos empresariais, pela aquisição de uma mão-de-obra em melhor estado de saúde e pelas deduções do seu imposto de renda, repassando-se à população e aos consumidores os custos do programa.

Os seguros sociais são mecanismos de reprodução de força de trabalho, financiados diretamente pelos trabalhadores, mas as modificações dentro do capitalismo, na maneira de extrair a mais-valia, pela utilização da tecnologia, implicam profundas transformações na política de mão-de-obra e na incitação para o trabalho. Rimlinger[24] afirma que "nesta etapa de desenvolvimento do capitalismo é vantajoso sob o ponto de vista da produtividade manter-se a capacidade e a· vontade de trabalhar".

As modificações na prestação de serviços médicos (campanhas, serviços industriais, serviços comunitários) explicam-se, em parte, por essa nova política. Os seguros-saúde estão na mesma perspectiva.

101

Os seguros estão relacionados com a capacidade de ganhar do indivíduo. A extensão desses serviços para as mulheres e para os menores que não trabalham (considerados como *dependentes*) está relacionada com a preparação da futura mão-de-obra. O relatório da Comissão dirigida por Claude Castonguay (sobre a reforma dos serviços sociais em Quebec), enfatiza, justamente, a necessidade de o sistema preparar e manter[25] o capital humano para justificar o seguro-saúde. Nesse mesmo documento, mas num segundo plano, destacam-se os efeitos de semelhante regime, como apoio ao consumo.

A preocupação constante para o preparo de recursos humanos para novas tarefas exigidas pela produção, manifesta-se, também, nas políticas de educação, de formação permanente, de reciclagem da mão-de-obra, de colocação e de mobilidade de mão-de-obra e, sobretudo, no seguro-desemprego. A universalização do acesso à saúde é bastante diferenciada, com serviços estatais gratuitos, parcialmente gratuitos e/ou articulados aos serviços privados, de acordo à correlação de forças sociais que permeia sua implementação. Esse seguro estatal foi implementado em 1888 na Áustria, em 1889 na Alemanha, em 1933 na Dinamarca, em 1930 na França, em 1911 (1ª fase) e 1946 na Inglaterra, conforme o modelo beveridgiano explicitado no último capítulo.

5.6. O SEGURO-DESEMPREGO

Os objetivos do seguro-desemprego, nas suas origens, aparecem contrários à política de aposentadoria. Na realidade, essas últimas procuravam assegurar certa *estabilidade* de mão-de-obra, no início da industrialização, conjuntura em que existia uma forte incorporação de trabalhadores ao processo industrial.

Ao contrário, o seguro-desemprego, ao mesmo tempo em que assegura um desempregado, permite e visa uma reabilitação e a *mobilidade* da mão-de-obra. Dessa maneira, as empresas podem realizar mudanças tecnológicas, fechar indústrias, dispensar operários e garantir o deslocamento de mão-de-obra.

Nos Estados Unidos, a partir de 1935, essa política é custeada com contribuições patronais. São eles que pagam *diretamente* o seguro. Na França, em 1905, foi promulgada uma lei nesse sentido, mas somente em 1958 se concretizaram alguns seguros de desemprego, negociados nos contratos coletivos, generalizando-se somente em 1967. Na Alemanha, existe um seguro-desemprego desde 1927, e no Canadá a partir de 1940, visto que a lei de 1935 foi considerada anti-constitucional. Nesses diferentes países, excluindo os Estados Unidos, contribuem para o seguro-desemprego, e em proporções diferentes, empregados e empregadores. Na Inglaterra, a primeira lei nesse sentido, data de 1911. As diferentes épocas de uma mesma política mostra sua adaptação às relações de forças locais, segundo a força preponderante na conjuntura.

O campo de aplicação do seguro-desemprego, passou de uma situação restritiva a certas categorias de trabalhadores, para uma situação mais ampla. Assim, puderam participar do regime, os trabalhadores agrícolas, os autônomos e os funcionários.

Em todos os países há fortes restrições para se gozar do seguro-desemprego e das prestações: tipo de trabalho, salário, duração de trabalho, idade. O objetivo dessas medidas é a incitação ao trabalho e o controle da mão-de-obra e de sua reserva.

Essa política exige que o trabalhador esteja sempre disponível para o trabalho, a fim de atender às necessidades das indústrias (mudanças tecnológicas, fechamentos e aberturas de indústrias). Ao mesmo tempo, os desempregados são controlados e ameaçados com uma série de medidas de caráter administrativo: cartas, chamadas telefônicas, visitas, questionários e entrevistas.

No controle da administração dos seguros-desemprego, os trabalhadores são minoritários, já que a representação nos conselhos diretivos e de reclamação é tripartida: patrões, Estado, trabalhadores.

A constituição desses conselhos se inspira na ideologia liberal do consenso social. Na luta pelo seguro-desemprego os trabalhadores realizaram fortes pressões, mas de maneira diferente, segundo os países. Nos Estados Unidos, ante o agravamento de desemprego nos anos 30, o Estado se viu às voltas com uma reivindicação importante da classe operária.

Na França, esse seguro foi concretizado nos contratos coletivos antes de ser transformado em política geral, depois de muitas pressões e greves. Em 1914 foi prevista uma assistência, em 1959 nas convenções coletivas e em 1967 pelo Estado.

Na Inglaterra, foi uma bandeira de luta do movimento trabalhista. Desde 1903, Sydney e Beatriz Webb propuseram medidas de auxílio aos desempregados, que foram aplicadas mais tarde pelos liberais com relativas restrições. Em 1911 foi complementado, com modificações em 1920.

Na Alemanha, as classes dirigentes da Alemanha, de Guilherme, puderam restabelecer seu poder, graças a uma aliança com o M.S.P. (facção socialista). Elas se mostraram dispostas a importantes concessões para alcançar o poder. Assim, a jornada de oito horas de trabalho, ajuda os desempregados, e o reconhecimento dos contratos coletivos relativos ao salário foram introduzidos[26]. Com essa aliança e as concessões assinaladas, a burguesia procurava dividir o movimento socialista. Foi implementado em 1927.

No Canadá, o C.C.F.* e certos intelectuais liberais pressionaram a fim de ser implantado o seguro-desemprego. Igualmente, em 1933, Grauer, num relatório sobre os seguros sociais, colocou essa forma de garantia como prioritária, mas só foi implementada em 1940 para trabalhadores urbanos, em razão do salário recebido ou "esforço feito".

Em Quebec, na mesma época, a Comissão *Montpetit* rechaça o seguro-desemprego. Era composta de representantes da pequena burguesia tradicional. Em 1934, Alfred Charpentier, presidente da União dos Trabalhadores Católicos do Canadá, afirma: "Atualmente, o mais urgente é a organização do seguro-desemprego e do seguro ao idoso"[27]. Essa afirmação revela as inquietudes da classe operária, mesmo estando controlada pela pequena burguesia tradicional.

No Canadá, o seguro-desemprego foi modificado várias vezes, seja para uma expansão, seja para uma restrição de categorias e prestações, segundo a expansão ou restrição da conjuntura econômica e a correlação de forças.

Em 1976, o governo federal adotou várias medidas restritivas ante o agravamento do desemprego: aumento do número de semanas de trabalho para a carência (8 a 12), aumento das contribuições e restrições para os velhos. Não há perturbações de ordem social e política que sejam simultâneas às crises. As medidas de restrição podem ser adotadas sem revoltas, o que permite estimular as inversões e a ética do trabalho. Os projetos de trabalho para a juventude se colocam nessa ética e na conjuntura de acentuado desemprego dos jovens. Nos anos 90 várias modificações visaram garantir a empregabilidade e reduziram direitos, conforme Faleiros[28].

5.7. EXPANSÃO E RESTRIÇÃO DAS POLÍTICAS SOCIAIS

Segundo as conjunturas e a relação de forças, as medidas de política social podem se expandir ou se restringir.

O que se segue quadro dá uma idéia desses movimentos cíclicos da expansão e da restrição das medidas de política social. A expansão pode significar aumento de clientela, de benefícios, novas políticas. As

---

* *Commonwealth Cooperative Federation*, hoje N.P.D. (Novo Partido Democrático) de orientação social-democrata.

restrições consistem na imposição de dificuldades, diminuição de recursos, cortes na clientela, eliminação de políticas.

	Conjuntura de crise		
		+	−
Conjuntura de correlação de forças	+ mobilização − mobilização	Expansão seletiva setores e categorias Restrição seletiva	Expansão geral segundo a acumulação do capital Restrições gerais

Em períodos de forte pressão social e de crise, os governos buscam legitimar-se para manter a paz social, a divisão das forças dominadas e o consenso social. Como os recursos são limitados, é necessário que certos setores suportem mais o peso dos custos da redução das crises. Em geral, são os trabalhadores, se suas mobilizações não chegam a neutralizar as forças da burguesia de seus aliados hegemônicos.

Se as forças dominadas estão desmobilizadas, desorganizadas, enfraquecidas, a implantação e expansão dos seguros sociais é restringida, ficando somente nas mãos dos tecnocratas as modificações parciais.

Mas se as forças populares e seus aliados se mobilizam, e chegam a pôr em jogo a força política ou a dominação econômica das classes dominantes, é possível verificar-se certa expansão nas políticas sociais e na previdência social.

A Suécia é vista como modelo de políticas sociais, mas é necessário lembrar que o partido socialista esteve no poder por mais de quarenta anos, desde 1932. É nesse contexto político que as medidas sociais foram tomadas, evidentemente numa perspectiva reformista, mas que exigem concessões imediatas por parte dos capitalistas.

Patrick de Laubier afirma que "a expansão do sindicalismo de massa, caracteriza os primeiros anos do século XX e sua influência sobre os partidos socialistas e a política social foi decisiva"[29].

Entretanto, nesse mesmo artigo, ele diz que entre 1890 e 1914, em relação ao seguro obrigatório, não se observava uma correlação rigorosa entre a importância do número de deputados socialistas nos parlamentos e o progresso da legislação social nesse domínio. Pode-se constatar, portanto, que o movimento sindical, a partir das pressões da base, pela melhoria das condições de trabalho (jornadas de oito horas, melhores salários, eliminação do trabalho do menor, etc.) e por outras medidas sociais, é uma força significativa na conquista dessas políticas.

A implantação e a expansão dessas medidas pelo Estado não são o efeito de uma estratégia da burguesia, a longo prazo, mas concessões econômicas que ela deve suportar num contexto político e/ou econômico desfavorável, a curto prazo.

Dessa forma, foi durante o governo da Frente Popular (1936), na França[30], que foram instituídos as férias pagas, a semana de 40 horas, a arbitragem obrigatória e os contratos coletivos de trabalho. Roosevelt proclamou a *Social Security Act* (desemprego, velhice) e o *Wagner Act* (contrato coletivo) numa conjuntura de forte pressão econômica e política. A Inglaterra de Churchill, em 1907, caracterizava-se pelo *great unrest* (grande intranqüilidade) ao qual ele respondeu pela *quiet revolution* (revolução tranqüila).

Em Quebec, nos anos 60, houve uma grande mobilização da população (comitês de cidadãos), sindicatos (frentes unidas das centrais sindicais) e dos agricultores. Nessa época foram implantados os seguros sociais.

Em nível internacional, pode-se observar que a Organização Internacional do Trabalho (1919) dirigida por um socialista (Albert Thomas), contribuiu para a extensão da perspectiva reformista no seio do movimento socialista.

Dentro desse movimento socialista, as questões em torno das quais houve lutas, foram: a não contribuição direta da classe operária aos regimes de seguro e o controle das caixas pelos próprios assegurados. Os fatos demonstram que as contribuições (exceto dos acidentes de trabalho) são, administrativamente, divididas entre patrões e operários, e os controles são assumidos pelo Estado, com a participação dos operários e patrões.

No período de pós-guerra vamos encontrar uma expansão da legislação social existente e as principais modificações sofridas.

Nesse período, nota-se uma "racionalização" das leis sociais tendente à sua unificação (planejamento social, na Inglaterra, economia social de mercado, na Alemanha, leis sociais na França) tendo em vista as prioridades de reconstrução nacional numa economia de paz Ao mesmo tempo, houve uma abertura para o acesso ao seguro social para novas categorias de beneficiários (camponeses, pescadores, mulheres, etc.).

As lições dos anos 30 foram de grande importância no pós-guerra. As novas condições econômicas exigiam um consumo constante e crescente, mas novas medidas sociais só foram possíveis porque as forças reacionárias foram debilitadas na Europa, com a queda do fascismo.

Jean Daniel Reynaud[31] diz que, em relação à França, "as grandes reformas que se seguiram à libertação, desde os comitês de empresa até o seguro social, foram o produto de um amplo movimento social que se aproveitou da debilidade das forças de direita. Essas reformas foram feitas, se não contra o patronato, pelo menos em sua ausência".

Atualmente, como resultado das mudanças nas relações de produção, são os "gerentes" (*managers*) que tomam a iniciativa de novas políticas sociais na empresa (o caso LIP na França)[32]. Entretanto, ante a grave crise fiscal do Estado, a tendência agora é de restrição de medidas sociais, como é o caso do seguro-desemprego.

Pode ocorrer uma certa extensão da legislação social para determinados setores ou grupos que, recentemente, se mostraram combativos, como as mulheres (movimento feminista), as minorias étnicas, os religiosos, os ecologistas. O movimento feminista considera que as mulheres ainda são *dependentes* dos homens em relação à previdência social. Para obter certos benefícios a mulher casada é considerada como *dependente*. Os negros e os imigrantes lutam por direitos sociais nos países desenvolvidos. Alguns resultados da luta das mulheres são a permissão do aborto, a criação de creches, o nivelamento de salários.

Uma outra tendência fundamental da legislação social de pós-guerra, na linha de um maior controle, burocratização, racionalização, é sua integração à política fiscal. A fiscalização é um instrumento privilegiado, ao lado da política monetária, segundo a visão de Keynes, para intervenção do Estado na vida econômica.

No pós-guerra os países capitalistas ocidentais desenvolveram suas políticas fiscais por intermédio do imposto, das taxas e dos empréstimos. O imposto sobre a renda está se desenvolvendo como o principal instrumento da política social pela utilização do imposto negativo[33].

Há tendências para reduzir todas as medidas sociais ao imposto negativo. Com ele se satisfaz o critério máximo da economia liberal que é a livre escolha no mercado, a partir das preferências individuais. Ao mesmo tempo, as contribuições empresariais aos regimes sociais são dedutíveis do imposto, o que diminui o custo operacional da gestão da mão-de-obra para os patrões.

O imposto negativo é uma forma de renda anual garantida que se coloca numa política de reprodução da força de trabalho e de mercado, ao mesmo tempo em que são recuperadas as lutas sociais. As desigualdades sociais são consideradas como desigualdades de acesso ao consumo e não como desigualdade nos lugares ocupados pelos agentes do processo produtivo.

Isso nos põe diante do fato concreto de que a curto prazo certas concessões foram feitas, mas que uma mudança mais profunda das leis sociais implica a tomada do poder político pelas classes dominadas.

NOTAS

1. WOODWORTH, David — "La securité sociale en Yougoslavie", in *Digeste Social*, janvier/fevrier, 1975, p. 500.

2. POULIN, Gonzalve. — "Les problèmes du bien-être et de la santé dans la province de Québec de 1921 à 1954", in *Service Social*, v. 13, n. 2 e 3, juillet-août, 1964, pp. 119-172.

3. "Comission d'enquête sur la santé et le bien-être social", vol. 3, Le développement, Gouvernement du Québec, 1971, p. 20.

4. POULANTZAS, Nicos — *Pouvoir politique et classes sociales*. Paris, Maspero, 1968, v. 2, p. 9.

5. HATZFELD, Henri — *Du paupérisme à la sécurité sociale, 1850-1940*. Paris, Armand Colin, 1971, p. 265.

6. PELLETIER, Michel e VAILLANCOURT, Yves — *Les politiques sociales et les travailleurs*. Montreal, miméographié, cahier IV, 1974, p. 233.

7. PIVEN, Frances & CLOWARD, Richard — *Regulating the poor*. New York, Vintage Books, 1972, p. 22.

8. RENAUD, Marc — "On the Structural Contraints to State Intervention in Health", in *International journal of Health Services*. Vol. V, n. 4, 1975, pp. 559-572.

9. GREFFE, Xavier — *La politique sociale*. Paris, PUF, 1975, p. 218.

10. REIN, Martin — *Social Policy*. New York, Randoon House, 1970, p. 62.

11. Ver nesse sentido o capítulo 9 que trata da atual política de empregos mínimos utilizada pela Junta Militar Chilena.

12. Para uma visão descritiva das desigualdades dos seguros sociais em cinco países da América Latina ver MESA LAGO, Carmelo — *Social Security in Latin-America*. Pittsburgh, University of Pittsburgh Press, 1978.

13. No seu livro *Cidadania, classe social e status* (Rio de Janeiro, Zahar Ed., 1967), MARSHALL distingue três etapas na constituição dos direitos: civis no século XVIII, políticos no século XIX e sociais no século XX. Estes são vistos como obrigações do Estado na garantia de mínimos sociais. Marshall não aprofundou a questão das lutas sociais, da participação e das relações de força que mostram que sua proposta de seqüência de direitos é muito mais complexa.

14. Citado por RIMLINGER, Gaston — *Welfare Policy and Industrialisation in Europe, America and Russia*. New York, John Wiley & Sons, 1971, p. 28.

15. LUBOVE, Roy — *The Struggle for Social Security*. Cambridge, Harvard University Press, 1968, p. 22.

16. DEARING, Charles — *Industrial Pensions*. Washington, The Broakings Institution, 1954, p. 38.

17. LUBOVE, Roy — Op. cit., p. 13.

18. HATZFELD, Henri — Op. cit., p. 104.

19. RIMLINGER, Gaston — Op. cit., p. 8.

20. SCHWEINITZ, Karl de — *England's Road to Social Security*. New York, 1972, p. 206.

21. HATZFELD, Henri — Op. cit., p. 80.

22. Idem, p. 148.

23. Chama-se Revolução Tranqüila o processo de modernização dos anos 60 depois de um período de governo de Maurice Duplessis, fundado numa legitimação religiosa e no estímulo às multinacionais.

24. RIMLINGER, Gaston — Op. cit.

25. Comissão de Pesquisa sobre a saúde e o bem-estar social. *L'assurance maladie*. Vol. 1, Gouvernement du Québec, 1967.

26. ALBENDROTH, Woffang — *Histoire du mouvement ouvrier en Europe*. Paris, Maspero, 1973, p. 76.

27. Ver FALEIROS, Vicente de Paula — As reformas da seguridade social: o caso canadense, in *Ser Social* (4):195-233. Brasília, UnB/SER, 1999.

28. CHARPENTIER, Alfred — "La question ouvrière". *L' École Social Populaire*, n. 239-240, pp. 19-39.

29. LAUBIER, Patrick — *La politique sociale dans les Internationales Socialistes*. Revue Française des Affaires Sociales, janvier-mars, 1973, pp. 49-83.

30. LEFRANC, Georges — *L'expérience du Front Populaire*. Paris, PUF, 1972, p. 96.

31. REYNAUD, Jean Daniel — *Les syndicats en France*. Paris, Seuil, tome I, 1975, p. 56.

32. Desde 1949, diz Dearing, a direção da United Steel considera que o "seguro social" e as vantagens sociais constituem uma parte integrante do custo normal da verdadeira realização dos negócios e dessa forma devem ser considerados como sobrecargas de primeira ordem sobre os rendimentos. Op. cit., p. 58.

33. O imposto negativo consiste na prestação automática, a partir da declaração de renda, por parte do Estado, aos particulares, de uma quantia em dinheiro que se situa entre um limite mínimo e um limite máximo, a partir do qual o indivíduo passa a pagar imposto.

Segundo Bruno Jobert, a implantação desse imposto corresponde a uma etapa de "recapitalização da sociedade francesa", pelo esforço de reintrodução da lógica capitalista nas políticas sociais, na sua subordinação à economia e na busca de uma nova divisão entre o público e o privado. In "La critique libérale du Welfare State en France". *Revue Internationale d'Action Communautaire*, n°s 2-42, automne, 1979, p. 165.

Capítulo 6

SEGUROS SOCIAIS NO CAPITALISMO DEPENDENTE: corporativismo, populismo e previdência social no Brasil e no México

Este trabalho procura delimitar as características principais da Previdência Social no Brasil e México, no contexto político do populismo e do corporativismo.

Cremos que é necessário superar as concepções puramente empíricas do corporativismo e do populismo, que servem apenas para descrever uma situação concreta. Inicialmente apresentamos uma articulação teórica desses conceitos.

Nossa principal hipótese consiste em apresentar a Previdência Social como um mecanismo de integração controlada das classes subalternas, e principalmente, da classe operária, no aparelho do Estado.

Essa integração é conseqüência das mudanças profundas do capitalismo latino-americano e da crise da oligarquia. Da exclusão completa das classes subalternas no espaço político, o Estado passa para a sua integração controlada, de cima para baixo. Mas esse controle também corresponde a uma mobilização das classes subalternas.

Esse processo de integração corporativista da Previdência Social no cenário político é também um meio de realização econômica do liberalismo enquanto manutenção do mercado em seu conjunto. Para nós, a Previdência Social constitui um canal de reprodução das relações de classe.

6.1. OS CONCEITOS DE POPULISMO E DE CORPORATIVISMO

Em 1931, Mihail Manoilesco dizia que o século XX seria o século do corporativismo, como o século XIX fora o século do liberalismo. Nós não fazemos uma distinção tão clara entre o liberalismo, corporativismo e populismo. Basta recordar que o liberalismo, o corporativismo e o populismo são ideologias do sistema capitalista que são mais ou menos sustentadas pelas classes dominantes, segundo a correlação de forças sociais e a crise de legitimação do Estado.

O Estado capitalista liberal-democrático se legitima socialmente pela utilização de mecanismos de equilíbrio instável de compromisso entre uma burguesia que é obrigada a aceitar o conflito e um proletariado organizado, e relativamente combativo.

O corporativismo é um mecanismo de legitimação do poder das classes dominantes, não pela institucionalização dos conflitos, mas por intermédio de instrumentos de consenso, de conciliação de classe e de cooptação de forças de oposição.

Basicamente o corporativismo não é o reconhecimento da luta e do conflito, mas uma concepção integrativa e orgânica da sociedade, na qual o todo funciona em razão da harmonia das partes. Este organicismo social manifesta-se, por exemplo, na doutrina oficial da Igreja "do bom patrão e do bom trabalhador".

O corporativismo compreende a harmonização dos interesses de grupos organizados em torno de objetivos imediatos. Grupos como as associações profissionais, as corporações de ofício, as associações de bairros, os sindicatos, têm interesses divergentes dos interesses gerais, a longo prazo, das classes sociais, os quais também se busca conciliar[1].

Esta ampla definição pode ser confrontada com uma definição mais restrita de Howard Wiarda[2]. Para ele, o corporativismo na América Espanhola é uma forma de organização sócio-política dominante que é, ao mesmo tempo, hierárquica, elitista, autoritária, burocrática, católica, patrimonialista e corporativista. Temos de levar em conta essas características ao falar do populismo. Para Wiarda se trata de um padrão constante da política latino-americana.

Para Wiarda, nos anos 30, a absorção do movimento operário, pelos sistemas emergentes realizou-se conforme as características acima enumeradas.

A partir dessas características empíricas, inferir um "modelo corporativista" permanente, constante, na América Latina é não ter em conta as lutas sociais e a constante emergência e modificação das formas de organização política. É uma formalização abstrata para compreensão do real.

Neste capítulo o corporativismo e o populismo não são vistos como modelos permanentes nem suas modificações como "variações do mesmo tema".

Trata-se de conceitos puramente operacionais, de nível médio, na expressão de Merton, para situar diferentes recursos políticos utilizados pelas classes dominantes no processo de luta política e de desenvolvimento do capitalismo latino-americano.

É a partir de 1930 que se fala de populismo na América Latina. Evidentemente que se pode utilizar esta noção para especificar outros regimes, como o populismo russo, o nasserismo etc. Segundo Fernando Henrique Cardoso, é muito difícil estabelecer a origem dessa noção[3]. Para ele, o populismo é uma espécie de "recurso político" que foi usado quando o Estado oligárquico entrou em crise. O Estado não estruturaria uma ideologia, a não ser para fazer apelos gerais para a mobilização das massas.

O populismo é um movimento de integração controlada das classes subalternas para certos benefícios sociais, mobilizando-as em torno de consignas ambíguas e imprecisas que apelam aos seus sentimentos e interesses imediatos. Essa mobilização contribui para o esvaziamento das relações de classe, transformando-as em relações pessoais dos indivíduos com o Estado.

Dessa forma, o populismo aparece, como o corporativismo, para a integração das classes subalternas, sem necessariamente passar por organismos de base, mas por indivíduos-apoio. Essas organizações de interesse comum imediato, representam um papel importante na implantação do populismo, à medida em que se transformam em "sucursais" do aparelho do Estado.

Philippe Schimitter opõe a concepção liberal à concepção corporativista, destacando numa primeira aproximação, o pluralismo da primeira e o caráter monístico da segunda. Mas não deixa de mostrar os aspectos comuns do pluralismo e do corporativismo: a importância crescente das unidades associativas formais de representação, a persistência e a expansão da tecnocracia e da oligarquia, a perda de importância da representação partidária e territorial, a interpenetração do público e do privado.

Salienta o mesmo autor, que o liberal John Maynard Keynes defende as "associações intermediárias" no seio do capitalismo avançado. Keynes assim se expressa: "Creio que muitas vezes o tamanho ideal para uma unidade de controle e de organização está em algum lugar, entre o indivíduo e o Estado moderno. Suponho que o progresso está no crescimento e no reconhecimento dos corpos semi-autônomos no interior do Estado, organismos cujo critério de ação, nos limites de seu campo, é somente o bem público como o Estado o define e que exclui as motivações de liberdades baseadas numa vantagem privada... proponho um retorno, é preciso que se diga, às concepções medievais das autonomias separadas"[4]. Ora, isso mostra que a ênfase no controle das associações populares de base não é somente um problema do "Estado corporativista", mas uma questão política colocada pelos próprios defensores do liberalismo.

O controle do Estado sobre a vida cotidiana desenvolveu-se, ainda mais, na etapa atual do capitalismo pela via institucional que reproduz as relações sociais de exploração. A integração das pequenas empresas e das "organizações intermediárias" na rede das multinacionais e do Estado continua a reduzir e destruir a autonomia, o pluralismo e a independência dos organismos de base.

Essa integração vertical ou horizontal da vida cotidiana das associações corresponde a uma fase de desenvolvimento da reprodução do capital a nível universal. O Estado utiliza os mecanismos de controle, de divisão, de profissionalismo em relação a certas "populações-alvo" de suas políticas. Esse controle atual da população é diferente da ação desenvolvida na época em que nós denominamos populista-corporativista.

6.2. DA EXCLUSÃO DAS CLASSES SUBALTERNAS À SUA INTEGRAÇÃO CONTROLADA

O populismo corporativista corresponde a uma etapa de crise no processo de acumulação de capital e de legitimação do poder nas sociedades dependentes. Entretanto, as estratégias do Estado corporativista-populista, definidas *pragmaticamente*, nos permitem considerar que a integração e a cooptação de líderes populares ao aparelho do Estado, a utilização da burocracia, da tecnocracia, do aparelho jurídico, do consenso, das respostas simbólicas aos problemas de massas, são comuns ao liberalismo capitalista avançado e ao liberalismo populista-corporativista.

Entretanto, é necessário distinguir os contextos em que se desenvolveram essas estratégias, isto é, as conjunturas específicas de um movimento mais geral.

A — O Estado colonial e a exclusão das classes subalternas

Segundo Jacques Zylberberg[5], o Estado colonial era o guardião da ordem neocolonial e do domínio plutocrático. Ele servia de mediador entre os mercados europeus e uma oligarquia local, marcada pelo regionalismo, pela relação pessoal com clientelas leais ou submetidas pela força (por exemplo, os índios e os escravos), e completamente excluídas das decisões. O patrão era o chefe local do aparelho repressivo, do aparelho político, da justiça e ainda da religião.

A economia introduzida pelo colonizador baseava-se na extração de produtos ou na extensão da terra. A extração de minerais e a agricultura extensiva destruíram completamente o sistema de vida coletiva dos indígenas. O objetivo principal era o lucro comercial numa economia baseada na grande propriedade, na exportação, na monocultura, na escravidão e na submissão do indígena.

Esse regime excluía completamente a participação do povo. Os "homens bons" controlavam a produção, os aparelhos municipais, as armas e a terra. Estavam associados ao Estado colonial num pacto de dominação que favorecia a obtenção de lucro no mercado europeu.

A burocracia do Estado controlava os mecanismos de coleta de impostos, de distribuição de terras e de acesso aos graus, aos favores, aos poderes, às licenças para comercializar.

Não havia nenhum espaço político para a expressão e a representação dos interesses populares. Só restava ao povo a revolta individual ou coletiva.

O sistema de lealdade das clientelas constituiu-se com o apoio da Igreja, no papel que esta representou na justificação da ordem estabelecida e na proteção dos indivíduos. Essa "proteção" manifestava-se pela "distribuição" de limitados recursos oferecidos por parte da classe dominante, em momentos cruciantes de fome ou epidemias.

O sistema de distribuição de empregos na sociedade era rígido e definido desde cima, sem possibilidades de variação. Isso levou alguns autores a falarem de estamentos e não de classes sociais para caracterizar a divisão social desse período[6].

B — O Estado patrimonial: O fechamento para as classes subalternas

Na época da Independência dos países latino-americanos, ou logo depois, o Estado teve de trabalhar para que a Nação voltasse a se unir e se afirmar politicamente perante às potências internacionais.

O regime do *laissez-faire* favoreceu os setores exportadores de produtos agrícolas ou minerais. A ideologia liberal do livre contrato foi inscrita nas Constituições (México, 1857; Brasil, 1891).

114

Essa política liberal de unificação do mercado reflete uma ruptura no regionalismo e no caciquismo estimulados pelo comércio com a Metrópole.

Ao mesmo tempo, ressurgem e aumentam as lutas entre as oligarquias regionais pelo controle do aparelho do Estado. No Brasil, as oligarquias das províncias de Minas Gerais e de São Paulo alternaram-se no poder até 1930.

De acordo com Zylberberg, os caudilhos de fraque substituíram os caudilhos a cavalo, para assegurar uma ordem mínima necessária para a continuidade do novo colonialismo[7].

O modelo autoritário de exclusão das classes subalternas se manteve. Elas foram deliberadamente excluídas dos aparelhos do poder. Esse fechamento se manifestava, por exemplo, na *repressão de toda questão social*, definida então como uma questão policial[8].

O Estado utilizou um aparelho repressivo para proteger os "enclaves" mineiros e o regime de exportação. Cardoso afirma que "o sistema institucional de poder e o mecanismo de controle social sancionavam o domínio estático do tipo patriarcal, exercido pelos grandes proprietários e pelos exportadores"[9].

Ao finalizar o século, todos ou quase todos os países europeus, assim como o Canadá, já tinham reconhecido os sindicatos como organizações legais e como interlocutores para as questões de conflitos de trabalho.

O movimento operário latino-americano tendia a se organizar em associações de ajuda-mútua ou anarquistas. No México, a *Casa del Obrero Mundial* foi fundada por anarquistas, em 1912. No Brasil, os primórdios do movimento operário (Uniões de Resistência) foram marcados pelo anarquismo trazido pelos imigrantes europeus.

Esses movimentos eram marginalizados, reprimidos direta ou indiretamente, e excluídos do reconhecimento oficial. Francisco Weffort fala de uma presença *difusa* da classe operária no cenário político brasileiro dos anos 30.

Geralmente as massas eram passivas e não tinham associações que pudessem representar seus interesses perante a coligação no poder.

Um jornalista brasileiro diz que a proclamação da República foi vista pelo povo como uma parada militar[10].

O movimento de urbanização e de industrialização, embora muito limitado, acentuou-se depois da I Guerra Mundial.

A industrialização se reduzia à produção de bens de consumo, não duráveis, e se caracterizava por um grande número de pequenas unidades de tecnologia quase artesanal. No Brasil essa industrialização passou de um índice 100 em 1914 para 1.254 em 1938.. O número de operários variou de 149.140 em 1907 para 781.185 em 1940. A população urbana passou de 11.3% em 1920 para 17% em 1940 para cidades de mais de 20.000 habitantes, isto é, um aumento de mais de 50%. A população urbana do México aumentou de 50% entre 1910 a 1940 e a indústria cresceu 60% na década terminada em 1940.

Do que foi dito até agora, pode-se destacar quatro elementos que vão mudar a correlação das forças sociais e contribuir para a crise da oligarquia agrocomercial:

1) a formação de um proletariado industrial, constituído, em sua maioria, por imigrantes, sobretudo nos países mais industrializados (Argentina, Brasil e México);

2) a formação de uma "classe média" constituída de tecnocratas, profissionais e militares que se desenvolveu paralelamente aos serviços do Estado e à urbanização;

3) a concentração das massas nas cidades;

4) a formação de uma burguesia industrial, mais ou menos vinculada à oligarquia.

Essas transformações supõem a formação de um mercado interno, também constituído pelas unidades exportadoras de produção agrícola.

Se antes o Estado intervinha para manter o mercado internacional para os produtos de exportação através de uma série de políticas monetárias (por exemplo, as taxas de câmbio), agora ele devia levar em conta o mercado interno.

É necessário enquadrar essas mudanças das forças internas no contexto da crise internacional dos anos 30. Essa conjuntura contribuiu para a crise da oligarquia, limitando suas exportações e favorecendo o desenvolvimento da substituição das importações.

Se em relação às forças internas, o Estado deve apresentar-se como "'monista''[11] na expressão de Glen Dealy, em relação ao mercado internacional ele se apresenta como liberal, estimulando as exportações dos setores agrícola e mineiro. Só pode ser considerado monista se visto como um meio de realização da hegemonia da oligarquia, ainda que persistam as lutas entre as facções regionais dessa classe. Nesse período parece que não existia uma autonomia relativa do Estado. Os problemas sociais eram tomados em consideração pelas instituições de caridade privada, sob a forma de clientela e de paternalismo. Os pobres eram cuidados por associações civis, como os hospitais, as santas-casas, os asilos etc., mas de forma arbitrária. A incapacidade de trabalho devia ser assumida pela família, fundamentalmente.

C — O Estado "corporativista"

Os fatores acima citados, que provocaram uma crise no processo de acumulação de capital, também a provocaram no processo de legitimação política da oligarquia agroexportadora.

Para manter o desenvolvimento interno, o Estado precisou desenvolver o comércio e a industrialização e contribuir para a política de exportação que favorecesse os grupos tradicionais, e, ao mesmo tempo, responder às novas exigências das massas urbanas e à crise social.

Com efeito, nos anos 20 assistiu-se à formação dos principais partidos comunistas na América Latina e a um desenvolvimento importante de greves e de manifestações de protesto.

Entre os anos 15 e 20 houve muitas greves no Brasil, sendo a principal a greve geral de 1917. No México, em 1915/1916, houve greves dos trabalhadores das estradas de ferro, dos trabalhadores da eletricidade e dos mineiros. A tutela do Estado se fez presente desde 1915, quando a *Casa del Obrero Mundial*, um tipo de organização anárquico-sindicalista, se aliou a Obregon para combater os camponeses dirigidos por Zapata.

Essa aliança foi acompanhada de novas concessões: Carranza constituiu os famosos "batalhões vermelhos", compostos de operários, para defender a Constituição. De acordo com Raul Trejo Delarbe, "a colaboração da *Casa del Obrero* com Carranza, marcou uma aliança do movimento dos operários com a ala burguesa da "revolução", em troca de algumas concessões[12].

Na Constituição mexicana de 1917 aparecem certas concessões para os operários no que concerne à jornada de trabalho, ao seguro social, ao direito de greve e que só foram regulamentadas muito mais tarde.

Em 1916, forma-se a Confederação Revolucionária Operária Mexicana (CROM), cujo líder, Morones, ocupará postos importantes no governo durante o período de 1920 a 1924, quando então se tornou Ministro do Trabalho. A integração do Movimento Operário aos aparelhos do Estado concretiza-se cada vez mais.

Segundo Delarbe, a ideologia corporativista da Confederação manifesta-se no discurso de um de seus líderes, Reynaldo Cervantes. Este afirma que é necessário consolidar o capital e o trabalho pela conciliação de classe[13].

O Código do trabalho de 1931 enfatizou a intervenção do Estado no Movimento Sindical, tomando-se um instrumento de controle das eleições e de conciliação nos conflitos industriais.

No Brasil, segundo James Malloy, "durante seus primeiros 15 anos de Presidência, Getúlio Vargas tentou reorganizar as relações entre o Estado e a sociedade, como também aumentar a autonomia do Estado como poder regulador. No âmago desta tentativa havia o esforço sistemático para organizar a classe de trabalhadores e para colocá-la nas estruturas da direção centralizada, com a finalidade de suprimir a autonomia das organizações de trabalhadores. Acrescenta-se, porém, que seu regime tentou a despolitização da maioria dos setores tanto da política econômica, como da política social e os transformou numa matéria administrativa e política"[14].

No Brasil, a nova coalizão no poder, depois dos anos 30, não institucionalizou os conflitos num paradigma pluralista, como os liberais ocidentais o fizeram.

Não há paralelo entre o desenvolvimento do liberalismo das democracias ocidentais e os regimes populistas latino-americanos.

A tutela do Estado desenvolveu-se ante a divisão e a falta de autonomia e de organização do movimento operário e da classe média. Essas classes não tinham, como também alguns partidos comunistas muito limitados, uma organização autônoma e poderosa que permitisse a defesa de seus interesses[15]. Nem por isso deixaram de mobilizar-se.

É preciso destacar que a classe operária, sobretudo a de origem rural, mudara de composição depois dos anos 30[16], com a integração de novos elementos vindos do âmbito nacional.

No processo de integração houve um reforço de autonomia do Estado, pelas alianças que se estabeleceram e pelas concessões que o Estado fez face a certas reivindicações das classes populares. No Brasil apareceu uma série de medidas sociais isoladas, como as leis de acidentes de trabalho (1919), as leis de pensões para os ferroviários (1923) e para os marítimos (1926). Em relação ao México já ressaltamos as concessões simbólicas da Constituição de 1917.

Mas as novas relações do Estado com as massas podem ser descritas na seguinte frase de Boris Fausto: "a autonomia relativa do Estado se reforça e o poder pessoal do Presidente aumenta à medida que se coloca como árbitro de diferentes interesses"[17].

Não é o Estado, como nas democracias liberais pluralistas, que se apresenta (ideologicamente) como um árbitro neutro, mas é a pessoa do próprio Presidente que "suspende" as relações de classe e de institucionalização dos conflitos, e as substitui por relações pessoais, em cuja base se encontram os "pelegos", isto é, dirigentes operários cooptados dentro da máquina sindical e do partido.

Dessa maneira, as relações são despolitizadas, como Ronald Newton o demonstra[18]. Nesse processo de relações articuladas com base numa tecnocracia "racional" e na pessoa do Presidente, as relações de indivíduos são mais importantes que as de classe, segundo F. Weffort[19].

Não é à proteção de pessoas economicamente débeis que se dedica o Estado, mas ao contrário, a uma projeção personalizada de ajuda, numa rede articulada de personalidades. Weffort diz que o chefe do Estado apresenta-se às massas como um doador, um protetor, frente à incapacidade das "classes médias" ou do proletariado para tomar o poder. Face à divisão das classes dominantes e dominadas ressalta-se a pessoa do Presidente e de alguns de seus ministros, como elementos chaves.

Os líderes populares passam a ocupar importantes posições institucionalizadas que os tornam "capacitados a dar", segundo a expressão de Weffort. A assistência passa pelas mãos intermediárias dos próprios líderes de classe.

O esvaziamento das relações de classe se faz, também, pelo estabelecimento de um consenso imposto desde cima e tendo como máscara a ideologia nacionalista.

A imposição de um consenso desde cima se faz a partir da atuação de certos líderes, da tutela exercida sobre a base e pelo controle rigoroso sobre as atuações das oposições, ameaçadoras para o regime.

O Estado paternalista não deixou de reprimir seus adversários, como por exemplo, Getúlio Vargas, Perón e Avila-Camacho o fizeram.

A articulação que vem de cima se faz a partir dos interesses do grupo do poder, para manter sua estratégia a longo prazo, de apoio ao mercado internacional, utilizando medidas financeiras ortodoxas para manter a economia, como o estímulo às invasões e à demanda. O seguro social não é alheio a essa política econômica que podemos chamar de *liberal*. O populismo e o corporativismo têm sido uma maneira particular de realizar essa política a longo prazo.

A ideologia nacionalista predomina sobre a ideologia de classe, encobrindo as relações de dominação e de exploração. No México, por exemplo, um líder da comissão encarregada de elaborar o anteprojeto do Seguro Social disse: "Com esta lei, abre-se um novo capítulo da revolução mexicana que honra o nosso movimento sindical e a nossa pátria"[20].

De acordo com Delarbe[21], Vicente Lombardo Toledano, o fundador da CTM (Confederação de Trabalhadores Mexicanos) não estava interessado no triunfo do proletariado, mas no triunfo da "sociedade mexicana".

Segundo Boris Fausto, as oligarquias dominantes na região de São Paulo, declararam, em 1931, que desejavam um Brasil forte e unido[22].

No México, o governo populista de Cárdenas permitiu uma certa independência do movimento operário. Niissa North e David Raby consideram o governo de Cárdenas como "radical" e dizem que a intervenção do governo para a unificação dos movimentos operário e camponês "não tinha, necessariamente, a intenção de controlar e manipular a base dos movimentos". Essa intervenção procurava um apoio orientado para a maximização do poder organizado das classes operária e camponesa, o que significa, também, a relativa neutralidade e a falta de ideologia autônoma dessas classes[23].

Delarbe, ao contrário, afirma: "Cárdenas desejou que os trabalhadores obtivessem o poder, com a condição deles se organizarem e se disciplinarem, enquanto classe: "isso não significa que Cárdenas tenha admitido que os trabalhadores pudessem tomar o poder"[24].

Esses dois tipos de controle da classe operária conformam modelos distintos: o primeiro modelo, que denominamos de *negociação e barganha*, supõe o fortalecimento das organizações de base, a possibilidade de pressão, a autonomia das decisões da base. A negociação é regulamentada, institucionalizada e as organizações são representadas por interlocutores intermediários que realizam as barganhas. Eles devem fazer-se aceitar pela base e fazer aceitar à base as concessões obtidas. Esse modelo, propugnado por Cárdenas, acentua ainda mais sua tendência populista.

O modelo de *integração/concessão*, por outro lado, enfraquece as bases e fortalece os intermediários. Estes são dotados de favores que podem conceder, ou não, dependendo do comportamento da base. A base é manipulada e atrelada por meio de regras e leis que retiram seu poder de decisão e negociação. O interlocutor se identifica com o funcionário. A luta e a reivindicação passam a ser controladas administrativamente: presença, número, papéis, registros, controle do dinheiro. Esse controle se estende, também, à própria força de trabalho, cuja capacidade de negociação foi retirada do mercado.

Para essa integração e controle, o governo estabelece então vários aparelhos.

6.3. OS APARELHOS DA INTEGRAÇÃO

No quadro do grupo do poder e das cenas políticas que estamos expondo, vamos destacar agora os principais aparelhos de integração e de cooptação das massas e das classes proletárias pelo Estado, referindo-nos ao México e ao Brasil.

Os principais aparelhos de integração das massas e, principalmente, da classe operária, são: os sindicatos, o partido oficial, a justiça do trabalho, a tecnocracia e a legislação social[25].

Por intermédio do PRI (Partido Revolucionário Institucional) o poder do Estado Mexicano integrou diversos setores da sociedade. Em 1937 houve uma reestruturação do Partido, pela qual criou-se um setor popular e um bloco popular que permitiram a integração das massas no Partido. Diz Delarbe: "As organizações de massas, em apoio à iniciativa Presidencial, tornaram-se uma parte orgânica do Partido reformado, dentro do qual não se pode entrar individualmente, mas só através de um dos setores da organização do Partido[26].

Assim, o Partido se tornou um agrupamento de forças sociais com interesses objetivos opostos, numa "grande família" sob a tutela do Presidente e do Estado. No interior do Estado o Partido é o órgão de representação de todas as forças sociais. É ele um meio de representar os interesses, de realizar as promoções individuais e de obter os favores do Estado.

No interior das organizações corporativistas não há alianças horizontais, mas uma representação única (monística) e vertical, perante o órgão centralizador.

No Brasil, o testamento político de Vargas, em 1945, implicava a criação de dois partidos: P.S.D. (Partido Social Democrático) e o P.T.B. (Partido Trabalhista Brasileiro). O primeiro agrupava os interesses da oligarquia e o segundo os das massas urbanas despolitizadas e os da pequena burguesia. Mas eles foram constituídos por uma só pessoa, e uma aliança tática e estratégica foi estabelecida entre os dois.

No interior do P.T.B. estabeleceu-se toda uma hierarquia política que estava vinculada à hierarquia sindical, para obtenção de favores.

Tanto no México como no Brasil, o aparelho sindical é um meio de cooptação, de institucionalização, de hierarquização e de distribuição de favores. No México foi na época de Miguel Alemán que Jesus Dias Leon, alcunhado de "el charro" (bruto), secretário do Sindicato dos Ferroviários, se uniu ao governo em apoio à repressão do movimento operário. Ao mesmo tempo se desenvolveu a burocracia sindical para a criação de dirigentes operários pelegos transformando o sindicalismo numa obra social paternalista.

A partir dessa aliança, o "charrismo" passou a significar a colaboração com o Estado, a burocracia, a corrupção e o paternalismo sindical. O movimento operário perdeu toda sua autonomia nas lutas pelos interesses autônomos da classe operária.

No Brasil, o paternalismo sindical transformou as organizações da classe operária em obras de assistência social, nas quais se mantinham serviços assistenciais permanentes, através dos quais as relações de classe eram encobertas. A maioria dos dirigentes sindicais agiam como "pelegos" da política governamental e serviam de intermediários para fazer essas políticas serem aceitas pelos trabalhadores, servindo de instrumento para amortecer os conflitos de classe.

Evidentemente, esta forma de ação, a qual chamamos de consenso imposto de cima, favorece a corrupção e a burocracia, servindo também de legitimação popular das políticas do Estado, que faz pequenas concessões a curto prazo, mantendo a acumulação do capital a longo prazo e mantendo o pacto de dominação política das classes dominantes, e a acomodação a curto prazo.

Essa combinação de autoritarismo e de paternalismo é diferente da política social liberal, pois nesta o Estado permite aos organismos de classe representarem seus interesses de maneira precisa e conflitiva.

No regime autoritário a *arbitragem do conflito* é definida de cima e isto permite a expressão limitada das forças presentes.

A tecnocracia tem sido o meio de incorporar as classes médias (pequena burguesia) aos mecanismos do poder, a qual utiliza os aparelhos do Estado para promoção pessoal. Ao mesmo tempo, o Estado utiliza esses aparelhos para o controle administrativo de questões complexas, fenômeno que também é encontrado nas democracias liberais.

Segundo Vernon[27], no México os técnicos "se opuseram aos políticos". Os primeiros haviam desenvolvido uma ideologia nacionalista que favorecia o setor público, a industrialização e o controle dos preços agrícolas.

Achavam que a "economia mista" era o caminho que levaria o mais rápido possível ao desenvolvimento e à justiça social.

De acordo com Malloy, no Brasil, o Seguro Social seria a obra de uma geração de tecnocratas constituídos por engenheiros, advogados e médicos[28].

Eles desenvolveram todo o modelo técnico de administração que se opõe ao modelo de controle e de participação política da classe operária. Assim, a previdência social se tornou um meio de despolitização das massas e de sua incorporação ao aparelho do Estado.

Essa presença dos tecnocratas não os coloca como agentes autônomos, como pode parecer à primeira vista. A tecnocracia, a cooptação, são uma resposta política do Estado à crise das classes dominantes e aos movimentos sociais que ameaçam desagregar a ordem social.

O modelo de integração/concessão foi o recurso político utilizado pelo governo, onde os técnicos controlavam as informações na busca do consenso decisional.

Tanto no México como no Brasil, como se verá no próximo capítulo, os seguros sociais se colocam no contexto de fortes lutas sociais, mas são implantados gradualmente, sob o controle do alto, com a utilização da repressão para manter seu ritmo de gangorra (*stop and go*) na implantação das políticas sociais.

Desde 1917, no México já estavam previstos os seguros como uma medida institucional. Mas só foram implantados em 1943, no contexto de pressões internacionais, continentais e locais.

Entre essas pressões encontravam-se as feitas pela O.I.T. (Organização Internacional do Trabalho) e de outros países latino-americanos (Conferência Panamericana de Santiago, 1942). Nessa época os líderes operários eram deputados e apoiavam incondicionalmente o seguro social. O seguro social mexicano foi realizado de maneira gradual e lenta, e compreendia os *ejidatários** como beneficiários.

O seguro social brasileiro excluía o homem do campo e destinava-se aos grupos mais organizados como os ferroviários, os marítimos e os bancários de estabelecimentos privados.

Tanto no México como no Brasil, o seguro social beneficiava, em primeiro lugar, os trabalhadores urbanos. No México, o seguro social foi implantado com prioridade no Distrito Federal, e no Brasil ele exclui a importante população do setor agrícola.

Assim, a integração das massas pelo seguro social foi feita de maneira gradual e administrativa e, como diz Malloy, não como um direito social do cidadão mas como um seguro.

Segundo nosso ponto de vista, esse seguro tinha por objetivo a diminuição dos conflitos sociais, a paz social e uma melhoria do poder aquisitivo da população, para estimular o comércio interno.

No Brasil, havia uma série de Institutos de seguro, uns independentes dos outros e, segundo Malloy, os líderes sindicais se opuseram à sua unificação, "porque estavam mais interessados em proteger a sua base de poder do que numa participação política efetiva"[29].

---

* São trabalhadores rurais que possuem e cultivam a terra, coletivamente.

Em relação ao México vimos como o Código de Trabalho de 1931, foi um instrumento de intervenção do Estado, de maneira corporativista, na regulamentação dos conflitos de trabalho.

No Brasil, em 1937, o direito à greve foi eliminado. As dissensões entre empregadores e empregados passaram a ser julgadas pelo Juiz do Trabalho. A força de trabalho é a mercadoria que existe no mercado, como qualquer outra, cujo valor deve ser estabelecido no mercado, mas a tarefa do legislador do "Estado Novo", ao elaborar a Justiça do Trabalho em 1937, foi a de transformar o fato mercantil em um fato jurídico. O juiz do Trabalho se transformou num magistrado romano, criador da lei do mercado. "O que era uma disputa mercantil, transformou-se numa disputa jurídica"[30]. É o modelo de integração/controle/concessão aplicado à negociação coletiva.

Numa democracia liberal ocidental a força de trabalho pode fazer valer seu peso no conflito do trabalho, por intermédio de greves e pressões. Na visão corporativista o juiz do Trabalho deve intervir como legislador em cada conflito, tendo uma lei geral como referência, devendo procurar conciliar o patrão e o empregado, num "mercado corporativista", tendo como base o modelo personalista, segundo a expressão de Vianna.

Esse modelo *integrador* é também *excludente* na medida em que reproduz a dominação e as classes sociais.

6.4. A PREVIDÊNCIA SOCIAL COMO CANAL DE REPRODUÇÃO DAS RELAÇÕES SOCIAIS

Em 1931, no momento da criação do Ministério do Trabalho, no Brasil, Getúlio Vargas declarava: "a regra fundamental desse Ministério consiste em substituir a luta de classes, negativa e estéril, pela noção orgânica e justa de colaboração de classes, levando rigorosamente em conta, as condições econômicas do país e os reclamos da justiça social"[31].

Essa frase bem resume o contexto do corporativismo e do populismo, no que se refere ao Brasil.

Em relação ao México, creio que Cárdenas fez certas distinções, quanto à integração operária realizada sob o domínio de Calles, o chefe-máximo. Ele declara que "as classes patronais têm tanto quantos os trabalhadores, o mesmo direito de se organizarem"[32]. Segundo Medin, com Cárdenas "criaram-se um ambiente e os meios propícios para o desenvolvimento das lutas de classes". Mas, de acordo com Cárdenas,

124

"essa luta de classes deve se ajustar à lei e não alarmar o país e o governo"[33].

Avila Camacho declarava que o seguro social demonstra a solidariedade nacional, reforça a coesão da pátria e cria novos e fortes vínculos entre o Estado, o capital e o trabalho[34].

Os seguros sociais exercem uma função organizativa da classe operária e uma função econômica, a seguir analisados.

Os seguros sociais são destinados à classe operária, são um "corredor"* dentro do qual ela deve entrar nos casos de perda da capacidade de trabalho, da capacidade de ganhar (velhice, invalidez, doença, desemprego, acidente).

Pelos limites que impõe, pelas contribuições que exige e pelas prestações que oferece, esse corredor é específico à classe operária. Ele não permite melhora nas condições objetivas de exploração, mas busca uma recuperação da força de trabalho ou sua guarda.

Michael Wieviorka[35] enfatizou uma idéia de Castells e de Godard que definiram uma "filière" como "uma modalidade de organização dos meios de reprodução social a partir das exigências do capital". Como exemplo de seu estudo, Wieviorka cita Baudelot e Establet quando mostram que na Escola Capitalista existem "corredores" escolares, para diferentes categorias de alunos, reproduzindo as diferentes classes sociais.

Esse conceito pode ser aplicado nas situações do seguro social na América Latina, e o situamos como "corredores" da reprodução social. O seguro social é um sistema que não está universalizado na América Latina, e se refere exclusivamente aos *assalariados*. Em seu processo de implantação esse sistema abrangia somente determinadas categorias de trabalhadores[36]. No Brasil, em primeiro lugar, foram os ferroviários (1923). Em seguida os funcionários federais (1931), os bancários (1934), os comerciários (1934), os marítimos (1933), os trabalhadores de transportes (1938), os industriários (1936), os portuários (1938) que foram organizados em Institutos de Pensões e Aposentadoria[37].

A Constituição autoritária de 1937 (Estado Novo) consagra o direito aos seguros contra a velhice, a invalidez e os acidentes de trabalho (art. 137).

---

* Em francês "filière". Para exprimir esse conceito em português utilizamos "canal", rede, corredor, filtro, significando as condições, requisitos, exigências e etapas específicas impostas pelo Estado e pela acumulação de capital para que a classe operária, uma camada ou uma fração dessa classe tenha acesso a um *tipo* de bem ou serviço especificamente produzido ou organizado em função dessa classe, reproduzindo-a como tal.

A Constituição de 1946 (art. 157) fala da previdência contra as conseqüências de enfermidades, da velhice, da invalidez e da morte. Apesar dessas disposições, a Lei Orgânica de 1960, exclui do seguro os trabalhadores agrícolas e as domésticas. A Constituição de 1988 implementou a seguridade social, que abrange providência, assistência e saúde e seu conteúdo está analisado no último capítulo.

No México a situação é a mesma. Em 1947, o seguro se aplicava a todos os assalariados, mas sua aplicação só seria ampliada aos trabalhadores agrícolas e às domésticas em data bastante posterior. A lei mexicana de 1957 estabelecia a extensão do seguro social segundo o desenvolvimento industrial e agrícola do país.

Tanto no Brasil como no México essa discriminação excluía do seguro social cerca de 85% da população[38].

Nesse "corredor" do seguro vários serviços foram sendo desenvolvidos, especificamente para a classe operária.

Da condição de assalariado dependia, em primeiro lugar, o acesso aos seguros sociais, exigindo-se ainda a perda da capacidade de trabalho, com provas, e a aceitação das condições impostas pelo capital para conseguir-se uma prestação ou um benefício, períodos de carência, exames, hospitais pré-determinados, médicos previamente estabelecidos.

Ao lado desses serviços e prestações à Previdência Social criou outros benefícios específicos como o SAPS (Serviço de Alimentação da Previdência Social) e o SAMDU (Serviço Ambulancial Domiciliar Urbano) instituindo no Brasil formas de atendimento do problema alimentar e de atendimento médico domiciliar para a classe operária urbana. Esses elementos, além de legitimar o governo, estabeleciam e diferenciavam o atendimento operário como tal. No México o Instituto Mexicano de Seguro Social (IMSS) organizou até *ballets* e teatros populares para operários.

Sem a condição de assalariado, vivendo de trabalho irregular, os trabalhadores "marginais" ou subproletários eram excluídos do seguro social, devendo recorrer à assistência pública mediante prova de indigência, às Santas Casas, aos Hospitais Cívicos, onde recebiam os serviços de qualidade específica para essa camada, em condições também específicas (enfermarias gerais, cuidados não prioritários, alimentação reduzida), devendo ainda servir de cobaias para aprendizagem.

A burguesia, com acesso aos hospitais privados, quartos de luxo, visitas, com serviços de alta tecnologia e os melhores profissionais, mantinha um canal próprio para seu atendimento.

Assim, nas práticas de classe se reproduzem os canais:

1) Um para o proletariado assalariado e pequena burguesia com seguros específicos;

2) Um para os "pobres", excluídos dos seguros: a assistência pública e os serviços gratuitos a indigentes;

3) Um para a burguesia, com melhores serviços, melhores condições, pagos no mercado.

Por intermédio desses canais, os governos desenvolviam suas políticas populistas de concessões de vantagens que pareciam favorecer a todos, mas que no seu conjunto, discriminavam, fragmentavam e reproduziam as situações de classe, integrando ou excluindo.

Como aparelho de integração da classe operária, os conselhos administrativos e os tribunais de apelação da Previdência comportavam a presença dos operários.

Nesses conselhos e tribunais, as decisões deveriam ser eminentemente técnicas, esvaziando-se o caráter de classe dos problemas específicos de doença, invalidez, acidente, velhice. O que estava em jogo era a aplicação da lei, dos regulamentos, das tabelas, amarrando a interferência da presença operária. Além do mais, essa presença cooptada pela política personalista dos dirigentes, não raro a transformava em cabide de emprego.

6.5. A PREVIDÊNCIA SOCIAL COMO INSTITUIÇÃO LIBERAL E COMO ESTÍMULO À PRODUTIVIDADE E À DEMANDA

No início do capítulo, destacou-se a vinculação e a separação entre liberalismo e corporativismo. Até aqui ficou analisado o aspecto corporativista da previdência social, devendo-se destacar ainda que sumariamente seus aspectos liberais.

Não se pode negar a influência dos acordos internacionais e das organizações internacionais de trabalhadores para implantação dos seguros sociais na América Latina, trazendo nessa influência as marcas do liberalismo.

Após o tratado de Versailles, vários países começaram a preocupar-se com os seguros sociais e, na reunião da OEA, em 1942, sobre essa temática, os países da América Latina queriam mostrar progressos e legitimar-se internacionalmente.

A previdência social latino-americana incorporou os princípios da proteção mínima, do risco profissional, da análise contábil das contribuições-prestações, da capitalização, da arbitragem dos conflitos, da individualização dos procedimentos[39].

Tanto o regime mexicano como o brasileiro protegiam e protegem uma parte limitada da população e outorgam uma prestação mínima. Essa política de seguro mínimo para a sobrevivência, foi formulada muito explicitamente por Lord Beveridge, em seu famoso relatório de 1942[40].

Esse mínimo era inferior ao salário, para manter uma mão-de-obra barata e um estímulo ao trabalho, mantendo de certa forma o princípio liberal da *less eligibility*, isto é, da situação mais desfavorável para os que não estão incorporados ao mercado de trabalho, o que ficou analisado no capítulo anterior.

Os seguros sociais na América Latina baseiam-se no princípio do risco, fundamento do seguro privado. Esse princípio justifica o novo direito, que assim se distingue dos direitos cívicos e políticos (por exemplo, o direito de voto) e de outros direitos fundamentais do trabalho (por exemplo, o direito à greve). É um seguro limitado, na cobertura de um *determinado* risco, para *certa* categoria.

Sob a organização do Estado esse seguro impõe contribuições, igualmente aos patrões e aos operários, além de uma quantia do Estado, para os gastos administrativos e outros. Isso varia de acordo com o país, e de um seguro a outro. Em geral, os acidentes de trabalho são financiados pelos patrões. Os demais são financiados pelo operários e patrões. A proporção da contribuição do Estado depende de cada país.

A quantia coletada pelas caixas de seguro é, em geral, capitalizada, isto é, invertida em bens ou ações, ou em obras públicas para uma futura prestação. Esse princípio se opõe à distribuição, isto é, uma prestação direta e imediata da poupança recolhida. A capitalização é um meio de financiar grandes inversões públicas e privadas com a economia popular.

O seguro social, atualmente no Brasil, é administrado pelo Ministério da Previdência Social que reuniu nele os institutos anteriores. No México, o IMSS (Instituto Mexicano de Seguro Social) dependia do Ministério da Saúde.

As respectivas legislações determinaram uma representação tripartida na administração dos seguros, mas os delegados foram nomeados desde cima, segundo a maior ou menor colaboração destes com os planos do governo.

No contexto econômico do pós-guerra, as economias latino-americanas foram invadidas pelas multinacionais, de uma maneira voraz e constante, depois de terem desempenhado durante a guerra um papel de reserva de matérias-primas, como apoio ao esforço de guerra americano.

Os governos do Brasil e do México estimularam uma certa industrialização, contando com a participação do Estado na formação de empresas públicas. Por exemplo, no México a partir de 1940, 30% das inversões públicas encaminharam-se para o setor industrial[41].

No Brasil, a implantação da siderúrgica de Volta Redonda é o símbolo da nova política. O número de estabelecimentos industriais no Brasil, passou de 336 em 1920, para 49.411 em 1940, para 89.096 em 1950. E o número de operários, respectivamente, 275.512 em 1920, para 781.185 em 1940, e para 1.256.807 em 1950.

Estes indicadores nos dão uma idéia da orientação da política nesses dois países. Esse processo de industrialização estava vinculado à formação de um mercado interno que era necessário estimular, para desenvolver um mínimo de poder aquisitivo de novos produtos.

A estrutura de distribuição da renda, extremamente desigual, não garantia um mercado mínimo para os novos produtos. As medidas de seguro social e o salário mínimo foram meios de uma política de estímulo e estabilização do mercado a partir dos assalariados. Nesse contexto entende-se porque Getúlio Vargas afirmou muitas vezes que era necessário valorizar o trabalhador brasileiro pelas medidas de saúde, de educação e de previdência social[42].

Essas medidas contribuíram, também, para diminuir os custos da mão-de-obra, já que os salários poderiam ser freados mais facilmente e seus custos repassados ao consumidor.

Se por um lado a indústria exigia uma mão-de-obra menos dispendiosa e melhor qualificada (física e tecnicamente), por outro lado, ela exigia um mercado para seus produtos. As medidas de previdência social respondem a este duplo objetivo de reprodução de força de trabalho e de aumento da produtividade e do consumo. A produtividade refere-se às condições de produção e o consumo às condições de manutenção da mão-de-obra.

No México, os "técnicos" encarregados da implantação do seguro social estavam bem conscientes da importância dessa medida para "o aumento do poder aquisitivo e de consumo dos trabalhadores e o aumento de sua capacidade produtiva"[43].

Desse modo, sob o ponto de vista econômico, na etapa da industrialização em que esses dois países chegaram, o seguro social contribuiu para os objetivos de diminuição dos custos de reprodução da força de trabalho, de estímulo do mercado, de produtividade e de capitalização.

Esses objetivos se inscrevem na estratégia burguesa liberal e são mantidos por todos os governos latino-americanos, que ao mesmo tempo excluem do seguro social uma fração muito grande da população que deve recorrer aos serviços puramente assistenciais.

É no período de 1920 a 1940 que se processou essa transição, essa passagem do poder predominantemente oligárquico para a hegemonia burguesa industrial-imperialista. Houve uma nova rearticulação do econômico e do político, de acordo com os interesses predominantes na burguesia, o que pressupõe um novo tratamento da política de mão-de-obra, mas sem afetar a economia agroexportadora nos aspectos fundamentais. Do ponto de vista político, a burguesia continuou mantendo os mecanismos de dominação corporativista, autoritária e populista, conforme as conjunturas econômicas e sociais.

Essas modificações serão analisadas no capítulo seguinte onde se analisam as lutas sociais no campo da Previdência Social.

NOTAS

1. Philippe Schimitter define o corporativismo como um sistema de representação de interesses ou de atitudes, como um arranjo institucional modal, particular ou típico ideal para vincular os interesses organizados numa associação da sociedade civil com as estruturas decisórias do estado. In "Still the Century of Corporatism". *The Review of Politics*, v. 36, n. 1, p. 86.

Um pouco mais adiante, encontramos a seguinte definição: "O corporativismo pode ser definido como um sistema de representação de interesses, no qual as unidades constituintes são organizadas em um número compulsório e não competitivo de categorias singulares hierarquizadas, ordenadas e funcionalmente diferenciadas, reconhecidas ou permitidas pelo Estado e que detêm um monopólio deliberado, representativo, dentro dessa respectiva categoria em troca da observação de certos controles da seleção dos líderes e da articulação de suas demandas e apoio." (p. 94)

2. WIARDA, Howard — "Corporatism in the Iberican world". *The Review of Politics*, v. 36, janeiro, 1974, n. 1, p. 6.

3. CARDOSO, Fernando Henrique — "Populismo, uma crise no Estado". *História do Brasil*. Cadernos Debate nº 1, Editora Brasiliense, São Paulo, 1976, p. 36.

4. KEYNES, John Maynard — *Essays in Persuasion*. London, 1952, p. 319, in Schmitter Philippe, op. cit., p. 110.

5. ZYLBERBERG, Jacques — "Etat-Corporatisme-Populisme: Contribution a une sociologie politique de l'Amerique Latine". *Études Internationales*, v. VII, n. 2, junho, 1976, p. 225.

6. O Estado era o propulsor, tanto da estrutura social como da vida econômica. Era um sistema baseado nos estatutos, na hierarquia e em favores reais. WIARDA — Op. cit., p. 13.

7. ZYLBERBERG, J. — Op. cit., p. 225.

8. O Presidente Washington Luis disse que "a questão social no Brasil é uma questão de polícia".

"A nível jurídico político, em vista da inexistência de meios institucionais e de soluções legislativas para a consideração dos problemas operários, a política do Estado perante a classe operária quase que se limitava à repressão policial, o que muitas vezes levava a revolta do proletariado industrial a fazer um protesto contra essa repressão e exploração, e menos o resultado de táticas precisas de uma análise concreta." PINHEIRO, Paulo Sergio — *Política e Trabalho do Brasil*. Rio de Janeiro, Paz e Terra, 1977, p. 101.

9. CARDOSO, Fernando Henrique — "Le Proletariat Bresilien". *Sociologie du Travail*, IV, 1961, p. 55.

10. PINHEIRO, Paulo Sergio — Op. cit., p. 159.

11. Para Dealy, o Estado monístico se caracteriza pela centralização e pelo controle dos interesses, potencialmente competitivos e pela consideração do "bem-comum" contra o interesse privado, em oposição ao liberalismo que identifica os interesses privados ao bem público. DEALY, Glen — "The tradition of Monistic Democracy in Latin America", in WIARDA, Howard — *Politics and Social Change in Latin America*. The University of Massachussets Press, 1974, pp. 73 e 78.

12. DELARBE, Raul Trejo — "The Mexican Labor Mouvement: 1971-1975", in *Latin-American Perspectives*, v. III, n. 1, 1976, p. 134.

13. Idem, Ibidem, p. 136.

14. MALLOY, James — "Previdência Social e Classes Operárias no Brasil". Em *Estudos CEBRAP*, 15, março, 1976, p. 120.

15. O fenômeno da falta de autonomia das "classes médias" é a conclusão a que chegaram todos os autores que escrevem sobre o período. Por exemplo, Paulo Sergio Pinheiro diz: "Os setores médios dependiam sócio-economicamente da classe dominante tradicional (dependência claramente presente em sua adesão aos princípios fundamentais da sociedade patriarcal rural, cujos valores continuavam a presidir a organização social): o que impedia a formulação de uma ação política autônoma dos setores médios em relação aos interesses dos setores agrário-comerciais." (Op. cit., p. 101.)

16. Não vamos discutir, aqui, o problema da consciência de classe. O movimento operário formou-se lentamente, em termos de mobilização e organização, e não se pode falar de *ausência* de consciência de classe. A respeito, ver MOISÉS, José Alvaro em "Theoretical and Historical Notes on the Strike of the Three Hundred Thousand", São Paulo, 1953. In *Laru Studies*, v. II, n. 1, outubro, 1977, pp. 3 e 5.

17. FAUSTO, Boris — "Pequenos Ensaios de História da República". *CEBRAP*, Cad. 10, Ed. Brasiliense, s/d, p. 28.

18. "Indeed it offered a means to the depolitization of society, hence also to renewal of ordered performance of functions in the body politic, hence also to the elightened rule of technical and administrative expertise." NEWTON, R. — Op. cit., p. 37.

19. WEFFORT, Francisco — "Le populisme dans la politique brésilienne", em *Temps Modernes*, n° 257, outubro, 1967, p. 642.

20. CARILLO, Alejandro — *El Seguro Social en México*, p. 98.

21. DELARBE, Raul Trejo — Op. cit., p. 144.

22. FAUSTO, Boris — Op. cit., p. 30.

23. NORTH, Liisa e RABY, David — "The Dynamic of Revolution and Counter Revolution under Cárdenas: 1934-1940", in *Laru Studies,* v. II, n. 1, outubro, 1977, p. 37.

24. DELARBE, Raul Trejo — Op. cit., p. 139.

25. James Malloy refere-se aos sindicatos, à Justiça do Trabalho e ao sistema de seguro social.

26. DELARBE, Raul Trejo — Op. cit., p. 143.

27. VERNON, Raymond — *Le dilemme du Mexique*. Paris, Les Éditions Ouvrières, 1966, p. 152.

28. Realmente há provas suficientes para se crer que o sistema previdenciário foi uma das principais fontes de origem da atual geração de tecnocratas da política pública. MALLOY, J. — Op. cit., p. 122. Este postulado é analisado no próximo capítulo.

29. MALLOY, J. — Op. cit., p. 127.

30. VIANNA, Luiz Werneck — "Uma luta de interesses". Revista *Veja*, 12/10/1977, p. 4. Ver também *Liberalismo e Sindicato no Brasil* do mesmo autor, Rio de Janeiro, Paz e Terra, 1978.

31. KLINGHOFFER, Hans — *La pensée politique du président Getúlio Vargas*. Rio de Janeiro, Imprensa Nacional, 1942, p. 335.

32. MEDIN, Tzvl. — *Ideologia e práxis política de Lázaro Cárdenas*. México, Siglo XXI, 1974, p. 79

33. Idem — Op. cit., p. 81.

34. Dircurso pronunciado sobre a lei de seguro social, in *El Seguro Social Mexicano*. México, 1943, p. 66.

35. WIEVIORKA, Michel — *L'État, le patronat et les consommateurs*. Paris, PUF, 1977, p. 23. Ver também GODARD, Francis — "De la notion de besoin au concept de pratique de classe". *La Pensée*, n. 166, pp. 82-107.

36. Ver MEGALE APOCALIPSE, Geraldo-Heleno — "Rápida visão dos seguros sociais no Brasil", in *Cultura Política*. Rio de Janeiro, Ano III, n. 28, p. 125 e MENESES, Geraldo Bezerra — *A Segurança Social no Brasil*. Rio de Janeiro, Guilherme Haddad, 1961, p. 295.

37. Os *Institutos* dos empregados de transportes e dos portuários são uma modificação das *Caixas* existentes anteriormente.

38. "Indeed, the coninuing poverty and political exclusion of 20 to 30 million rural workers living under oligarchic rule, through four decades of economic progress, is one of the basic features of capitalist development in Brazil. The transfer of surpluses form the countryside to the cities was ensured by the alliance between bourgeoisie and oligarchic; it fostered capital accumulation in various ways, and allowed for material concessions to the industrial workers." ANDRADE, Regis C. — "Perspectives in the study of Brazilian Populism". Toronto, *Brazilian Studies*, Working Paper, n. 23, November, 1977, p. 36.

39. Ver capítulo anterior.

40. Beveridge Report — *Social Insurance and Allied Services*. New York, McMillan Co., 1942. "The State in organising should not stiple incentive, opportunity, responsability in establishing a national security. It should leave room and encouragement for voluntary action by each individual to provide more than that minimum for himself and his family."

41. HANSEN, Roger — *La Política del Desarrollo Mexicano*. México, Siglo XXI, 1978, p. 62. Este autor afirma que durante a década de 1940 e nos primeiros anos de 1950 a "Nacional Financeira" colocou a maioria de seus financiamentos a longo prazo nas indústrias de substituição de importações como o aco, o ferro e o petróleo.

42. KLINGHOFFER, Hans — Op. cit., pp. 314 e 318 e 129.

43. Ver a respeito, PALACIOS, Manuel — "La influencia del Seguro Social en la Economia", in *Seguro Social en Mexico*, 1943, pp. 152 a 157.

Capítulo 7

PREVIDÊNCIA SOCIAL NO BRASIL E MÉXICO: lutas e resultados

7.1. PERSPECTIVA DE ANÁLISE: AS FORÇAS SOCIAIS NO CAMPO DA PREVIDÊNCIA

No capítulo anterior, mostramos o papel do Estado na gestação dos seguros sociais no Brasil e México, e as funções desses seguros na sociedade capitalista dependente. Isso pode levar a pensar que essas e outras medidas de política social se fundamentam na contradição Estado-sociedade civil e não na contradição capital-trabalho.

Em realidade, se se coloca a questão da política social exclusivamente como obra do Estado em relação à sociedade civil, parte-se de uma concepção de um Estado que não se situaria na luta de classes, mas seria de um grupo homogêneo ou informe. Já se fez oportunamente a crítica a esta concepção de Estado (nos capítulos 3 e 4, mais especificamente).

Por outro lado, colocar as políticas sociais como sendo exclusivamente um afrontamento entre capital e trabalho, ou entre burguesia e proletariado, numa luta de classe contra classe é simplificar de forma extremamente abstrata a complexidade de uma formação social, onde coexistem distintos modos de produção, de movimentos, de articulações de blocos e grupos e também de pressões e *lobbies*.

A concepção que coloca a elaboração de políticas sociais como uma luta de classe contra classe esquece que as confrontações se fazem por um processo complexo de alianças e compromissos, formando-se e desfazendo-se coalizões segundo as conjunturas e as correlações de forças.

Na realidade concreta, os interesses de cada classe manifestam-se, no conjunto da sociedade e na cena política, de forma mais ou menos clara, segundo as estratégias e as forças em presença. As forças sociais, assim, se mobilizam, se organizam, e se articulam a partir de categorias, frações de classe, grupos sociais, onde os interesses de uma classe específica podem ser mais ou menos hegemônicos. Essa hegemonia consiste na capacidade que tem a classe de dirigir o processo em questão segundo uma alternativa de sociedade estrategicamente considerada pela classe, enquanto politicamente organizada.

Uma força social se constitui justamente quando existem uma mobilização e uma confrontação de uma base e de um grupo social específicos para efetivar seus interesses em torno de uma questão.

Esse grupo social pode constituir-se de forma uniclassista ou policlassista, desde que coloque interesses comuns em forma de objetivos e ponha em marcha os meios para alcançá-los.

A força de um grupo se manifesta pela sua mobilização na relação com outras forças. Relação de alianças ou relação de combate, o que caracteriza a correlação de forças.

A correlação de forças se modifica em cada conjuntura, de acordo com o potencial de mobilização da base social respectiva e as estratégias e táticas possíveis. Por sua vez, num movimento dialético, essas forças, ou melhor, essa correlação de forças, modifica a conjuntura.

A *base social* de uma força compreende todos os que, direta ou indiretamente, estejam interessados e vinculados a uma causa em questão. Essa base pode ter um fundamento geográfico se os grupos ou pessoas interessadas e vinculadas à questão se relacionam, para isso, num território determinado. Essa base pode, no entanto, constituir-se de categorias, grupos ou pessoas, dispersos geograficamente.

As forças sociais não podem ser definidas de maneira estática, rígida, esquemática, elas são movimento.

Ao mesmo tempo, é necessário lembrar que a articulação dessas forças não se faz sem levar em conta os interesses antagônicos das classes fundamentais de uma formação social.

Esses interesses antagônicos se fundam na situação objetiva dessas classes no processo produtivo em que se define a situação de propriedade, exploração e dominação de um grupo pelo outro. Assim, se defrontam proprietários e não proprietários dos meios de produção e, ao mesmo tempo, respectivamente, apropriadores e produtores de mais-valia, dirigentes e subordinados, não de uma forma simétrica, mas dialética.

Na cena política, esses interesses não se manifestam claramente, mas sob a capa das ideologias e, ainda mais, submetidos à ideologia dominante.

No âmbito da política social, enfrentam-se essas classes fundamentais, ou suas frações, em alianças e relações com outras classes, grupos, categorias, formando distintas forças sociais que impulsionam ou freiam a implantação e desenvolvimento dessas políticas.

Nosso objetivo, neste capítulo é identificar as forças que, nos casos de Brasil e México, intervieram especificamente na implantação da previdência social.

Como hipótese de trabalho, pode-se afirmar que na América Latina a principal força propulsora da implantação dos seguros sociais foi a classe operária, a partir do regime de assalariamento através de seus movimentos reivindicatórios e de suas lutas políticas. Essa força social, evidentemente, só se manifesta quando as condições de industrialização e de organização são favoráveis. Só pela industrialização é que foi possível existir uma concentração de operários, os quais pela sua própria condição de insegurança no trabalho, articularam e promoveram lutas na defesa do salário, das condições de trabalho e das condições de sua reprodução enquanto força de trabalho.

Nós colocamos a problemática das forças sociais no âmbito da política social, diferentemente daqueles que consideram a implantação dessas medidas no Brasil e no México como fruto da ação de uma equipe de tecnocratas clarividentes que agiriam no interior do aparelho do Estado em função de certos grupos de pressão[1].

Os tecnocratas formam, nesse caso, uma força social ao mesmo tempo liberalizante e burocrático-racionalizadora. Como parte da pequena burguesia assalariada ou da burguesia de Estado os tecnocratas contribuíram para racionalizar as medidas de seguro social no contexto da acumulação capitalista e para liberalizar certos mecanismos políticos, eliminando barreiras, ampliando a faixa dos direitos sociais, tecnificando os processos de atendimento, elaborando critérios explícitos para seleção de clientela e outorga de benefícios.

Com isso os tecnocratas contribuíram para a diminuição do arbítrio paternalista e personalizado, abrindo brechas para que os direitos sociais fossem implementados pelo aparelho do Estado. Esses direitos são certas garantias político-legais para que certas pessoas usufruam de certos benefícios definidos especificamente em lei enquanto indivíduo. São distintas dos direitos civis que ordenam a vida política geral e definem a participação e a representação do indivíduo enquanto *cidadão*.

135

As categorizações tecnocráticas da população-alvo desses direitos sociais (velhos, doentes, desempregados, acidentados, inválidos) dividem e fragmentam as classes dominadas e escondem ou mascaram o caráter de classe da problemática social.

Ao criar mecanismos de seleção e, portanto, de exclusão de clientelas, as medidas "racionalizadoras" dos tecnocratas não obedecem a uma lógica independente, neutra, mas se inserem no contexto geral da acumulação capitalista. Essas medidas aparecem como humanização do trabalho, mas respondem a um processo global de readaptação, *re-forma*, isto é, de novas formas do processo de acumulação capitalista frente às pressões da *classe* operária.

A hipótese levantada neste trabalho exclui também a tese de que as medidas de seguro social são fruto de uma outorga de um chefe de governo populista, como uma benesse do alto, de cima para baixo.

A gestação das medidas de seguro social se realizou na confrontação de forças da sociedade civil e se manifestou na cena política de forma distinta, segundo esse mesmo contexto político, o que já foi analisado nos capítulos anteriores.

Ainda no âmbito da pequena burguesia, outras forças que, de forma mais ou menos organizada, se manifestaram pela implantação dos seguros sociais foram os intelectuais, advogados, certos profissionais liberais e executivos de empresas.

Os profissionais liberais pertencentes à pequena burguesia tradicional (na expressão de Poulantzas), ou independente como os médicos, agiram como força específica na questão dos seguros, defendendo o liberalismo, o livre contrato entre profissional e cliente pagante no mercado e, por outro lado, propugnando pelos seguros sociais, o que favorecia também seus interesses de ampliação de empregos e de serviços, abrangendo uma clientela que não tem acesso ao mercado pagante. Isso só é possível com os seguros obrigatórios que forçam os assalariados de baixa renda a uma poupança compulsória, destinada, em grande parte, ao pagamento de burocratas e profissionais.

O campesinato, *isolado* e *submetido* à dominação paternalista da oligarquia rural, constituiu-se na América Latina, no grupo excluído, até muito recentemente, dos seguros sociais, até que seus movimentos tivessem presença na cena política e, na medida em que o capitalismo e o regime assalariado fossem introduzidos no campo. Como o campesinato, os empregados domésticos, integrados e submetidos ao paternalismo familiar, também ficaram excluídos dos seguros sociais.

Essa situação de dependência, isolamento e exploração do campesinato era possível pelo fato de que a própria economia de exportação agrícola mantinha-se sob a hegemonia da oligarquia agroexportadora.

Essa mesma oligarquia, dominando os parlamentos latino-americanos, em nome de um liberalismo individualista, se opôs ferrenhamente à instauração de medidas ou de legislação sociais. Satisfeita com o regime liberal de locação de serviços agrícolas, para a exploração máxima do campesinato, ela só cuidou de promulgar certas leis que favorecessem a reprodução dessa mesma mão-de-obra, como o foi a lei de imigração no Brasil, depois da abolição da escravatura.

A mão-de-obra agrícola ficava à mercê do paternalismo oligárquico ou da família, para manter-se e reproduzir-se em casos de doença, invalidez, velhice. Por sua vez, a família devia subsistir graças à economia de subsistência e ao trabalho doméstico. Essa reprodução doméstica permitia o máximo de exploração.

A oligarquia mexicana, também em nome do liberalismo, retardou e se constituiu numa força de resistência à implantação dos seguros sociais.

No Brasil, foi sob a bandeira do positivismo que se defendia a "educação moral" do operariado, a sua "incorporação à sociedade moderna", para contrariar a implantação da legislação de política social. Essa moralidade escondia a resistência em mudar as condições jurídicas e sociais de exploração de uma mão-de-obra, cujas revoltas eram quase que exclusivamente individuais, sendo que vivia subordinada cultural e ideologicamente ao paternalismo oligárquico e ao fatalismo religioso.[2]

A incipiente industrialização do início do século e as pressões nacionais e internacionais obrigaram os representantes de certas oligarquias latino-americanas a assinarem o Tratado de Versailles, em 1919, contendo a carta de direitos sociais. Mas essa assinatura não significou sua aplicação. E quando foi traduzido numa legislação nacional, foi ludibriado. Essa legislação social brasileira foi ludibriada pela própria burguesia que aparentemente a apoiava[3].

Nessa relação de forças falta justamente mencionar as burguesias industrial e financeira que, a nosso ver, constituem forças específicas no caso dos seguros sociais.

Algumas indústrias, frente diante das pressões operárias e dos custos decorrentes dos efeitos produzidos pela industrialização no desgaste da força de trabalho, buscaram realizar seguros privados para compensar os casos de perda da capacidade de trabalho, sobretudo em relação aos acidentes.

Com base na teoria do risco profissional, decorrente da própria inelutabilidade dos acidentes, a burguesia industrial foi implantando seguros-acidentes. Na prática corrente, os acidentes eram considerados "casos de polícia e de Santa Casa", isto é, considerados na base da culpabilidade e da assistência arbitrária. O acidentado ficava à mercê da família e da assistência, sendo que os custos de sua reparação ficavam jogados sobre os ombros dos mais próximos ou das "classes médias" que financiavam as Santas Casas.

As grandes indústrias podiam realizar esses seguros, mas as pequenas, com forte intensidade de mão-de-obra e pouco capital, tinham que resolver esses problemas na base do autoritarismo, do paternalismo e mesmo com a contribuição direta dos próprios trabalhadores.

As caixas operárias, mantidas pelas mutualidades constituíram o gérmen do instrumento utilizado pela burguesia para introduzir os seguros sociais em larga escala. As pequenas caixas só poderiam fazer frente a um número restrito de acidentes, condenadas à falência pela falta de fundos devido à pequena proporção de associados.

Para instaurar grandes caixas era necessário tornar os seguros obrigatórios. Isso feria os interesses das Companhias de Seguro, defensoras do livre contrato, para poder canalizar e lucrar com as poupanças populares.

As mutualidades não traziam incômodo a esses grandes interesses já que não havia capitalização, e sim um regime de repartição, de distribuição do arrecadado, em pequena escala.

Às companhias privadas coube, no início, assim, assegurar os acidentes de trabalho por iniciativa dos empresários. Mas, assegurar somente algumas empresas não era tão lucrativo como ter todas pagando seguros, o que também favoreceria a empresa, baixando-se o custo dos prêmios e nivelando os custos, realizando-se uma socialização das novas cargas suplementares aos salários e assim favorecendo a concorrência. A essa "socialização capitalista" chamamos perequação dos custos.

Só com a intervenção do Estado seria possível realizar essa perequação, com os seguros *obrigatórios*. Mas o Estado deveria limitar-se somente a assegurar os que não poderiam poupar, e num limite mínimo, para permitir os seguros privados a um nível superior. Ao mesmo tempo, a implantação dos seguros obrigatórios criava hábitos de poupança que, a longo prazo, favoreceriam as empresas privadas.

A burguesia industrial teve que negociar com a burguesia financeira os prêmios a serem pagos e os controles a serem feitos, mas não raramente, os próprios industriais criaram suas companhias de seguro. Estes também desejavam evitar reclamações, negociações, serviços, questões jurídicas e indenizações que ficavam a cargo das seguradoras.

Os seguros de acidentes se tornaram lucrativos, pois as indenizações e pensões eram também mínimas. Os seguros de saúde e velhice foram

138

parcialmente aceitos pelas empresas privadas para certas categorias, já que não era lucrativo o seguro geral da população.

O Estado, ao intervir nos seguros obrigatórios, na América Latina, agiu de forma gradual, num equilíbrio instável de compromissos entre essas diversas forças sociais: excluindo os camponeses, e, portanto, favorecendo a oligarquia rural; incorporando os operários por categorias, por seguros e por regiões, contribuindo para a manutenção da paz social na indústria e fazendo com que os custos de reprodução da força de trabalho fossem socializados às custas da contribuição dos trabalhadores.

Com a implantação dos seguros obrigatórios o Estado expandiu o mercado de serviços para os profissionais e os tecnocratas, mantendo-se, ao mesmo tempo, o livre contrato para as camadas de alta renda e permitindo aos profissionais combinar a prática liberal com o regime de assalariado e de contrato por serviços. Pôde-se também implantar uma repartição de custos: a consulta seria privada, mas todo o custo dos equipamentos de saúde seria estatal.

As companhias privadas puderam continuar assegurando as camadas mais altas no mercado livre e ter um outro mercado, agora obrigatório, das camadas mais pobres (no caso de acidentes).

As indústrias puderam repassar os custos dos seguros aos produtos, portanto, aos consumidores, sem que fosse afetada a acumulação.

Os seguros de saúde foram parciais e graduais segundo categorias, regiões, e com limites mínimos, o mesmo acontecendo com as pensões e aposentadorias. Os fundos privados se desenvolveram acima desses limites.

Os direitos sociais conquistados pelos trabalhadores foram, ao mesmo tempo, instrumentos de mobilização e de conscientização (haja vista todo o debate em torno do reformismo) e um instrumento de obtenção da realização de interesses imediatos, relativos à sua sobrevivência e reprodução.

Esses compromissos dependem das conjunturas, da correlação de forças e não são, evidentemente, estáticos. As forças sociais em jogo querem avançar e modificar suas posições nessa luta contraditória, em busca de vantagens na defesa ou eliminação dos direitos já obtidos.

A burguesia quer modificar o terreno no seu interesse, investindo contra muitas concessões já feitas. Haja vista a implantação do Fundo de Garantia por Tempo de Serviço, no Brasil, que minou o instituto da estabilidade do trabalhador.

Nas páginas que se seguem, apresentamos essas confrontações e compromissos nos casos do Brasil e México, na implantação dos seguros sociais.

Os dois países foram escolhidos por terem um processo de industrialização mais adiantado que outros países da América Latina. Mas as conjunturas específicas de cada um exigem análises profundas e detalhes que só uma pesquisa minuciosa pode realmente dar conta, o que não foi nosso objetivo. E o contexto geral, que, no momento, nos interessa.

7.2. A PREVIDÊNCIA SOCIAL NO BRASIL

Esta parte será desenvolvida à luz das hipóteses anteriormente formuladas, dentro de uma perspectiva histórico-estrutural.

Os seguros sociais na América Latina foram introduzidos a partir de certas categorias de trabalhadores, num período bastante longo, que vai de 1900 a 1972[4], com modificações na Constituição de 1988 e nas reformas constitucionais posteriores, que desenvolvemos no capítulo 9.

Em cada país houve conjunturas específicas que determinaram a implantação do seguro social ou sua postergação.

Os países estritamente agrícolas foram os últimos a implantarem as medidas de seguro social, como os países da América Central. Em 1942, na Costa Rica; em 1952, na Guatemala; em 1962, em Honduras. Nos outros países as medidas cobriram as categorias especiais de funcionários ou trabalhadores, bem antes dessas datas. No Chile, no governo populista de Arturo Alessandri, em 1925, os seguros sociais foram organizados para os operários. Foi esse, o país onde a classe operária foi a mais autônoma, a mais organizada e mais combativa. Para a grande maioria da América Latina, as previdências estatais foram desenvolvidas a partir de 1930, como aliás, nos Estados Unidos.

Antes de 1930, encontram-se certas medidas sociais para os funcionários, os trabalhadores de transporte (principalmente ferroviários e marítimos) e contra os acidentes de trabalho.

No Brasil, em particular, vai-se encontrar uma nítida diferença na organização dos seguros antes e depois de 1930. Esse talho na história não leva em conta somente a questão que nos ocupa. Com efeito, ele marca um corte na história do país. Nesse ano, Getúlio Vargas toma o poder federal, em seguida a um movimento armado dirigido pela "Aliança Liberal". Por essa razão vamos analisar as forças atuantes, antes e depois de 1930. Nosso ponto de partida é a proclamação da República, em 1889.

A — Os Seguros Sociais na Velha República[5]

Em realidade, não podemos falar de legislação social sistemática antes de 1930. O poder foi controlado pela oligarquia rural, a questão social foi considerada uma questão de escravidão ou imigração e a ideologia dominante foi o liberalismo, isto é, o "contrato livre" de trabalho no comércio e a livre troca.

Não temos intenção de fazer um trabalho de historiador, mas de levantar os núcleos principais de legislação referentes aos seguros sociais.

No período em questão, o país se caracterizava por ser essencialmente agrícola e agroexportador. Entre 1921 e 1930, o café representava 70% das exportações e, em 1920, 70% da população ativa trabalhava na agricultura.

A industrialização não ultrapassava as pequenas unidades artesanais, muito isoladas umas das outras, na escala do país, e que produziam para o comércio interno regional. Assim, as regiões do Rio de Janeiro, São Paulo e do Rio Grande do Sul contavam com algumas fábricas ligadas a um mercado limitado, que se formava pouco a pouco.

Essa industrialização estimulada em 1850 por Mauá, com o desenvolvimento das estradas de ferro dependia também dos favores, dos privilégios e do estímulo do governo. Pode-se afirmar que a indústria, sobretudo na região do Rio de Janeiro, desenvolveu-se à sombra do Estado[6].

Em 1928, a indústria produziu 4 milhões de "contos" de réis, contra 8 milhões da agricultura. Em 1920, das 13.336 empresas, somente 482 tinham mais de 100 operários. Em 1940, esse número passou para 1.236. Segundo Faoro, o setor da alimentação representava mais de 60% da produção industrial. Afirma ele, ainda, que o "eixo econômico deslocado para o sul, não chega a homogeneizar o mercado interno, disperso nos centros produtores, quase autônomos, com intercomunicação retardada e difícil."

A essa separação econômica correspondia, também, uma autonomia política de cada Estado da Federação. Cada Estado era um centro político dominado pela oligarquia local, que por sua vez, se apoiava nos "coronéis"[7] em nível municipal, sem entretanto serem os representantes diretos destes últimos. Havia um sistema de liames pessoais que se estabeleciam entre os "coronéis" e os presidentes ou governadores dos Estados.

O governo federal se apoiava, por sua vez, nos governadores dos Estados, num sistema alternativo de poder que perdurou até 1930. Somente os dois Estados mais importantes (Minas Gerais e São Paulo), efetivamente, impuseram seus representantes. Era a "política dos governadores", segundo a expressão de Campos Salles, ou a política do "café com leite", visto que em Minas Gerais predominava a produção de leite e em São Paulo a de café.

O parlamento federal era, assim, dominado pelos respectivos governadores e oligarquias. As alianças se estabeleciam por uma coalizão dos "Estados". É preciso salientar que o sistema eleitoral era completamente deturpado: voto aberto, nenhum controle dos eleitores, exclusão dos analfabetos, reconhecimento da eleição pelo governador ou pelo presidente. Entre 2 e 3% da população participavam da votação. A política social da oligarquia consistia no estímulo à imigração de braços para a lavoura do café e na repressão.

A primeira comissão de legislação social na Câmara Federal, foi criada em 1918 durante a I Guerra Mundial. Alguns deputados, isoladamente tentaram apresentar certos projetos de leis sociais, mas todos ficaram engavetados[8].

A *oligarquia* era contra toda legislação social. O homem do campo estava duplamente oprimido e explorado. Haviam muitas formas de exploração dos camponeses (colonos, diaristas e meeiros) pelos grandes proprietários. Na parceria, o patrão guardava 1/3 ou a metade da produção do colono. Este era obrigado a comprar no armazém do patrão e este era seu intermediário, seu protetor, seu senhor ("nhô").

Tanto representantes diretos da oligarquia, como Epitácio Pessoa, como o representante da corrente liberal, Rui Barbosa, afirmavam em 1919, que o Estado não devia intervir na questão social. Para Rui Barbosa, "o Estado não deve intervir nesta questão a não ser para manter a ordem". Para Epitácio Pessoa, a questão social "deve ser resolvida por meios pacíficos, oportunos, adequados à ordem constitucional de 1891, com o concurso dos Estados, garantidos em sua autonomia constitucional"[9].

Nessa realidade e com essa ideologia, a oligarquia fez encalhar todos os projetos de leis relativos à legislação social. O governo provisório (1891) interditou o trabalho de menores, antes de 12 anos (com exceção dos aprendizes na tecelagem. Aí os menores poderiam trabalhar desde os 8 anos, num máximo de 3 horas por dia). No entanto essa legislação era raramente cumprida, pois não era fiscalizada.

O fundamental para a oligarquia era a escravatura e o trabalho agrícola (incluindo aí a imigração). O trabalho agrícola foi considerado numa lei de 1879, como locação de serviços. O governo provisório revogou essa lei, mas a Câmara do 1º governo constitucional retomou a lei de 1879, considerando o trabalho agrícola, como locação de serviços e não como um contrato de trabalho (1896). O vice-presidente da República, em exercício, a rejeitou, alegando a liberdade de trabalho e a "não-intervenção do Estado", numa clara adesão aos princípios do liberalismo.

O contrato do trabalho agrícola foi definido no Código Civil de 1919. Segundo Maurício de Lacerda, essa inclusão justificava as resistências anteriores à legislação sobre o trabalho agrícola, compreendido na "liberdade de contrato"[10].

Em 1906, uma lei considerou os operários agrícolas "privilegiados" em face de outros credores, com prioridade sobre as outras dívidas da fazenda a serem garantidas pela colheita. Desde 1850, um setor progressista da oligarquia cobiçava os imigrantes estrangeiros para a agricultura. A escravatura foi abolida em 1888. Mas, na zona rural predominava a "lei da roça", de base rotineira e que favorecia o patrão. Nenhuma legislação interveio *pró-seguro* dos trabalhadores rurais até 1966.

Há que ressaltar todo o interesse da oligarquia pela imigração como força de trabalho de substituição. O capitalismo não só substitui importações de máquinas, mas também o capital variável, isto é, seu tipo, sua qualificação, sua quantidade.

No contrato-tipo para importação de "braços para a lavoura", ficava estipulado que o patrão oferecia transporte e casa ao colono, mas este poderia ser despedido por "malandrice, negligência, embriaguez habitual e insubordinação (artigos 3 e 4), e *doença prolongada*" (artigo 7). Pelo artigo 15 o trabalhador era obrigado a entrar como sócio da cooperativa médica, farmacêutica e de ensino que prestasse serviços à fazenda[11]. Na realidade, essas cooperativas só funcionaram em poucas localidades, onde predominavam pequenas e médias propriedades. Essa cláusula só servia para *atrair* os imigrantes.

O trabalhador rural poderia ser contratado por salário, por tarefa ou por parceria, ficando em todos os casos, sujeito à tutela patronal, pelo controle que o patrão exercia sobre as despesas no armazém da fazenda, de suas horas de trabalho, dos preços das mercadorias, das decisões sobre terras e sementes.

Essa política de imigração deveria parecer atraente ao trabalhador estrangeiro, para o que se fizeram os contratos-tipo e se criou o Departamento Estadual do Trabalho, no Estado de São Paulo, em cinco de julho de 1911, com a finalidade de "ajudar" os imigrantes. Visava também a oligarquia, a manutenção da paz social no campo[12] e a conservação da mão-de-obra na zona rural, evitando que as condições dos trabalhadores urbanos fossem atraentes para os camponeses, com horários de oito horas, direito à greve e assistência.

Os trabalhadores rurais não tinham nenhuma organização ou força que pudesse manifestar-se na cena política. Isolados geograficamente e submetidos socialmente, ficaram excluídos dos benefícios sociais, até que suas lutas e as transformações do capitalismo no campo foram dando condições de obtenção de seguros sociais.

Se os camponeses eram excluídos, outros trabalhadores foram incluídos, ao final do século, em alguns benefícios muito restritos, como o direito à pensão de velhice. Trata-se dos *oficiais* e algumas categorias de operários (e não todos os trabalhadores) da casa da Moeda, dos telégrafos e da imprensa nacional. O benefício era discriminatório entre os trabalhadores, o que mostra sua outorga em busca de uma lealdade seletiva por parte do governo, e não em razão de uma pressão exercida por esses grupos específicos[13]. Em 1881, a aposentadoria para os funcionários, em caso de invalidez, foi contemplada na Constituição da Primeira República.

A organização dos trabalhadores brasileiros em uniões de resistência, movimentos e sindicatos de tendência anarquista, reformista e católica, vinha se forjando desde a metade do século XIX. Mas o reconhecimento oficial dos sindicatos só saiu em 1907.

A sindicalização profissional foi autorizada, contra "as organizações revolucionárias e no espírito de instituir sociedades operárias de paz e de concórdia social", segundo o autor do projeto, Ignácio Costa.

Vamos tratar agora de duas outras leis sociais importantes nesse período: a lei dos acidentes do trabalho (1919) e a criação das Caixas para os ferroviários (1923).

A legislação sobre os acidentes de trabalho pode ser considerada como a primeira "lei da *burguesia industrial*" para cobrir os riscos profissionais sob a forma de seguro previdencial e não sob a forma de responsabilidade civil. A cobertura dos acidentes de trabalho foi, na maioria dos países, a primeira forma de previdência social. Era de responsabilidade dos patrões, e em geral garantida por uma Caixa privada. Só em 1967 é que no Brasil os acidentes de trabalho foram integrados totalmente aos seguros sociais (lei 5.316 de 14 de setembro).

Toda essa legislação se refere exclusivamente aos trabalhadores industriais. O primeiro projeto sobre o assunto foi apresentado em 1904, por um jornalista. Argumentava ele, que precisaria legislar antes que a revolução obrigasse a isso. Exatamente como aqueles que queriam preservar a indústria, ainda em seus primórdios, os *liberais* se pronunciaram contra o projeto. Mas a teoria do risco profissional fez com que os *liberais* mudassem de idéia e os custos dos acidentes levaram os protetores das indústrias recém-surgidas a votarem por um projeto semelhante, alguns anos mais tarde.

O "risco profissional" é o resultado da industrialização. O bom funcionamento da indústria exigia a cobertura desses riscos, o que é "independente" do contrato de trabalho. As condições de trabalho provocavam acidentes e nem o patrão, nem o operário podiam ser responsabilizados por isso. O operário imprudente, está claro, seria excluído da indenização, aliás muito baixa.

Um outro projeto foi apresentado à Câmara dos Deputados, em 1908, por um deputado gaúcho (que pertencia à corrente liberal do Rio Grande do Sul), para "corrigir os abusos dos patrões".

Em 1912, novo projeto foi apresentado por um militar, deputado pelo Distrito Federal, Figueiredo Rocha. Alguns liberais foram contra o projeto em nome da liberdade de trabalho. Esse projeto propunha ao mesmo tempo a redução das horas de trabalho para 8 por dia. Todos esses projetos permaneceram engavetados.

Alguns industriais de São Paulo começaram a fazer seguros privados de acidentes de trabalho. No relatório sobre a indústria têxtil de São Paulo, feito pelo Departamento Estadual do Trabalho, após visitas a trinta e três fábricas (sendo 31 em São Paulo), constatou-se que as três *maiores* fábricas, em termos de produção, faziam seguros de acidentes, mas não ofereciam diárias. Quatorze dessas indústrias não ofereciam nenhum benefício aos acidentados e onze ofereciam algum benefício (hospital, farmácia, médico ou diária), não havendo informações de duas delas[14].

Os técnicos do Departamento Estadual do Trabalho representaram uma força favorável à implantação do seguro de acidentes de trabalho, publicando no seu boletim quadrimestral, leis, estudos, levantamentos, situação em outros países e estatísticas de acidentes na capital paulista. Em 1912, foram registrados 1.254 acidentes, em 1913: 1.671 e, em 1914: 1.597, chegando a aproximadamente 2.000 em 1918.

Ao mesmo tempo, jornalistas (Castro Menezes entre outros) e juristas (Evaristo de Moraes) respeitáveis pronunciavam-se pela teoria do risco profissional, aumentando o movimento favorável à implantação dessa medida. O próprio Supremo Tribunal Federal (dezembro de 1913) ressaltou a necessidade de modificar-se a legislação, nas palavras de Pedro Lessa. Insistia-se na teoria do risco profissional.

Essa medida não é também alheia à política de imigração que queria "oferecer vantagens" para atrair trabalhadores de outros países onde já existia essa legislação, como vimos no capítulo 5.

Pelo menos duas companhias de seguros, a "Cruzeiro do Sul" no Rio de Janeiro e a "Brasileira de Seguros" em São Paulo, operavam no setor de acidentes de trabalho.

Com o apoio do Departamento Estadual do Trabalho, o Senador paulista Adolpho Gordo apresentou um projeto de lei sobre acidentes do trabalho, em 1915.

A prática de tratar os acidentados consistia em enviá-los à assistência policial para determinar a culpa, e à Santa Casa para os curativos, o que aliviava os custos patronais, mas não as reclamações operárias.

A proposta inicial de Adolpho Gordo considerava a pensão como compensação, mas por *pressão direta* do Centro Industrial do Brasil, a lei votada em 1919, limitou-se a uma indenização única.

Segundo Maurício de Lacerda, a aprovação desse projeto visava por fim às reclamações operárias de toda espécie, que todos os dias sitiavam, por todos os lados, o governo de São Paulo, pela manifestação de greves, que foram intensificadas até a revolta operária em 1917. Com efeito, as greves eclodiam em São Paulo nessa época e, em 1917, houve uma greve geral que também atingiu o Rio de Janeiro. Assim, a lei sobre os acidentes de trabalho pôde ser o resultado de uma pressão forte e imediata da *classe operária*, mesmo *espontânea e anarquista*. Entre 1917 e 1920 houve 112 greves somente em São Paulo[15].

O núcleo principal do movimento operário, nessa época, fundamentava-se no anarquismo, com as "uniões de resistência" dirigidas pelos imigrantes europeus. Depois de cada greve, o governo procurava os responsáveis (os cabeças) e quase sempre os expulsava do país. Se o movimento anarquista era o mais importante, não se deve negligenciar os movimentos reformista e católico[16].

A Associação das Indústrias, pela voz de seu presidente, Jorge Street, se opunha a todo projeto de uma legislação completa sobre o trabalho e mesmo sobre as horas de trabalho. Dizia ele que os menores podiam trabalhar para ele 10 horas por dia, como os adultos. Em compensação apoiou a legislação sobre os acidentes de trabalho, num compromisso viável para manter a paz social e os custos uniformes da mão-de-obra, sem conceder sobre horas de trabalho[17].

A Caixa dos trabalhadores das estradas de ferro foi aprovada em 1923. Desde 1920, vários projetos de lei foram apresentados à Câmara, em seguida à greve geral da Leopoldina *Railway*, no Rio de Janeiro e da *Great Western*, em Pernambuco. Segundo Maurício de Lacerda, esses projetos foram rejeitados pela Câmara "em consideração às empresas estrangeiras"[18].

Eloy Chaves, deputado paulista, apresentou um projeto de Caixa para os trabalhadores de estradas de ferro, projeto esse que foi transformado em lei, em 1923. As estradas de ferro eram elementos vitais para o transporte do café e um dos diretores da Companhia, Francisco Monlevade, colaborou no projeto.

Eloy Chaves tinha também interesses eleitoreiros ao apresentar o projeto, visto que a maioria dos funcionários da Companhia Paulista residiam no seu reduto eleitoral (Jundiaí e Itatiba). O próprio Eloy, declara que se trata de um projeto "liberal", sem intervenção do Estado, afirmando, também, que "à áspera luta de classes.. eu anteponho, confiado no seu êxito, a colaboração íntima e pacífica de todos, em benefício da prática comum e dentro da ordem". José Lobo, da Comissão de Legislação Social da Câmara, disse que essa medida era peculiar aos ferroviários e não se poderia aplicar a outros setores, ao que Eloy Chaves acrescentou: "ao trabalho agrícola sobretudo"[19].

Com isso, ficava bem claro a resistência da oligarquia a beneficiar os trabalhadores agrícolas, e seu interesse em manter a paz social no setor ferroviário, garantindo a exportação do café.

O movimento de greve dos trabalhadores não foi isolado da revolta dos "tenentes". Foi o tenente Vinhais quem conduziu esse movimento na capital da República. O "tenentismo", movimento da "classe média", no interior do exército, se opôs por meio de uma revolta militar à eleição do governador de Minas Gerais, Artur Bernardes, em 1922 à presidência da República. A revolta foi esmagada pelo poder central[20].

Segundo Raymundo Faoro[21], Arthur Bernardes, uma vez eleito, tentou fazer um contrapeso ao exército, com o apoio de certos setores da classe média, pela criação do Conselho Nacional do Trabalho, pela criação da Caixa dos ferroviários e pela transformação do 1º de maio em feriado. Em 1920, havia 275.512 operários e, em 1930, 450.000.

Os movimentos sociais prosseguiram. Em 1922 foi criado o Partido Comunista. Em 1924, houve revoltas militares na Bahia, São Paulo e Rio Grande do Sul. Em 1925 Miguel Costa e Luís Carlos Prestes (futuro Secretário do P.C.) organizaram uma coluna que percorreu o país, livrando batalhas às forças governamentais (53 combates).

A oligarquia sentia o peso de uma oposição militar mais forte, mas sem *organização política*. A União (Governo Federal) começou a se sentir mais forte, e a legislação das Caixas, por parte do federal, era um meio de intervenção política nos Estados.

Somente em 1926 a burguesia de São Paulo organizou um Partido (o Partido Democrático) pelo liberalismo, pelo voto secreto e para "suscitar e defender todas as medidas que interessassem à questão social"[22]. A pequena burguesia aderiu a esse Partido, o qual serviu como meio de agitação do reformismo social.

Em 1929 formou-se a Aliança Liberal para buscar um sucessor ao presidente Washington Luis. São Paulo queria um candidato originário de São Paulo, tal como Washington Luis. Os Estados de Minas Gerais, Paraíba e Rio Grande do Sul se uniram numa aliança que escolheu como candidato Getúlio Vargas, governador do Rio Grande do Sul. Essa escolha não foi aceita pelo poder central, que fez eleger de forma fraudulenta, o paulista Julio Prestes. Getúlio Vargas se rebelou e, encabeçando uma revolução, tomou o poder em novembro de 1930.

Nessa revolução houve uma conjuntura de convergências de forças de oposição ao regime oligárquico. Essas forças se concentravam nas cidades e compreendiam também uma camada importante de profissionais. Estes eram advogados e médicos, vindos da oligarquia. Uma vez funcionários do Estado, procuravam meios de obter favores do governo (o segundo emprego — "bico"), absenteísmo, relacionamento político etc.

Os profissionais também faziam parte da elite dirigente e pela ostentação do título universitário e dos liames de família, procuravam se encaixar num lugar influente nas decisões públicas. Em uma conjuntura em que os profissionais e técnicos tiveram certa influência, transformou-se a dinâmica da implantação de medidas sociais depois de 1930.

B — Os Seguros Sociais depois de 1930

Não vamos detalhar em períodos esse trecho da história, considerando que o nosso estudo se situa entre 1930-1945, com referências até 1964.

Getúlio Vargas, chefe da Aliança Liberal, ficou no poder até 1945, data de sua derrubada por um golpe de Estado. Então, a democracia formal foi reestabelecida, sendo o General Dutra eleito presidente da República em 1946. Eleito em 1950, Getúlio Vargas voltou ao poder, até o seu suicídio em 1954[23].

Todas essas mudanças são conduzidas por forças-sociais que se formam em alianças, mobilizações das classes e dos grupos sociais.

Depois de 1930 o poder e a hegemonia oligárquicas foram se deslocando para a hegemonia burguesa. O país se industrializa e depois da guerra, vai-se ampliando, de forma concentradora e excludente, o mercado interno.

Segundo Regis Andrade, o período de 1930 até 1937, quando Vargas estabeleceu o Estado Novo, de caráter corporativo, foi um período de transição para a hegemonia burguesa[24].

A Aliança Liberal de Vargas, de acordo com seu discurso, declarava querer salvar a nação da rotina, do favoritismo, das combinações astuciosas dos partidos, isto é, renovar o regime de dominação, num forte sentimento de nacionalismo, pela "reconstrução nacional"[25].

Já enfatizamos a crise da oligarquia e a impotência da classe média para se organizar politicamente. A primeira força política do proletariado, organizada como tal, o Partido Comunista, tinha sido formado em 1922.

Getúlio realizou uma política pragmática, de busca de alianças para manter o pacto de dominação, a paz social, combinando a distribuição de favores, a concessão de direitos, com a repressão e a integração dos trabalhadores.

A melhor forma de controlar é dividir e regulamentar. Os problemas sociais eram transformados administrativamente pelos regulamentos, dividindo-se as áreas de decisão e de influência, mas sempre controladas de cima.

A influência dos técnicos na elaboração dos seguros não foi de resposta global, mas de controle, numa posição atuarial para analisar quanto ia entrar e quanto sair das Caixas de previdência.

O Ministério do Trabalho, Indústria e Comércio, criado a quatro de fevereiro de 1931, articulava as mudanças politicamente, sensível à correlação de forças sociais e por isso mesmo reproduzindo as desigualdades entre os próprios trabalhadores, concedendo mais benefícios aos trabalhadores já melhor situados.

Não vamos fazer uma análise detalhada de cada um dos grupos e seguros[26]. A lista seguinte mostra a realização dessa política fragmentadora e gradualista.

1930 — Estabilidade de emprego após 10 anos de serviço para pessoal de força, luz, bondes, telefone, telegrafia e radiotelegrafia, e extensão dos benefícios das Caixas a esse pessoal (lei 5.109 de 1926).

1931 — Ministério do Trabalho, Indústria e Comércio.

1931 — Suspensão dos benefícios dados, por tempo de serviço para reestudo (Decreto 19.810).

1931 — Extensão dos seguros aos empregados em serviço de água e esgotos. Manutenção dos mesmos para ferroviários e portuários.

1932 — Regulamento sobre a aquisição de casas.

1932 — Extensão da previdência aos empregados em serviços de mineração.

1933 — Começa a era dos institutos, agora por setor e não por fábrica. Instituto de Aposentadoria e Pensões dos Marítimos — IAPM (Decreto 22.872 de 29/6/33). Os acidentes de trabalho estatais foram estendidos a essa categoria.

1934 — Instituto de Aposentadoria e Pensões dos Comerciários — IAPC (Decreto 24.273 de 22/5/34).

1934 — Caixa de aposentadoria e pensões dos trabalhadores em trapiches e armazéns de café.

1934 — Idem para operários e estivadores.

1934 — Instituto de Aposentadoria e Pensões dos Bancários — IAPB (Decreto 26.615 de 9/7/34).

1934 — Nova Constituição — consagra o direito à previdência.

1936 — Instituto de Aposentadoria e Pensões dos Industriários — IAPI (lei 367 de 31/12/1936) em execução em janeiro de 1938.

1938 — Instituto de Aposentadoria e Pensões para Trabalhadores do Transporte e Carga — IAPETEC — transformando a Caixa dos trabalhadores em trapiches e armazéns.

1940 — 1º de maio: lei que fixa o salário mínimo para todo o país.

Nesse contexto político[27] vamos analisar as forças políticas que puderam influenciar a implantação das medidas mais importantes do seguro social.

Vargas possuía a arte do compromisso. Ele continuava a proteger os interesses da oligarquia do café, através de quatro instrumentos: a tarifa cambial, a compra da superprodução do café, a ausência de legislação para os trabalhadores rurais e o crédito agrícola através do Banco do Brasil.

Durante todo seu primeiro período de governo, não houve nenhuma legislação salarial, e praticamente, nenhum seguro social aos trabalhadores rurais[28]. Apesar disso os discursos dos dirigentes políticos do país estavam cheios de elogios à dedicação e ao trabalho desses trabalhadores. Os interesses da oligarquia foram mantidos, o que confirma nossa hipótese a propósito da oposição da oligarquia a toda legislação social. É necessário lembrar que os camponeses estavam completamente submetidos à oligarquia, isolados de todo espaço político e de representação.

Em face da agitação operária, Vargas estabeleceu seu Ministério do Trabalho, a Justiça do Trabalho e a legislação social, num gesto de integração controlada da massa ao Estado.

Os sindicatos deveriam ser reconhecidos pelo Ministério do Trabalho, assim como seus representantes; os acordos e os descontos sindicais (imposto sindical) eram controlados por esse mesmo Ministério

150

no Banco do Brasil[29]. A Justiça do Trabalho, separada da justiça ordinária, estabelecia o valor da força do trabalho para as decisões judiciárias, com uma finalidade nitidamente orgânica e corporativa. Os sindicatos tinham como fim a assistência, a recreação, a cultura, num paternalismo aberto e legalizado.

A legislação social foi introduzida por categoria profissional, isto é, ela não atingiu a classe operária em seu conjunto e num único movimento.

Essa estratégia de realizar uma legislação social *parcelada* e gradualmente, já havia sido definida por alguns representantes burgueses do Parlamento da época do Segundo Império, e muitas vezes repetida por Getúlio[30].

O governo de Getúlio Vargas implantou os seguros sociais nessa perspectiva gradualista; controladora e fragmentadora da classe operária. Além disso, o governo foi criando órgãos e regulamentos para a aquisição e construção de casas (1932) e para a concessão de empréstimos aos trabalhadores (1932).

Foram constituídos cinco grandes Institutos* de Aposentadoria e Pensões[31], que em 1948 contavam com 2.897.000 segurados, ou seja, 18% da população do país. Em 1932, havia 140 Caixas de Aposentadoria e Pensões, com 189.482 segurados ativos, 10.279 aposentados e 8.820 pensionistas. Em 1934 havia 176 instituições e em 1948 somente 30 Caixas.

A transformação das *Caixas* de socorros em *Institutos* correspondeu a uma estratégia de centralização[32] do poder federal e do controle dos Estados por uma burocracia cada dia mais técnica e mais numerosa. Inúmeros *Institutos* surgiram durante o governo Vargas: o do café (que reconduziu ao poder a oligarquia de São Paulo), da cana-de-açúcar, do álcool, do chá-mate, do cacau etc.

A criação desses Institutos "econômicos", paralela à dos Institutos "sociais", representou um favorecimento da acumulação do capital pelo governo federal, pela transferência do excedente produzido pelos trabalhadores rurais às indústrias. É preciso assinalar que os industriais não estavam separados da oligarquia. Ela se constituía a partir da acumulação transferida do campo. O governo quis estimular também a indústria siderúrgica, com a poupança captada pelos seguros.

Os mercados regionais começaram a esgotar-se e um mercado nacional foi se ampliando. Depois dos anos de ditadura, o balanço

---

* Em 1960 foi criado o Instituto de Aposentadoria e Pensões dos Ferroviários e Empregados em Serviços Públicos, transformando a Caixa então existente.

político mais importante foi a *consolidação* do federal e seu domínio político sobre todo o país.

Essa centralização foi acompanhada de um forte incremento da tecnocracia. Raymundo Faoro fala mesmo de um estrato burocrático que se formou entre o ditador e o povo[33].

James Malloy[34] distingue na estruturação da previdência social do Brasil, o modelo técnico-administrativo do modelo político-participacionista. Segundo ele, toda uma geração de tecnocratas importantes (por exemplo, Sussekind, Ministro do Trabalho depois do golpe de Estado) veio dos institutos de previdência. Foram, segundo ele, os tecnocratas que prepararam os projetos de reforma e a unificação dos Institutos, a partir de cálculos atuariais e dos modelos racionalizadores mais precisos.

Ao contrário, como nota Malloy, a oposição dos dirigentes sindicais, dos empregados e do governo se fez presente contra o modelo tecnocrático. E isso em razão do "peleguismo" sindical, do paternalismo político e da fonte de emprego que representaram os institutos. Essas forças não enalteciam um modelo participacionista, mas antes, defendiam suas vantagens.

A luta entre sindicalistas e tecnocratas se manifestou claramente na questão da unificação dos Institutos no 1º Congresso de Previdência Social convocado e presidido por João Goulart (1953), contando com a presença de sindicalistas de todo o país. Na votação final, 186 foram a favor e 275 contra a unificação[35].

Os Institutos que substituíram as Caixas responderam a uma racionalização tecnocrática, a uma centralização federal, a uma cooptação da classe operária, como também a uma substituição das antigas Caixas de previdência, ligadas a cada indústria e a cada região. A criação dos Institutos permitiu aos patrões diminuir suas despesas administrativas e socializarem os custos das Caixas, com a contribuição dos trabalhadores de todo o país. As Caixas iam fatalmente à falência pelo seu tamanho e os custos implicados.

O governo de Vargas tinha interesse em utilizar o dinheiro das Caixas e Institutos de Aposentadoria para estimular a industrialização, conforme ele declarou em 1940[36]. Mas, segundo Boris Fausto, a política econômica do Estado Novo era mais de adaptação pragmática às circunstâncias da época que uma modificação de orientação[37].

Não se pode negar que o governo sustentou a industrialização e que fez importantes investimentos na infra-estrutura, por exemplo, no domínio do aço e do petróleo. Era ele favorável a uma associação com o capital estrangeiro.

A indústria brasileira teve uma taxa de crescimento de 11,3% por ano entre 1933 e 1939 e de 5,4% entre 1939 e 1945.

Essa industrialização correspondia ao modelo de substituição das importações.

A classe operária nesse período concentrava-se, sobretudo, em São Paulo e, segundo Fernando Henrique Cardoso, os operários foram integrados na industrialização por ondas de imigração[38]. Esses imigrantes estrangeiros e os internos têm caracterizado a classe operária. De 1940 a 1950, o número de operários aumentou em 60%, enquanto que o crescimento da população foi de 26%.

Essa classe esteve organizada nos anos 20, em forma de sindicalismo militante fundado sobre as uniões de resistência anarquistas, comunistas e reformistas.

Nos anos 30, em razão da crise, as condições de vida se agravaram e intensos movimentos de greve surgiram, com uma forte repressão. Em novembro de 1930 houve a paralização de 31 estabelecimentos, com 7.000 grevistas em São Paulo. Em abril de 1931, houve um movimento de 70.000 grevistas, principalmente entre as indústrias têxteis. O movimento "tenentista" havia procurado canalizar esses movimentos[39].

Em 1935 foi organizada a Aliança Nacional Liberal, frente comum, dirigida pelos comunistas. Esse movimento atingiu, aproximadamente, 100.000 membros, com um programa para as liberdades democráticas e muito pouco centralizado sobre as reivindicações imediatas da classe operária. Nesse mesmo ano, o movimento ocasionou um levante armado, fracassado. O governo se aproveitou do fato para reprimir a ação dos seus chefes e esmagar todos os movimentos sociais. Pela Constituição de 1937, o *lock-out* e a greve foram proibidos. Somente o sindicalismo oficial tinha condições de sobreviver[40].

Pode-se notar que os Institutos foram organizados em torno das Caixas já existentes, e para os trabalhadores mais combativos, em face de um aumento de revoltas populares com a organização das forças de oposição. O objetivo era, nesse caso, manter a paz social.

Os riscos cobertos por esses Institutos eram os de doença, de invalidez, de velhice e de morte. A contribuição dos empregadores e empregados representava de 12 a 16% do total dos salários[41] (de 6 a 8% para cada uma das partes), segundo o Instituto. As prestações variavam segundo o Instituto, situando-se ao redor de 70% do salário. O máximo era outorgado pelo IPASE, em torno de dez vezes o salário mínimo, os demais outorgavam mais ou menos cinco vezes esse mesmo salário. Os industriários não gozavam da pensão de velhice.

Todas essas contradições foram levantadas pelos técnicos. A lei orgânica da previdência social somente foi terminada e aprovada em 1960, depois de longos debates nas Câmaras e do apoio dos técnicos aos deputados. Em 1966, todos os Institutos foram integrados no INPS (Instituto Nacional de Previdência Social) transformado em Ministério em 1974[42]. Essa unificação pôs fim a certa discriminação que existia entre os serviços prestados aos empregados e operários. Por exemplo, os serviços do IAPB eram reconhecidos como excelentes na mesma medida em que os do IAPI eram considerados de baixa qualidade.

Essa unificação, dinamizada por Aluísio Alves, com o apoio dos tecnocratas, visava reduzir os custos, as diferenças, mas não mudando em nada a estrutura real dos Institutos. Era uma racionalização burocrática que somente ofereceu uma resposta mais simbólica que real aos problemas dos trabalhadores.

Nada foi feito em favor dos trabalhadores rurais, atendendo-se à oligarquia. A burguesia repassou os custos do programa às mercadorias e beneficiou-se com certo apaziguamento das lutas sociais. Os profissionais conseguiram novos "bicos" e os serviços foram distribuídos como favores.

Apesar dessa intervenção estatal, a burguesia industrial e comercial adotou ainda outros meios para o controle mais íntimo, mais direto da classe operária e dos trabalhadores do comércio e da indústria. Em 1945 os industriais e comerciantes decidiram criar o Serviço Social da Indústria (SESI) e o Serviço Social do Comércio (SESC) com as finalidades de "melhoria de condições de habitação e transporte, solução de problemas de alimentação e higiene, solução de problemas domésticos decorrentes das dificuldades de vida ou de relações de convivência, solução de problemas econômicos e defesa dos salários reais do trabalhador, e para desenvolver conhecimentos de conceitos e normas sobre os deveres sociais e cívicos", agregando o SESC, o conhecimento de preços de custo de artigos de consumo generalizado a fim de julgar da conveniência de instalação de núcleos-padrões para a produção, a baixo preço, de tipos populares daqueles artigos, a prestação aos comerciários de serviços de seu interesse, no sentido de facilitar o desenvolvimento de sua atividade profissional e social, inclusive na formalização de documentos[43].

Os programas dessas entidades (financiadas com 2% sobre o montante de remuneração dos empregados) compreendem serviços social, médico, odontológico, recreativo, educativo, além de pesquisas.

A "Carta de Paz Social", promulgada no ato de fundação, declara que a paz há de "resultar precipuamente de uma obra educativa"[44].

154

Essa "obra educativa" deve contribuir com o aumento da produção e da produtividade, num esquema de "racionalização do trabalho", segundo o item 7 dessa carta.

Os empregadores, nessa carta, manifestam um otimismo diante do desenvolvimento da democracia, do crescimento econômico, buscando um novo pacto social para empreender as novas funções exigidas pelo capitalismo na conjuntura do pós-guerra.

Manifestam-se pela produtividade, pelo crescimento e se dispõem a estabelecer um "Fundo Social" a fim de criar serviços e assistência aos empregados, que garantam a colaboração desses últimos.

O SESI e o SESC fazem parte desse "fundo" e se integram também nos planos governamentais.

Mas o controle dessas políticas fica nas mãos dos patrões que buscam formas de intervir até na vida doméstica dos trabalhadores com os serviços profissionais.

Ao mesmo tempo, foi criada a LBA, Legião Brasileira de Assistência, com serviços à maternidade e à infância, e dirigida pela primeira-dama do país, num esquema claro de prestação de favores e de busca de legitimação.

Por sua vez, os sindicatos continuaram aumentando seus gastos em assistencialismo, consolidando o poder dos pelegos.

Erickson nota que essas despesas assistenciais aumentaram de Cr$ 68.132,00 em 1953 para Cr$ 1.611.304,00 em 1963, passando, segundo o autor, de um índice 100 em 1954 a 512 em 1963, tendo em conta o aumento do custo de vida.

O controle governamental dos sindicatos, e a política paternalista mantiveram o mesmo aparelho de previdência social durante todos esses anos. O autor acima citado, nota que "nos períodos populistas de 1953-54 e 1962-64 o aparelho administrativo paternalista foi negligenciado apesar das promessas de uma atenção mais intensa para a classe operária"[45].

No governo Dutra mantiveram-se a repressão social e o arrocho salarial. A repressão se manifestou no controle das greves (Lei n° 9.070 de 1946) e na perseguição aos comunistas e à Confederação dos Trabalhadores do Brasil. Em maio de 1947 o P.C. foi declarado ilegal.

Durante o governo Dutra não houve um só aumento salarial e o domingo pago, incluído na Constituição de 1946, só foi regulamentado em 1949, apesar das greves. Em 1948, mais de 100.000 trabalhadores foram à greve por salário. Os sindicatos cresceram só 3,4% entre 1947 e 1951[46].

No governo de Vargas, depois da greve dos 300.000, em 1953, houve o aumento salarial de 32%, e o aumento do salário mínimo de 100% em 1º de maio de 1954, o que custou a cabeça de Goulart como ministro do Trabalho.

Juscelino realizou a abertura ao capital estrangeiro, tentando, com a ideologia do desenvolvimento, apaziguar capital e trabalho. Na época o salário real foi reduzido. As greves de 1956 conseguiram aumento no salário mínimo de 58%. Em 1960 foi aprovada a lei orgânica da previdência em época pré-eleitoral.

As mobilizações operárias foram intensas no período do pós-guerra, mas no sentido de melhorar os salários e ampliar as reformas sociais e as liberdades públicas. As lutas contra o aparelho da previdência foram superadas por uma luta política mais geral, que foi percebida como *ameaça* às classes dominantes, desencadeando o golpe de 64.

Após essa data várias mudanças foram introduzidas na previdência social, como forma de legitimação, já que os "direitos sociais" dos assegurados não modificavam os deveres de submissão dos cidadãos.

A Previdência Social é um instrumento político não só em épocas de mobilização e democracia, mas também de autoritarismo e controle.

Falta ainda uma referência aos médicos no conjunto das forças sociais. Como força social, eles defendiam o livre-contrato, a medicina liberal, mas não resistiram à implantação dos seguros e serviços patronais, numa atitude de compromisso tático. Os novos organismos não impediam a prática liberal da medicina e abriam um novo mercado.

A unificação dos Institutos e a criação de organismos patronais de serviços e assistência não suscitaram a oposição dos profissionais. A previdência social permitiu o acesso aos serviços médicos de uma clientela até o momento excluída desses serviços, em razão dos baixos salários e das duras condições de trabalho. Os serviços médicos aos assegurados eram prestados diretamente pelos Institutos (nos seus hospitais ou clínicas), por médicos assalariados que faziam parte do pessoal e por médicos credenciados (a partir dos anos 60) com uma quantia fixa mensal ou com *pro-labore*. Os serviços eram também prestados por contratos com hospitais privados, onde certos grupos de médicos tinham fortes interesses econômicos[47].

Os médicos que trabalhavam para o INPS estavam sujeitos a um horário fixo, ante a clientela do Instituto, o que não impedia de chegarem atrasados e de saírem antes da hora. O cliente devia estar prevenido que lhe estavam reservadas esperas consideráveis para o atendimento, mas nas clínicas particulares o acesso se fazia facilmente, mediante pagamento feito pelo cliente.

A hospitalização e a cirurgia dos assegurados se fazia pelo INPS. Os medicamentos deveriam ser pagos pelos assegurados, exceto em caso de hospitalização. Sabe-se que no Brasil 80% da indústria farmacêutica é controlada por capitais estrangeiros.

Uma grande parte da população ficava sem acesso aos serviços médicos, devendo ser hospitalizada em hospitais-escola, que formam uma rede especial, um canal de atendimento médico-hospitalar para os pobres. Hoje, os trabalhadores rurais são assegurados, assim como os empregados domésticos, mas são excluídos os "marginais" biscateiros que não podem pagar o Instituto como autônomos[48].

Os médicos se concentram nos grandes centros. Em 1950, encontravam-se nas capitais 0,60 médicos para 1.000 habitantes, enquanto no interior do país contava-se com 0,15 médicos para 1.000 habitantes. Nas grandes cidades, os Institutos organizaram um serviço domiciliar de urgência (SAMDU) para os assegurados, atualmente abolido.

Os serviços médicos absorvem a maior parte do orçamento dos seguros sociais[49].

Aproveitando-se de todos os *recursos* da previdência social para o diagnóstico e a cirurgia, os médicos podem também receber uma clientela privada em seu consultório particular. Os Estados mantêm "centros de saúde", assim como certos municípios, para tratar os casos de urgência e os mais pobres. Mas esses postos são instalados de acordo com as pressões políticas.

O financiamento do orçamento de previdência social sempre ocasionou graves problemas porque o governo federal não efetivou integralmente a terceira parte das contribuições (conforme previsto), apesar dos tributos especiais impostos à população para pagar suas dívidas.

O dinheiro acumulado entre 1940 e 1950 serviu para certas capitalizações, como a Hidrelétrica de São Francisco, mas também para certa "repartição", após muita pressão dos assegurados.

Depois da guerra foi a internacionalização do capital que produziu a penetração das multinacionais[50]. O golpe de Estado de 1964 foi realizado graças a uma aliança das multinacionais e da burguesia nacional associada a uma forte mobilização das massas contra o comunismo.

Antes dessa data, as massas camponesas começaram a se mobilizar e a se organizar. As medidas sociais para os trabalhadores rurais, como já foi assinalado, não são estranhas a essas mobilizações.

Não podemos terminar esta parte sem enfatizar a mais profunda modificação da política social dos governos militares, para se adaptar às novas condições impostas pelas transformações na estrutura do capital. Essas transformações exigem, com efeito, uma mão-de-obra móvel e eficaz. Para isso, em 1966 os militares instauraram o FGTS (Fundo de Garantia por Tempo de Serviço) a principal medida de política social do governo militar para substituir a estabilidade de emprego depois de 10 anos de serviço. Com esse Fundo financia-se o Banco Nacional de Habitação que absorve uma mão-de-obra vinda das zonas rurais.

Ao mesmo tempo, o governo militar instaurou a repressão salarial (arrocho salarial) que fez diminuir o poder aquisitivo em 50%, nos últimos 14 anos de ditadura[51]. É preciso recordar que isso foi implantado depois de um período de forte mobilização social, dessa vez operária e camponesa, no tempo de João Goulart. Hoje 70% dos empregados urbanos têm um rendimento abaixo do mínimo de subsistência. Quarenta por cento da população está desnutrida, a renda está mais concentrada, a acumulação do capital foi mantida e a paz social imposta pela força da repressão. A ameaça popular foi temporariamente afastada. Nessa conjuntura, novas medidas tecnocráticas foram introduzidas na previdência social, criando-se até o Sistema Nacional de Saúde (no papel), atendendo-se à pressão das multinacionais e dos setores privados, diante do recuo e do aniquilamento das forças populares.

Esse recuo possibilitou ao governo estimular a privatização dos "setores sociais" estendendo-os, ao mesmo tempo, à clientela da previdência (trabalhadores rurais, domésticos, ambulantes, religiosos) que contribui para financiar essa política. Essa aliança Estado-multinacionais-setor social será analisada no capítulo seguinte, no que se refere ao Brasil.

A seguir expomos o caso mexicano quanto ao processo de implantação do Seguro Social.

7.3. OS SEGUROS SOCIAIS NO MÉXICO

Parece, à primeira vista, que a implantação da previdência social no México foi realizada de maneira menos complexa que a observada no Brasil. Somente em 1943, foi promulgada uma lei para garantir os seguros sociais aos *assalariados* do setor privado[52].

Não se observa no México a mesma marcha gradual que se notou no Brasil. As lutas camponesas foram mais importantes que as lutas operárias, em termos militares e mobilizadores, mas não se encontram medidas de seguro social para os trabalhadores rurais no momento da implantação desse regime[53]. Foram os operários de indústrias que tiveram o direito adquirido ao seguro social, nas regiões mais· industrializadas.

158

A luta camponesa foi principalmente *uma luta pelas terras*, nesse tempo, nas mãos da igreja e da oligarquia; terras essas que foram arrancadas dos indígenas após a conquista espanhola.

As lutas proletárias não são alheias às lutas dos camponeses, e daí as classes dominantes, assim como o Estado, tudo fazerem para isolar uns dos outros.

A seguir, consideramos as relações de forças que estão alinhadas, a partir de 1910, em relação ao tema que nos interessa.

A — A Revolução Camponesa e a Crise da Oligarquia. A Ascensão da Burguesia: Respostas Simbólicas aos Camponeses e aos Operários

A luta pela terra, no início do século, também foi a luta contra o regime de Porfírio Diaz, no poder desde 1876. O discurso do ditador inspirou-se num liberalismo econômico clássico, aliás presente na Constituição de 1857.

Mas a ditadura não conseguiu a unificação do país que estava econômica e politicamente despedaçado[54].

As regiões econômicas eram "autônomas", isto é, funcionavam com base num mercado local, com uma produção agrícola e artesanal controlada pelos chefes locais (caciques). Em 1883, havia 3.000 estabelecimentos "industriais", dos quais 2.800 ligados à indústria alimentar (bebidas, açúcar, óleo), 145 à têxtil e 800 à metalurgia. Os demais compreendiam as indústrias de construção[55].

Esses estabelecimentos floresceram à sombra do favoritismo do Estado, dos "foros", das concessões obtidas pelos chefes locais que reforçaram seu poder depois da Revolução e adquiriram uma situação ainda mais importante.

A burguesia e a classe média (intelectuais, militares, profissionais), fixados sobretudo nas cidades, começaram a se organizar sem que as massas pudessem ultrapassar o nível local de oposição e de revolta.

A pequena burguesia e a burguesia nascente tinham um programa político liberal (Partido Liberal), cujo representante, Francisco Madero, tomou o poder em 1910. Seu programa visava as liberdades democráticas, a livre empresa, o respeito à Constituição.

O próprio Madero pertencia a uma família de ricos proprietários. As lutas camponesas intensificaram-se e depois do assassinato de Madero a repressão se fez mais intensa. Estabeleceu-se uma luta de frações de classe, mas parece que a burguesia já representada pelo "maderismo" saiu vitoriosa, com Carranza e Obregon chefiando o movimento "constitucionalista"[56].

Nesse ínterim, as lutas operárias se acentuaram em conseqüência dos baixos salários e das más condições de trabalho. Em 1906 houve um incremento às greves dos trabalhadores de tecelagens, dos carregadores, dos ferroviários, dos mineiros e das fábricas de fumo[57]. A repressão foi desencadeada sobre os trabalhadores. Estes, sobretudo os tipógrafos, se organizaram na *Casa del Obrero Mundial*, de tendência anarquista, por influência dos imigrantes espanhóis e de outras nacionalidades européias (no Brasil, as primeiras organizações operárias tiveram também uma tendência anarquista).

Para enfrentar a luta camponesa, Obregon conseguiu aliança da *Casa del Obrero Mundial* e formou os "batalhões vermelhos" contra os camponeses. Aproximadamente 10.000 operários participaram desses batalhões.

Em 1916 novas greves se manifestaram e na Constituição de 1917, tanto a Reforma Agrária como os mecanismos de Seguro Social foram legalmente reconhecidos. As classes dominantes foram obrigadas a responder às principais reivindicações proletárias e camponesas, para apaziguar os movimentos sociais e para pôr sob o controle do Estado as reformas que se iniciavam contra as tendências locais e regionais.

Reyna, Palomares e Cortes, dizem que pelos artigos 27 e 123 da Constituição, as reformas sociais couberam ao Estado e aqueles que queriam fazê-las à margem dele se colocam contra a Revolução e a Nação[58].

O discurso sobre a "revolução" e a "nação" foi a máscara ideológica utilizada pela burguesia para se legitimar junto às massas. Ela sempre se declarou revolucionária e nacionalista.

A intervenção do Estado representava, ao mesmo tempo, a centralização do poder e a expansão do mercado interno e da industrialização, pela destruição dos regionalismos. Significava, também, a cooptação das massas, estabelecida com base em sua divisão permanente, e em sua integração no aparelho do Estado[59].

A divisão entre os camponeses e os operários sempre foi mantida e alimentada no México, assim como a divisão entre os próprios operários, o que permitiu a anulação das organizações políticas do operariado.

A política de cooptação não é separada daquela da divisão. O governador de Cohauila (ligado a Obregon e Carranza) criou condições para a fundação da CROM (Confederação Regional Operária Mexicana), em 1916.

Em seguida à uma "aliança" do dirigente Luis Moranes, da CROM, com Obregon, este criou o Ministério do Trabalho, Indústria e Comércio, ocupado pelo primeiro, em 1924. Não hesitou ele em reprimir os movimentos de greve. Uma parte da classe proletária não seguiu a CROM, mas outras forças políticas, tais como o Partido Comunista, fundado em 1919, que não puderam sustentar um movimento autônomo do operariado.

A CROM não previra, em sua plataforma, a luta de reivindicações sobre o seguro social.

A burguesia, até o governo de Cárdenas, não tornou efetiva a reivindicação camponesa de reforma agrária, o que favoreceu a oligarquia. Essa mesma burguesia, igualmente não realizou as reivindicações operárias, o que a favoreceu.

Há que se notar que em 1925, Calles instaurou um regime de pensões e de seguros-acidentes para os funcionários federais, estendendo-o em 1926 aos militares. Em 1928 os professores foram beneficiados com o regime de pensões.

Os professores foram um dos grupos mais combativos, levando-se em conta as greves feitas pelo setor.

A burguesia somente incluiu na Constituição de 1917 alguns direitos para os operários, como a jornada de 8 horas, o salário mínimo, o direito à greve e à consideração, como utilidade pública, as Caixas de Seguros populares para invalidez e suspensão de trabalho. O Estado deveria promover essas Caixas para estimular a economia popular (Art. 123).

O artigo 123 representa a política liberal de relação do trabalho para a reprodução da força de trabalho, aceitando-se a institucionalização dos conflitos. A reforma agrária também foi inscrita na Constituição, mas não efetivada.

Em 1930, em conseqüência da crise, intensificaram-se os movimentos trabalhistas, e o Código de Trabalho de 1931 parece também uma resposta destinada à cooptação da classe proletária, pela instituição dos Conselhos de Arbitragem que poderiam intervir na definição da legalidade das greves, no controle das eleições sindicais e das conciliações dos conflitos industriais[60]. Nessa lei, previu-se a *indenização em caso de acidentes do trabalho** de forma parcial: o equivalente a 612 dias de salário em caso de morte e o equivalente a 918 dias de salário em caso de incapacidade total permanente. Ocorrendo uma incapacidade

---

* Alguns Estados, desde 1906 (Nuevoleón), já haviam legislado sobre acidentes.

parcial temporária, o patrão deveria fornecer os serviços médicos e 75% do salário.

Essa legislação de acidentes de trabalho, promulgada por Ortiz Rubio, foi posteriormente modificada em 1945, 1955, 1962 e 1970.

Com Madero produziu-se também uma ascensão da classe média, cujos técnicos colaboraram inúmeras vezes para a formação da Comissão de Estudo dos projetos de lei sobre o seguro social. Em 1921, houve um projeto de lei sobre o seguro social. Em 1929, um projeto de lei sobre a previdência social considerou de utilidade pública a criação de depósitos obrigatórios, em bancos, por parte dos operários e dos patrões.

Em 1932, o Congresso autorizou o presidente da República a expedir, no prazo de 8 meses, uma lei sobre o seguro social obrigatório..., mas a lei não saiu.

Os técnicos do Ministério do Trabalho sempre participaram nas conferências internacionais da OIT, o que representou uma influência não negligenciável na implantação do seguro social no México. Já os médicos provinham da classe dominante e se integraram à sociedade local ou regional sem uma organização profissional na escala do país, com exceção dos congressos científicos. Gradualmente eles formaram muitas associações, segundo a especialização e a região. Somente em 1965 a AMM (Aliança dos Médicos Mexicanos) foi reforçada, graças à greve dos médicos que trabalhavam em hospitais.

Em 1924, na Cidade de Tampico foi organizado o primeiro sindicato de médicos, a partir das companhias petrolíferas. Não se manifestou e não se opôs aos seguros sociais, como a classe médica em geral.

B — Os Contratos Coletivos e as Conquistas Isoladas do Seguro: O Paternalismo Industrial. A Reforma Agrária. A Assistência Social

No governo populista de Lazaro Cárdenas (1934-1940) os sindicatos tiveram um espaço político maior para negociar os contratos coletivos. Cárdenas estimulou a organização patronal e sindical.

Os trabalhadores, depois do insucesso da CROM, organizaram a CGOCM (*Confederación de Obreros y Campesinos Mexicanos*), que em 1936 se tornou a CTM (*Confederación de los Trabajadores Mexicanos*) que deu todo o seu apoio ao presidente Cárdenas. Isto foi objeto de ataques de Calles, o chefe do Partido (chefe-máximo), que o acusou de comunista. Uma parte da classe proletária permaneceu fiel ao "chefe-máximo".

A política do governo teve por efeito a divisão das forças dominadas pela separação das organizações camponesas das operárias.

Os trabalhadores rurais viram satisfeita, em parte, sua reivindicação pela terra. Cárdenas repartiu 17.609.000 hectares de terra comparados aos 3.045.082 distribuídos por Calles, aos 1.557.983 por Obregon e aos 172.997 por Carranza[61]. Cárdenas constituiu também as brigadas camponesas, mas recusou-se a dar armas aos operários.

O movimento de greves continuou durante o governo populista: 13 em 1933; 202 em 1934; 642 em 1935; 674 em 1936; 576 em 1937. Cárdenas em face às advertências dos patrões em relação à agitação social respondeu-lhes dizendo que as greves eram perigosas se elas excedessem a lei e a capacidade das empresas. Prosseguiu na obra de unificação do Estado mexicano. Cordoba afirma que cabe "a Cárdenas o mérito de ter edificado, em sua expressão essencial e permanente, o contrato social populista que consolidou a estabilidade social e política do México, na qual o Estado constitui o eixo em torno do qual giram os interesses sociais os mais divergentes"[62].

O Estado tornou-se o organizador da vida social, pela recuperação dos movimentos populares, pela integração das forças regionais, pelo controle dos salários, pela legitimação dos conflitos. Segundo Cárdenas "o governo é o árbitro e o regulador da vida social" e "somente o Estado possui um interesse geral, e por esta razão, somente ele tem uma visão de conjunto. A intervenção do Estado deve ser cada dia maior, mais freqüente, mais profunda"[63].

A cooptação do operariado se realiza graças à estruturação do "Partido da revolução" em diferentes setores que pretendem harmonizar interesses opostos. Esse Partido foi fundado em 1929, reconstituído em 1937 e 1946. Chamado o Partido Revolucionário (Nacional em 1929, Mexicano em 1937, Institucional em 1946). Ele dá a ilusão de ser um Partido popular, um Partido de massas, capaz de promover seus interesses. Mas é a despolitização, a perda de autonomia da classe operária e dos setores camponeses que se efetua.

Apesar da autorização para a realização das greves, Cárdenas manteve seu papel de árbitro, enquanto Presidente da República, e não como um caudilho com poderes pessoais. Em 1940 Cárdenas deixa o poder.

As greves tiveram como efeito sobre o campo do seguro social, produzir uma série de contratos coletivos nos quais estavam previstos os fundos de pensões, as indenizações, os serviços médicos. Um técnico afirma que os trabalhadores assegurados pelos Contratos Coletivos não

163

chegariam a 60.000 em 1941[64]. As lutas se faziam, fábrica por fábrica, apesar do reconhecimento constitucional.

Cárdenas, além de nacionalizar o petróleo, também concedeu um regime de aposentadoria, seguro-acidente aos trabalhadores do petróleo, introduzindo serviços de saúde nas convenções coletivas.

Também com Cárdenas os ferroviários obtiveram um seguro-saúde e a introdução de um regime de aposentadoria nos contratos coletivos de trabalho.

Esses grupos eram combativos. Os ferroviários fundaram sua associação em 1933 e o apoio dos trabalhadores do petróleo era importante para se obter a sua nacionalização.

Em 1941, outro grupo combativo, os trabalhadores dos serviços de eletricidade, obtiveram seguros de velhice e acidentes, sendo a saúde incluída na convenção coletiva.

A organização do Código Federal do Trabalho obrigava os patrões a fornecer serviços médicos e pensões operárias, favorecendo um ambiente propício para o paternalismo industrial.

Essa atitude desenvolveu-se, sobretudo em Monterrey, ao norte do país, onde os patrões, até hoje, "previnem" as reivindicações operárias instalando clínicas médicas, escolas, transportes, lanchonetes, clubes esportivos e estádios em cada indústria ou para um conjunto delas.

Esta série de fatores, incluindo a fraca industrialização antes de 1940, a instabilidade política, a força da oligarquia e a manipulação da burguesia, impediram a implantação da previdência social.

O governo Cárdenas criou o "Departamento de Assistência e Salubridade Social" para enfrentar graves problemas de saúde, como a tuberculose, e para iniciar um serviço de prevenção, que foi bem visto pelas massas e cuja distribuição correspondia também a critérios políticos e paternalistas.

Esse departamento funciona atualmente nos bairros populares como recurso àqueles que não têm direito ao seguro social.

C — O Seguro Social de 1943

Em 1943 o seguro social parece ser o fruto de grande consenso nacional: dos operários, dos patrões, das empresas asseguradoras, dos técnicos, dos médicos.

Com efeito, os operários se pronunciaram, por intermédio do *Consejo Obrero Nacional* por um apoio a sua implantação, de maneira unânime, no dia 21 de outubro de 1942. Nesse organismo estavam representados a "Confederação dos Trabalhadores do México", a "Confederação Regional Operária Mexicana", a "Confederação de Operários e Camponeses do México" (Luis Morones), o "Sindicato Industrial dos Trabalhadores Mineiros Metalúrgicos e Similares", a "Confederação de Trabalhadores do México", a "Confederação Proletária Nacional" e o "Sindicato Industrial de Trabalhadores de Fibras Duras". O novo projeto de lei respeitava todos os contratos coletivos assinados até o momento, mesmo se esses contratos compreendessem benefícios superiores a aqueles previstos na lei. Era um compromisso viável para os trabalhadores, mas que reproduzia as desigualdades existentes entre trabalhadores e regiões.

Essa lei foi elaborada pelos deputados operários no seio do PRM, que também participaram nas conferências internacionais sobre seguro social. A conferência de 1942, em Santiago, reconheceu a nova lei do seguro social mexicano. O México obteve, assim, uma legitimação continental, querendo se colocar "à frente das medidas sociais do mundo"[65]. O projeto foi justificado pela ideologia "revolucionária" e "nacionalista".

O Ministro do Trabalho da época dizia: "Congruente com o esforço e a tradição do México, é crença geral que por esses antecedentes progressistas em matéria de seguro social, aqui se caminha, no mesmo passo, com as outras nações nos aspectos mais avançados das conquistas sociais. Esta impressão das massas (embora não naturalmente dos especialistas), implica o dever ineludível de continuar a lutar de maneira tenaz e eficiente pela integração do programa social do país, com o objetivo de que a insegurança social no trabalho não constitua uma falha que venha a ofuscar e desprestigiar o programa construtivo do México Revolucionário"[66].

O ministro faz uma boa distinção entre a crença das massas, daquela dos especialistas. Estes, como vimos, já tinham apresentado inúmeros projetos e queriam uma organização racional, bem fundamentada contabilmente. Com efeito, os tecnocratas mexicanos elaboraram, com os da OIT um projeto fundamentado sobre os riscos, os mínimos e a capitalização. Esse projeto cobria os operários e os *ejidatários*. Os técnicos consideraram o seguro social como um estímulo ao consumo interno que deveria seguir-se à guerra. Falavam também da diminuição da mortalidade infantil e da mendicidade dos velhos operários. As prestações e as quotas seriam escalonadas de acordo com os salários, no projeto dos tecnocratas.

Para os patrões, segundo o cálculo dos técnicos, os seguros não representavam senão 1% do custo da produção total[67]. Eles deveriam pagar todas as cotizações dos seguros para os indenizados por causa de acidentes de trabalho, mas essas não seriam baseadas sobre o princípio da culpabilidade.

O país se industrializava rapidamente graças à conjuntura internacional, ao mercado interno e à entrada de capitais estrangeiros. Foi nos anos 50 que os investimentos aumentaram de maneira significativa, sobretudo na indústria manufatureira[68]. Esse investimento passou de 449,1 milhões de dólares em 1940 para 2.883,3 em 1970. Mas a "economia mista" e o protecionismo favoreceram a existência das indústrias nacionais.

Em 1940, somente 12,7% da mão-de-obra eram ocupados na indústria, em relação aos 65,4% na agricultura e aos 21,9% nos serviços. A produção industrial nessa data representava 31% do produto interno bruto, em relação aos 23,2% para a agricultura e 45,8% para os serviços.

A partir desse período a proporção da indústria na economia ia crescer em detrimento da agricultura. Os investimentos do setor público se orientavam também para a indústria. Os seguros privados que atuavam no México, no domínio dos acidentes, não pagaram mais do que 12% das indenizações recebidas pelos trabalhadores.

Emilio Alanis Patiño afirma que os projetos das companhias asseguradoras ameaçadas de supressão não são tão grandes e provêm dos serviços prestados para uma parte insignificante de trabalhadores assegurados[69]. Mas os prêmios a serem exigidos pelas asseguradoras do Estado seriam inferiores aos seguros privados.

Em 1943 os seguros do Estado excluíam o setor profissional, talvez a clientela mais importante das companhias privadas.

Os trabalhadores de empresas industriais foram os que se beneficiaram dos seguros sociais, de maneira gradual, pois esses seguros foram implantados por áreas segundo a concentração industrial[70].

Em 1954 o regime foi aplicado pela primeira vez aos trabalhadores agrícolas, e em 1959 foi estendido aos artesãos, aos pequenos comerciantes, aos profissionais liberais e a outros grupos que exercessem atividades análogas ao meio urbano, como os fazendeiros, os co-exploradores, o pessoal das sociedades de crédito agrícola e os pequenos agricultores que não faziam parte dos *ejidos*. A partir de 1960 os ambulantes dos centros urbanos foram cobertos pelo seguro social. Nessa época houve uma crise de financiamento do seguro social porque somente os "pequenos assalariados" contribuíam para ele.

Em 1959 criou-se o Instituto de Seguro e dos Serviços Sociais para os Trabalhadores do Estado (ISSSTE), que aplicou para esses trabalhadores os princípios do seguro social.

Os trabalhadores e as indústrias do petróleo mantiveram uma Caixa de Pensões à parte do IMSS. Creio que ela reserva benefícios especiais para essa aristocracia operária que constitui os trabalhadores dos "Petróleos Mexicanos".

Nessa época foi instalado no IMSS um departamento de medicina preventiva, um departamento de planejamento técnico de serviços médicos e medicina domiciliar, que permitiam aos médicos prestar serviços a um grupo determinado de assegurados. Até esse momento os médicos assalariados não tinham a livre escolha de seu cliente e vice-versa. Os médicos eram filiados (obrigatoriamente) aos sindicatos organizados dos trabalhadores de saúde. Em 1963 mais de 60% dos médicos eram empregados dos Institutos ou da *Secretaria de Salubridad*.

Eles estavam concentrados nas cidades. Em 1963, 36,7% se concentravam no Distrito Federal. Havia 5,9 médicos para 10.000 habitantes. As cifras falam de 20.590 médicos nessa época.

Eles estavam divididos em diversos núcleos e não se podia deixar de observar a divisão de médicos ricos e pobres, numa hierarquia de salários e poder, pelo lugar que eles ocupavam na burocracia dos Institutos, pelo tipo de clientela e pela reputação que possuíam[71].

Em 1964 os internos dos hospitais reivindicaram melhores salários com apoio de outros médicos, por meio de greve. O governo fez certas concessões, mas o movimento se estendeu ao conjunto de médicos assalariados, apoiados pela Aliança de Médicos Mexicanos (AMM).

Os sindicatos oficiais, superados pelos movimentos de base, inicialmente mostraram-se contra as reivindicações dos médicos, mas diante das demissões em massa dos sindicalizados, eles propuseram soluções alternativas.

Os médicos denunciaram o sindicalismo oficial e reforçaram a AMM, que acaba por obter melhoria dos salários e melhores condições de trabalho, com a intervenção e arbitragem direta do Presidente da República.

Esse movimento levou, igualmente, os médicos a formularem algumas reivindicações para melhoria dos edifícios, dos aparelhos técnicos e condições de trabalho (roupa, alojamentos, alimentação).

Essa ruptura e essa luta entre os burocratas sindicais e a administração de um lado, e os profissionais do outro, mostram o tipo de aliança que se formou no seio do aparelho do Estado.

Ultimamente, durante o governo de Echeverria, algumas medidas foram tomadas para extensão do seguro social aos camponeses, o que está em vias de ser implantado.

Os médicos favorecem os mais altos níveis de tratamento e de especialização. A indústria farmacêutica está controlada pelas empresas estrangeiras. No México, o governo subvenciona o preço de certos medicamentos.

É preciso notar que no México, atualmente, não há limites de vagas nas Escolas de Medicina, onde o maior número de estudantes se prepara em condições muitas vezes precárias. Inicia-se um movimento para sua incorporação ao mercado de trabalho, pela luta por um emprego dentro dos Institutos. Os médicos "famosos" já possuem uma clientela burguesa.

Essas análises mostram que existem pontos comuns no desenvolvimento do seguro social no Brasil e no México. Destacamos a importância do movimento camponês e da revolução popular mexicana, que se diferenciam radicalmente do movimento revolucionário brasileiro dos anos 30, de caráter militar.

Tanto no México como no Brasil, a implantação dos seguros sociais é o resultado de conjunturas complexas em que o desenvolvimento da industrialização, das lutas populares e da articulação política foi gradualmente condicionando o surgimento da previdência social.

Esse surgimento se situa na estratégia de manutenção da paz social, reproduzindo as desigualdades sociais. No México, em 1970, só 24,1% da população era assegurada, cobrindo 6,6% dos trabalhadores rurais e deixando de lado grandes regiões, onde predomina a agricultura.

NOTAS

1. Celso Barroso Leite afirma que a previdência social brasileira seguiu um ritmo evolutivo, "ou pela iniciativa dos técnicos (caso do plano único de benefícios de 1941), ou por sua associação com os políticos (assessoria de Aluizio Alves, pois, em 1947, elaborou o projeto de unificação da previdência", in *A Proteção Social no Brasil.* São Paulo, Edições LTR, 1972, pp. 34-36.

Para MALLOY, antes de 1930 a "previdência social não passava de um conjunto de medidas isoladas e de respostas elitistas *ad hoc* às pressões populares". A seguir "a concessão da previdência social seguiu o "poder" geral da posição de grupos: os melhores organizados e, do ponto de vista da economia, estrategicamente situados, recebiam a concessão antes daqueles grupos menos organizados e situados em posições não estratégicas". Segundo esse autor, depois de 1964, consumou-se a dominação tecnocrática, in *CEBRAP,* jan./fev./mar., 1976, pp. 120-122.

Para Mesa Lago é o poder de um grupo de pressão que determina o benefício. "Uma das hipóteses fundamentais desse estudo é que o poder de um grupo de pressão está positivamente relacionado com a excelência de seu sistema de seguro social: quanto mais poderoso for o grupo, com maior anterioridade ganha proteção, mais alto é o grau de cobertura, menos tem que pagar para financiar o sistema, maiores são os benefícios e menos restritivas as condições para recebê-los", in *Social Security in Latin America.* Pittsburgh, University of Pittsburgh Press, 1978, p. 258.

2. Ver em FALEIROS, Vicente de Paula — *O Trabalho da política: saúde e segurança dos trabalhadores*. São Paulo, Cortez, 1992, uma análise detalhada da conjuntura e da correlação de forças no Brasil na implementação de políticas sociais.

3. Ver, por exemplo, DEAN, Warren — *A Industrialização de São Paulo*. São Paulo, DIFEL, s/d., 3ª ed., p. 204 e LEME, Marisa Saenz — *A Ideologia dos Industriais Brasileiros*. Petrópolis, Vozes, 1978, p. 123.

4. Service de la sécurité sociale du Bureau International du Travail — Evolution et perspectives de la sécurité sociale en Amérique Latine. *Revue Internationale de la Sécurité Sociale*, Ano XXIV, n. 4, 1972. pp. 332-387.

5. O nome de República Velha é utilizado para designar o período que vai da proclamação da República, em 1889, até a ascensão de Vargas, em 1930. Nós não analisamos o período colonialista (1500-1822) e o do império (1822-1889).

6. Raymundo Faoro diz que "a sombra do liberalismo não impediu que o governo pelas vias de medidas diretas e indiretas, realizasse uma intermediação do mercado internacional com a produção do país. No Império esta função segrega crédito e dinheiro, liga uma classe econômica aos tentáculos do poder público, na junção patrimonialista — "estamental". FAORO, Raymundo — *Os Donos do Poder*, Porto Alegre, GLOBO, 1975, v. II, p. 533.

7. O "coronelismo" (da palavra "coronel") representa, no Brasil, uma espécie de caciquismo pelo qual os chefes locais (proprietários rurais) controlavam uma clientela eleitoral pelas vias da força (capangas) ou dos valores, simbolizados por um sistema de "compadrio". A designação "coronel" vem da antiga guarda nacional, mas depois ela se tornou puramente simbólica.

8. Um dos mais interessantes textos sobre a legislação social desse período é o de Mauricio de Lacerda — *Evolução Legislativa do Direito Social Brasileiro* — Rio de Janeiro, Ministério do Trabalho, 1960, sobre o qual nós nos baseamos ao fazermos referência à legislação daquela época. Mauricio de Lacerda foi um dos raros deputados de tendência socialista expulso do Parlamento em 1921.

9. O texto de Rui Barbosa foi tirado da *Campanha Presidencial 1919*. Bahia, Catalina, 1921, p. 11 e a de Epitácio Pessoa, de *"Pela Verdade"*, Rio de Janeiro, Francisco Alves, 1925, p. 43. Citados por FAORO, Raymundo — Op. cit., pp. 609-610.

10. Assim se exprime o presidente Delfim Moreira, em carta à Comissão de Legislação Social: "Julguei de meu dever, pedir-vos que, por leis adequadas, sejam supridas as omissões de nossa legislação, de modo a torná-la harmônica com os conceitos da memorável assembléia da Paz. Não se transponham, porém, os limites estabelecidos para que possam viver respeitados e expandir-se, cada vez mais, as instituições conservadoras e livres, cujos fundamentos indestrutíveis são constituídos pela organização moral da família e pelo respeito à propriedade privada, inclusive a que recai sobre o capital e todos os instrumentos de produção e do trabalho humano". Em Documentos Parlamentares, Legislação Social, v. 3, pp. 3-4.

Carlos Penafiel declara, na Câmara, que não devemos fazer *jus singulare* mas *comune*, para consolidar a ordem geral do Código Civil, idem, p. 21.

11. Ver *Boletim Estadual do Trabalho*. Estado de São Paulo, nos 1-2, p. 25.

12. Boris Fausto salienta uma intervenção de Carlos Penafiel para quem "a adoção de medidas em benefício do trabalhador urbano poderia sacudir de modo perigoso para a boa ordem social reinante na classe proletária rural, ignorante e analfabeta", in *Trabalho Urbano e Conflito Social*. São Paulo, Difel, 1977, p. 232. Esta intervenção indica que a oligarquia resistiu à legislação social não só para manter a *exploração* mas também a *paz social* no âmbito da agricultura. Resistindo à legislação social para os trabalhadores urbanos ele visava a ordem social no campo.

13. Em 1884, houve a criação de uma caixa de assistência (Montepio) para os funcionários. Em 1888, foi fundada a Caixa de Socorro (obrigatório) para os ferroviários

das estradas governamentais, em 1889 para os empregados do Correio e da imprensa oficial. Em 1911, foi criada a caixa de pensão dos trabalhadores da Casa da Moeda.

14. *Boletim Estadual do Trabalho.* São Paulo, Ano 1, n. 1-2, 1911, pp. 35-75.

15. FAUSTO, Boris — Op. cit., p. 183.

16. Para analisar a organização e a ideologia do movimento operário, ver CARONE, Edgar — *Movimento Operário do Brasil.* São Paulo, Difel, 1979.

17. STREET, Jorge — in *Gazetilha do Jornal do Comércio*, de 18/9/1917. Ele declarou que a "jornada de dez horas é a que se tem manifestado mais conveniente aos interesses em jogo", porque no país "há falta de braços". Afirma também que "os perigos (da indústria moderna) são em geral inevitáveis" e que "ninguém deles tem culpa", mas a legislação deve ser somente reparadora, sem transformar o patrão num condenado a castigos.

18. LACERDA, Mauricio — Op. cit., p. 234.

19. VIEIRA, Hermes Pio — *Eloy Chaves Precursor da Previdência Social no Brasil.* Rio de Janeiro, Civilização Brasileira, 1978, pp. 236 e 258. Os benefícios da caixa dos ferroviários foram estendidos aos marítimos, em 1926 (Lei nº 5.019). Por esta lei introduziu-se a estabilidade de emprego, depois de 10 anos de trabalho. Há que lembrar que os marítimos foram dos trabalhadores mais combativos, realizando 7 greves no Rio de Janeiro de 1917 a 1920.

20. CARONE, Edgar — *Revoluções do Brasil Contemporâneo.* São Paulo, Difel, 1975.

21. FAORO, Raymundo — Op. cit., p. 676.

22. CARONE, Edgar — Op. cit., p. 69.

23. Segue-se uma crise de poder (no período de um ano, Café Filho, Carlos Luz e Nereu Ramos se sucederam na Presidência). Com a intervenção do exército, o governo eleito de Juscelino Kubitschek tomou o poder em 1956. Em 1960, Jânio Quadros foi eleito, mas renunciou em 1961. Depois uma intervenção militar cujo resultado foi a instauração do parlamentarismo, o vice-presidente João Goulart ficou no poder até o golpe de estado de 19 de abril de 1964. Depois desta data, cinco generais se sucederam na cúpula do governo federal.

24. ANDRADE, Regis — *Perspectives in the study of Brazilian populisme.* Laru Working Paper, n. 23, Toronto, Brazilian Studies-Laru, novembro, 1977. Para Luciano Martins, na revolução de 1930, não há divergências de classe, mas uma renovação das elites. Diz ele: "o alargamento das elites e a redefinição das relações das negociações, podem resultar, não somente da pressão de novas camadas à procura de uma inserção econômica, social e política, mas também de *iniciativa das classes dominantes* face à sua necessidade de empreender duas tarefas, potencialmente contraditórias: apelar para a mobilização e garantir a manutenção do sistema de dominação". MARTINS Luciano — *Pouvoir et Développement Économique.* Paris, Anthropos, 1975, p. 120.

25. KLINGHOFFER, Hans — *O Pensamento Político de Getúlio Vargas.* Rio de Janeiro, Imprensa Nacional, 1942, p. 63.

26. Para a descrição da evolução histórica do seguro social no Brasil, ver ASSIS, Armando de — *O Seguro Social no Brasil*, in Bulletin de L'Association Internationale de la Sécurité Sociale, Genebra, ano IV, n. 1 e 2. LEITE, Celso Barroso — "La Sécurité Sociale au Brésil". *Dans Revue Internationale de Sécurité Sociale*, ano XXIII, n. 3, p. 70, Genebra, pp. 423-463 e MENEZES, Geraldo Bezerra de — *A Segurança Social no Brasil.* Rio de Janeiro, Guilherme Haddad, 1961, p. 295. LEITE, Celso B. — *A Proteção Social no Brasil.* São Paulo, LTR 1972 e MALLOY, James — *The Politics of Social Security in Brazil.* Pittsburgh, University of Pittsburgh Press, Pitt Latin American Series, 1979, 200 p.

27. Ver sobre "Populismo, Corporativismo e Seguro Social" o capítulo anterior.

28. Em 1934 se estendeu o seguro-acidente a algumas categorias rurais. Em 1955 foi criado o Serviço Social Rural, já no governo de J. K.

29. O imposto consiste no desconto de um dia de salário por ano.

30. Getúlio declarava em 1938 que "o programa relativo à proteção das classes operárias, *gradualmente* executado, os faz participar da concórdia e do bem-estar, segundo os princípios da justiça", *in* KLINGHOFFER, Hans — Op. cit., p. 321.

31. Desde 1926 que já havia um instituto de pensões para funcionários.

32. Getúlio declarou que o Estado Novo, "pela necessidade que lhe impõem suas instituições, exige uma *concentração* extraordinária de atividades para resolver os problemas fundamentais que o regime anterior tinha, indefinidamente, postergado", *in* KLINGHOFFER, Hans — Op. cit., p. 114.

33. FAORO, Raymundo — Op. cit., ... 706. O governo Vargas criou o DASP (Departamento de Administração do Serviço Público) que selecionou uma boa parte dos burocratas e que contribuiu para a racionalização do serviço público.

34. MALLOY, James — "Previdência Social e Classe Operária no Brasil", in *Estudos CEBRAP 15*, São Paulo, Editora Brasileira de Ciência, 1976, pp. 115-136.

35. Anais do 1º Congresso de Previdência Social, MTIC, 1954.

36. KLINGHOFFER, Hans — Op. cit., p. 250.

37. FAUSTO, Boris — "Pequenos Ensaios de História da República — 1889-1945", in *Cadernos CEBRAP 10*, São Paulo, Editora Brasiliense, s/d, p. 45.

38. CARDOSO, Fernando Henrique — "Le proletariat brésilien: situation et comportement social", *in Sociologie du Travail*, 4/1961, pp. 51-65.

39. FAUSTO, Boris — "Pequenos Ensaios de História da República — 1889-1945", ibidem, p. 32.

40. Em 1938 o governo esmagou um levantamento do movimento fascista "integralista" dirigido por Plínio Salgado.

41. O máximo era 3 vezes o salário mínimo, depois passou para 5 vezes (1960).

42. A reorganização de 1954 foi declarada inconstitucional. Logo após a morte de Getúlio. Ver capítulo seguinte.

43. Objetivos do SESI e do SESC — Port. 113 e 116, MTIC de 25/9/1946.

44. Carta da Paz Social — SESC, divisão de documentação, Rio de Janeiro, 1971.

45. ERICKSON, P. — *Labor in the Political Process in Brazil: Corporatism in Modernizing Nation.* Ann Arbor, University Microfiems, 1971, pp. 69 e 142.

46. HARDING, Timothy Fox — *The political history of organized labor in Brazil.* Ibidem, 1973, p. 230.

47. Uma majoração de 1% das quotizações para cobrir os custos médicos e cobrados entre 1953 e 1959 foi declarada inconstitucional.

48. Em novembro de 1978 (Lei nº 6.586) os ambulantes (pequenos comerciantes de rua) passaram a ser obrigados a inscrever-se na Previdência Social, exigindo-se para isso uma ladainha de documentos.

49. VON GERSDORFF, Ralph — "Les problèmes financiers de l'assurance sociale au Brésil". *Bulletin de l'Association Internationale de Sécurité Sociale*, 1960, n. 12, pp. 655-667.

50. Ver os livros: "Multinacionales et les travailleurs au Brésil", Maspero, 1977. ARRUDA, Marcos. et alii — *Multinationals and Brazil*. Toronto, Brazilian Studies, 1975. SERRA, José — "El milagro economico brasileño: Realidad o mito?", *in Revista Mexicana de Sociologia*, XXXIV, 2 (1972), pp. 245-292.

51. Idem, Ibid.

52. De 1824 a 1856 alguns funcionários do executivo, do judiciário, do tesouro e do corpo diplomático beneficiaram-se de um regime limitado de pensões.

53. Exceto para os "ejidatários", mas foram aplicadas somente no Distrito Federal zona industrial e não agrícola.

54. Ver sobre o assunto, por exemplo, VERNON, Raymond — *Le Dilemme du Mexique*. Paris, Les Editions Ouvrières, 1966.

55. Segundo HORCASITAS, Ricardo Pozas — "La evolución de la política liberal mexicana", *in Revista Mexicana de Sociologia*, v. XXXVIII, n. 1, 1976, p. 89.

56. BASURTO, Jorge — "Populismo y mobilización de masas en Mexico durante el regimen cardenista", *in Revista Mexicana de Sociologia*, v. XXXI, n. 4, 1969, p. 858. Basurto afirma que neste momento "as condições são dadas para preparar a revolução burguesa".

57. REYNA, Manoel, PALOMARES, Laura e CORTES, Guadalupe — "El control del movimiento obrero como una necessidad del estado de Mexico (1917-1936)", in *Revista Mexicana de Sociologia*, v. XXXIV, n. 3-4, 1972, p. 896.

58. Idem — Op. cit., p. 790.

59. Ver capítulo 6.

60. DELARBE, Raul Trejo — "The Mexican Labor Prouvement (1917-1975)", in *Latin American Perspectives*, v. III, New York, 1976, p. 138.

61. Dados citados por MEDIN, Tavi — *Ideologia y praxis politica de Lazaro Cárdenas*. México, Siglo XXI, 1974, capítulo VI.

62. CORDOBA, Arnaldo — *La formación del poder politico en Mexico*. México, Ed. Era, 1977, p. 44.

63. "Os presidentes do México perante a Nação". Tomo IV, p. 11, citado por MEDIN, Tavi — Op. cit., p. 80.

64. PATINO, Emilio Alanis — "El seguro social ante el seguro privado", in *El seguro Social en Mexico*, p. 173.

65. In *El seguro Social en Mexico*, p. 395.

66. Idem, ibidem.

67. Os salários pagos representavam, em 1940, 13% do valor da produção. Os custos do seguro social representavam 6% desse valor, isto é, 0,078% da produção.

68. GUZMAN, Armando Cortes — "La inversión extranjera en Mexico", in *Relaciones internacionales*, v. III, n. 9, 1975, pp. 51-81.

69. PATINO, Alanis — Op. cit., p. 174.

70. Somente em 1954 os seguros foram estendidos aos trabalhadores agrícolas, nos Estados de Sinaloa, Baixa Califórnia e Sonora, por um decreto especial. A Revista Internacional de Seguro Social resumiu assim as novas medidas: "O seguro obrigatório, instituído pela lei de 1942, se estende a "todos aqueles que efetuem, habitualmente os trabalhos agrícolas, propriamente ditos, numa empresa ligada à agricultura, à criação de gado, à exploração de florestas e em inúmeras outras atividades, ao mesmo tempo, que se trate de trabalhadores que estejam ou não alojados no local de trabalho, das épocas sazonais, de trabalhadores ocasionais, de tarefeiros ou de membros das sociedades locais de crédito agrícola ou de crédito para os "ejidatários" (o "ejido" é uma comunidade para a qual o Estado atribui terras a serem cultivadas). O regime se aplica, enfim, aos assalariados e às pessoas em condição independente (proprietários, caseiros, etc.). Em compensação, o regulamento visa o pessoal das explorações agrícolas "que exerce trabalhos de escritório, efetue transportes ou se ocupe de armazenamento e da exposição ou da venda de produtos". Vol. III, n. 9-10, 1955, p. 270.

71. COSIO VILLEGAS, Ismarl — "Los medicos y la seguridad social en Mexico", *in Boletin de la Alianza de Medicos Mexicanos*, 1 (6-7): 4-6, juin 15, 1965. In CIDOC — "Los medicos y la socialización de la medicina". Documentos y reacciones de Prensa. Cuernavaca, Dossier, n. 18, pp. 4-147. Este "dossier" é uma fonte importante de informação sobre a greve dos médicos em 1965.

Capítulo 8

CONTRADIÇÕES DA PREVIDÊNCIA SOCIAL BRASILEIRA NO CONTEXTO DOS ANOS 70

8.1. ASPECTOS ESTRUTURAIS

A análise da previdência social só pode ser realizada na medida em que compreenda o conjunto de políticas no contexto sócio-econômico em que foram surgindo.

A aproximação teórica ao contexto histórico implica a realização do estudo da correlação de forças sociais numa determinada conjuntura, como manifestações das relações estruturais dinâmicas.

A previdência ou os seguros sociais são formas de política social que foram desenvolvidas com o processo de exacerbação da contradição entre o capital e o trabalho.

Os seguros sociais são políticas de reprodução da força de trabalho, de controle dos movimentos sociais de insubordinação dos trabalhadores à ordem estabelecida, de socialização pelo Estado dos custos de manutenção dos trabalhadores incapacitados ao trabalho, de prevenção das crises econômicas pelo estímulo à demanda e ao consumo. Supõem, portanto, um processo de luta e de enfrentamentos, de conflitos vinculados às contradições mais profundas do processo de produção da acumulação e da legitimidade do bloco no poder.

Estes itens serão expostos a seguir, primeiro de um ponto de vista teórico, e em seguida, com referência ao Brasil, dentro dos limites que este trabalho impõe.

Não se pretende abordar o caráter humanitário da previdência social que aparece nos discursos oficiais e em tantos manuais sobre os seguros sociais. Esse linguajar serve para ocultar os aspectos mais fundamentais dessas políticas.

Em relação à *reprodução imediata* da força de trabalho, a previdência social responde *à falta de salário* por sua interrupção causada pela perda da *capacidade física* ou social de trabalho.

Os seguros-velhice e invalidez (acidentes) compensam com prestações a perda da capacidade permanente de trabalho; e os seguros-doença, desemprego, acidentes (em parte) e natalidade, compensam uma perda temporária dessa capacidade.

Essa perda é ao mesmo tempo física e social, pois a exclusão do mercado de trabalho dos velhos e de certos tipos de doentes é determinada pela produtividade, pela legislação, pelas pressões sociais antes que pela capacidade do indivíduo.

Analisando-se o tema mais profundamente descobre-se que a *capacidade* de trabalho é a *garantia* do salário, e portanto da sobrevivência do trabalhador e do processo de acumulação do capital.

O processo de industrialização e de proletarização, impulsionado pelo desenvolvimento do capitalismo, destruiu as formas de auto-subsistência, tornando os indivíduos dependentes do salário e do consumo de massa para sobreviverem.

Considerando que esse salário direto, proveniente da inserção do trabalhador no processo produtivo, é resultado das relações sociais de produção, sua fixação e limites dependem da correlação de forças entre os proprietários da força de trabalho e os proprietários dos meios de produção.

Esse salário corresponde ao mínimo de subsistência para o trabalhador repor sua força e reproduzir-se no processo de trabalho.

Nos casos de doença, invalidez, desemprego, acidente, velhice, o trabalhador era jogado nas costas da família, devendo recorrer à assistência pública ou privada, antes da implantação da previdência.

As lutas geradas pela organização e mobilização dos trabalhadores buscam a melhora dos salários, das condições de trabalho e da legislação social, aliadas ou não a uma perspectiva revolucionária. Essa perspectiva busca, além disso, a realização das condições de possibilidade de uma nova sociedade no seu conjunto.

Os movimentos e lutas dos trabalhadores são por sua vez reprimidos pelos patrões e pelo Estado. Para diminuir as tensões sociais e aumentar sua produtividade, sua autoridade e seu poder junto aos operários, várias empresas têm instaurado caixas, serviços médicos, programas habitacionais para seu pessoal, descontando-os normalmente dos salários.

Na prática de classe das empresas os próprios trabalhadores passaram a receber um salário *indireto* nos casos de perda de sua força produtiva.

Esse salário indireto não deve interferir na concorrência capitalista, devendo-se socializar os custos entre os patrões para que os benefícios concedidos não venham a sobrecarregar mais uma indústria que outra.

Assim nascem os seguros patronais, fundados na teoria do risco profissional. As indenizações baseadas na culpa eram pesadas para as finanças das indústrias e insuficientes e demoradas para os trabalhadores. Associando-se em companhias de seguro, não raro de sua propriedade, os patrões poderiam controlar diretamente as indenizações. Consagrava-se assim também a insegurança fundamental da classe operária, na pendência das decisões das companhias de seguro.

Recebendo seguros pelos *efeitos* do processo de exploração, o processo mesmo continuava intacto. Somente seus efeitos sobre as vítimas eram atenuados.

E todo o processo de seguros sociais consiste na atenuação de certos efeitos da exploração da força de trabalho no processo de sua reprodução e de sua subordinação ao capital.

Além disso esses efeitos são atribuídos à imprevidência ou às condições pessoais das vítimas, como o veiculou muito tempo a ideologia liberal da incapacidade moral das classes laboriosas.

As pequenas empresas porém se opunham à instauração de seguros, pelo custo adicional à produção e com medo de serem eliminadas pela concorrência. As grandes empresas podiam oferecer esses benefícios pelo controle do mercado e diminuir suas despesas administrando conjuntamente a organização de seguros.

A resistência patronal foi em parte vencida quando se viu que os custos da previdência seriam transferidos aos preços das mercadorias, sendo portanto financiados indiretamente pelos consumidores. Outro fator que contribuiu para superar essa resistência foi a intervenção do Estado que assumiu os custos dos serviços não imediatamente rentáveis ao capital.

8.2. AS CONJUNTURAS SOCIAIS

Entretanto, foram as crises sociais de *superprodução* e *agitação* em que eclodiram fortes movimentos sociais, que, definitivamente, levaram a uma intervenção orquestrada e escalonada do Estado no domínio da seguridade social.

A grande crise de 1930 inspirou o keynesianismo que ainda hoje propõe a prevenção das crises do capitalismo pela manutenção de uma demanda efetiva constante. As políticas sociais seriam assim mecanismos eficazes de sustentação do poder aquisitivo mínimo das classes trabalhadoras[1], evitando-se a ruptura do processo produtivo e da acumulação capitalista.

Esse mecanismo anticrise, descrito no plano Beveridge, durante a Segunda Guerra Mundial, propõe a segurança social do indivíduo (não da sociedade) do nascimento à morte. Trata-se em realidade da segurança do sistema capitalista de produção. Propõe-se um seguro mínimo obrigatório que mantém as desigualdades sociais, cria novos mercados para a produção, estimulando o consumo e contribuindo para a "paz social".

Os seguros sociais ou a seguridade social completa de Beveridge não são mecanismos de redistribuição da renda. Eles conservam as desigualdades de salário, mantém as mesmas porcentagens de contribuição para as diferentes classes sociais e oferecem prestações desiguais segundo o lugar ocupado pelos contribuintes no processo produtivo[2].

Hoje em dia, os ingressos e gastos com seguros sociais representam uma forte porcentagem do produto interno bruto, variando segundo o grau de crescimento e de lutas sociais.

No Canadá, em 1971, as despesas com seguros sociais ocupavam 14,7% do produto interno bruto e no Chile, no mesmo período, 12,8%. Há que lembrar aqui a combatividade do movimento operário chileno representado pelos partidos socialista e comunista.

No Brasil esses gastos com a previdência representavam 4,7% do PIB em 1964 e 6,2% em 1972, sendo um dos mais elevados da América Latina. As despesas do INPS representaram, em 1969, 6,1% do consumo, sendo que no Canadá os gastos com seguros sociais tem uma porcentagem de 16% do consumo. Em 1971, o INPS dispendeu 151,30 cruzeiros por habitante contra 13,90 em 1964[3].

A implantação e a importância dos seguros sociais não seguiram uma política linear incrementalista como poderiam deixar transparecer as cifras anteriormente citadas. Os seguros são fruto das contradições estruturais e conjunturais em sua relação dialética. Se são determinados pela contradição capital-trabalho, como ficou acima demonstrado, o são também pela correlação de forças em cada conjuntura. Sendo impossível uma análise comparativa no âmbito desse trabalho, limitamo-nos a apresentar as grandes linhas da implantação da previdência social no Brasil e suas principais tendências.

Na conjuntura do Estado liberal-oligárquico da República Velha predominavam os interesses da oligarquia agroexportadora. Para favorecer a produção e a exportação dos produtos agropecuários, a política social do Estado oligárquico consistia no paternalismo assistencialista e no favorecimento da *imigração de braços* para a lavoura do café. De 1902 a 1910 assinala-se a entrada de pelo menos 330.000 europeus pelo porto de Santos[4].

Para atrair, controlar e estimular essa mão-de-obra o Estado de São Paulo criou em 1911 o Patronato Agrícola, de conformidade com a lei federal de 1907. A Hospedaria de Imigrantes na capital paulista acolhia, selecionava, albergava não só os estrangeiros recém-chegados, como também os trabalhadores do campo que vinham buscar recursos médicos na cidade.

Eram as sociedades de caridade, as associações de beneficência, as sociedades de socorro mútuo e a Assistência Policial que suportavam os custos de reparação imediata da força de trabalho, assumidos na maior parte das vezes pelo trabalho familiar. Há que lembrar que as mulheres e as crianças formavam a maior parte da mão-de-obra em certos setores industriais como o têxtil e o de vestuário.

Só após a greve geral de 1917, precedida pela crise dos anos doze é que os seguros privados de acidentes de trabalho foram implantados com uma lei federal. As pensões de velhice, anteriormente instituídas para certas categorias de funcionários, sobretudo federais, caracterizam-se como formas de manter a lealdade de um grupo específico de trabalhadores.

A lei Eloy Chaves, em 1923, instaurou as caixas de aposentadoria e pensões para empresas ferroviárias. São essas companhias as que transportavam café para a exportação, sendo continuamente perturbadas por greves, das quais a mais combativa foi a de 1906 na Companhia Paulista. Os trabalhadores, nesta greve, rejeitam a afiliação obrigatória à sociedade beneficente da empresa[5].

A esta greve e aos demais movimentos anarquistas ou reformistas os governos federal e estaduais responderam com a repressão, invadindo as sedes dos sindicatos, fechando os periódicos operários, prendendo líderes e expulsando trabalhadores estrangeiros.

Acumulação, repressão e legitimação se combinam na política social. A questão social é então vista como insubordinação, subversão à qual se responde com a atuação violenta da polícia. Mas sua importância na cena política se vai acentuando, e núcleos pequeno-burgueses e da burguesia industrial vão tentar legitimar sua posição pregando novos direitos sociais baseados na teoria do risco profissional.

A própria eficiência da industrialização exigia novas medidas para atrair, recuperar e manter a mão-de-obra e sua produtividade. Os políticos debatem as questões sociais no parlamento. Candidatos à presidência da República, como Rui Barbosa, trazem esse debate para o âmbito eleitoral. O Partido Democrático de São Paulo levanta no seu seio algumas reivindicações há longo tempo exigidas pelos movimentos operários.

As revoltas dos tenentes contra Bernardes obrigam-no a buscar uma lealdade possível do operariado respondendo simbolicamente às suas lutas. Em 1923 Bernardes cria o Conselho Nacional do Trabalho e em 1925 institui uma lei de férias remuneradas cheia de falhas e de manobras para ser burlada. O Departamento Nacional do Trabalho é há muito tempo reivindicado por parlamentares e tecnocratas.

Nesse ínterim, as caixas de aposentadoria e pensões proliferam por empresa, chegando a 183 em 1933.

O Estado oligárquico, caracterizado pelo fechamento de suas instituições, pela exclusão do povo de toda e qualquer participação no processo político e por um liberalismo ideológico dominante já apresenta assim certas fissuras com essas concessões mínimas às classes trabalhadoras. Entretanto, a maioria dos trabalhadores do campo continuam submetidos à exploração dos coronéis e subordinados às migalhas de seu assistencialismo paroquial.

A revolução de 1930 traz no seu bojo, ainda que em germe, as novas exigências do processo de industrialização, constituindo a ditadura de Vargas um período de transição da hegemonia da oligarquia à hegemonia da burguesia industrial, num mesmo pacto de dominação. As novas exigências do processo de acumulação urbano-industrial são consolidadas no plano político. Para isto era necessário uma aceitação da nova hegemonia e do novo pacto de dominação pelas classes trabalhadoras mais diretamente consideradas como suporte desse processo, os operários urbanos.

Pregando o moralismo, a luta contra a corrupção, a paz social, o nacionalismo, o federalismo, Vargas realiza a centralização política, impulsiona mecanismos para favorecer o mercado interno, sem, no entanto, ferir de morte a oligarquia, o coronelismo e os regionalismos. Os trabalhadores do campo são excluídos dos benefícios sociais e certos interesses da classe operária são atendidos, ao mesmo tempo que se busca cercá-la pelo controle de cima.

A política social de criação dos institutos de previdência por categorias (marítimos, 1933); bancários, comerciários, 1934; industriários, 1936; transportistas, 1938 contribui para a centralização do controle do operariado no âmbito federal ao mesmo tempo em que fragmenta e divide a classe operária. Não é estranho que o maior instituto — o IAPI — seja implantado depois da organização da Aliança Nacional Liberal, frente única dirigida pelos comunistas e posta em seguida fora da lei.

Os institutos sociais são o correlativo dos institutos econômicos do café, do álcool, do mate, do cacau.

O controle do operariado se dá então por sua integração nesses aparelhos técnicos do Estado, onde é cooptado pelos mecanismos burocráticos. A burocratização das decisões faz os institutos aparecerem como organismos técnicos de harmonia de interesses, de pacificação social.

O cerco aos movimentos sociais se faz mais apertado com a implantação vertical dos sindicatos e da Justiça do Trabalho.

Os sindicatos são obrigados a cumprir funções assistenciais e se forma uma camada de dirigentes operários pelegos, ligados aos chefes políticos por contatos pessoais. Esses controlam os canais de distribuição da assistência, de empregos e favores na Previdência Social.

Essa política vertical e fragmentadora da Previdência Social constitui um canal de atendimento precário, limitado, restrito dos problemas gerados pela insegurança operária no processo de industrialização.

São excluídos da Previdência Social os trabalhadores rurais e os domésticos. Os serviços são concentrados nos grandes centros. A burocratização cresce. Os médicos, os tecnocratas e as empresas hospitalares encontram aí um campo para desenvolver seus interesses.

Pagos por distintos sistemas (serviço, salário ou convênios), os médicos financiados pela Previdência Social podiam combinar facilmente a clínica privada com o serviço público. O equipamento pesado e caro da Previdência tem sido utilizado como apoio às clínicas privadas, liberadas do custeio da aparelhagem especializada. Sendo autoridades e tendo o monopólio profissional os médicos realizam o atendimento previdenciário como medicina "papa-filas".

Não fornecendo seguro-medicamentos a política previdenciária cria um círculo vicioso de doença-consulta-doença.

8.3. BUROCRATIZAÇÃO, PRIVATIZAÇÃO, MEDICALIZAÇÃO

Os benefícios da Previdência foram também submetidos à burocratização. Depois de 1945, época de abertura e de penetração do capital americano, a racionalização burocrática foi a dinâmica principal da estruturação da Previdência. O modelo burocrático[6] imposto pelos técnicos contou com a resistência de políticos, pelegos e grupos que tiravam privilégios da situação existente.

A unificação dos institutos fazia parte da estratégia tecno-burocrática, sendo aprovada pelo decreto 35.448, de 1/5/54. Quatro meses após sua aprovação e apenas 15 dias depois do suicídio de Vargas, o decreto citado é revogado pela pressão dos políticos e pelegos.

A planificação vertical e a burocratização se acentuaram com o regime autoritário de 1964, que favoreceu a penetração do capital estrangeiro no país. Os benefícios do INPS foram estendidos aos trabalhadores domésticos. Criou-se o Ministério da Previdência Social em 1974, o que já estava previsto desde 1963 dentro da lógica "de racionalização burocrática". O INAMPS responde a esta mesma estratégia, com o chamado sistema nacional de saúde (Lei nº 6.229 de 17/7/75).

Associando-se às multinacionais, o governo permitiu que 97% da indústria farmacêutica nacional fosse controlada por capitais estrangeiros. Os medicamentos não fazem parte dos benefícios da Previdência, nem existem laboratórios estatais que ofereçam os remédios fundamentais e de uso comum a preços populares e em quantidade suficiente. A central de medicamentos (CEME) só contribui com pequena parcela a esta necessidade.

O setor hospitalar privado desenvolveu-se ainda mais com os recursos da Previdência por intermédio dos inúmeros convênios, não suficientemente controlados. Carlos Gentile de Mello salienta que a Federação Brasileira de Hospitais manifestou sua reação contra a estatização da Previdência a partir do momento em que o sistema de contas passou a ser feito pelo computador em janeiro de 1977[7]. Em 1974 (Portaria nº 78) estipulou-se o credenciamento das entidades privadas prestadoras de serviços de assistência médica e hospitalar.

Os hospitais privados constituem talvez o mais poderoso *lobby* ou grupo de interesse junto à Previdência Social. Organizados com o fito de fazer lucro, os hospitais privados se expandiram à sombra da Previdência, sem oferecer melhores serviços à clientela, conforme o demonstra Gentile de Mello no artigo supracitado.

Os serviços médicos predominam sobre os outros benefícios da Previdência. Comparando os gastos da Previdência com a assistência médica do ano 1961 com os do ano 1971, verifica-se que houve um aumento de 150% aproximadamente, enquanto que os gastos com prestações diminuíram de aproximadamente de 500%[8].

A previdência transformou-se no maior agente de prestação de serviços de saúde no país contribuindo, em 1971, com 41% do total das despesas, cabendo aos Estados e municípios 32%, ao setor privado 8% e ao Ministério da Saúde 5%.

Estes dados mostram a medicalização da Previdência Social, com predominância dos programas curativos. Os dez milhões de chagásicos, os doze milhões afetados por esquistossomose, os quarenta milhões de desnutridos, os milhões de acidentados do trabalho têm suas condições inalteradas. E mais ainda, as condições sociais geradoras desses males são mantidas com o arrocho salarial, a industrialização do campo, a incrementação dos bóias-frias, enfim com o capitalismo selvagem que acentua a concentração do poder, da propriedade e da riqueza.

Para favorecer os empresários o INPS assumiu em novembro de 1974 o pagamento do salário maternidade (Lei nº 6.136), até então, a cargo das empresas. Assim elimina as diferenças entre empresas, realizando uma socialização desse tipo de custo, que chamaríamos de perequação dos custos.

8.4. A INTEGRAÇÃO DOS CAMPONESES

O FUNRURAL veio possibilitar a extensão de certos benefícios sociais e serviços médicos aos trabalhadores do campo, que representam 44,3% da população economicamente ativa. Começou com o Decreto-Lei nº 564, de 1969, para trabalhadores da agroindústria canavieira.

As dificuldades de arrecadação das contribuições no meio rural levaram o governo Médici a criar o Pró-Rural pela lei complementar nº 11, cujo organismo executor é o FUNRURAL.

Os empregadores rurais foram incluídos no regime previdenciário em 6 de novembro de 1975.

A instituição do FUNRURAL responde à capitalização da agricultura e à ascenção dos movimentos camponeses dos anos sessenta. É nesse período que surge o Estatuto do Trabalhador Rural, que vem permitir e controlar as organizações camponesas. Acentuam-se as discussões sobre reforma agrária, que não passa de uma resposta simbólica e burocrática do IBRA e do INCRA.

O FUNRURAL possibilita certa redistribuição da renda dos trabalhadores urbanos aos trabalhadores rurais, visto que seu financiamento provém de um imposto de 2% sobre a comercialização dos produtos agrícolas e de 2,4% sobre a folha dos salários sujeitos à contribuição da previdência nos setores urbanos. Do orçamento do FUNRURAL dois terços provêm das taxas sobre as empresas urbanas (61,3% em 1975) e um terço da taxa sobre a produção rural (36,1%).

Não se trata de uma redistribuição de renda vertical, do capital para o trabalho, mas de uma redistribuição horizontal da renda, pois os fundos do FUNRURAL provêm dos próprios trabalhadores urbanos enquanto produtores e consumidores.

Essa instituição favorece muitas empresas privadas de prestação de serviços médicos, embora tente uma aproximação com os sindicatos rurais, santas casas e municípios.

A extensão da cobertura de acidentes de trabalho do trabalhador rural só foi realizada em dezembro de 1974, pela Lei nº 6.195. Excluídos desde 1919 do seguro-acidente, os trabalhadores rurais ficavam à mercê do patrão em casos como este, se o acidente não fosse provocado por uma "força inanimada". Com o desenvolvimento do capitalismo no campo, pela introdução de máquinas e do assalariado, surgiram as condições para essa importante modificação.

O FUNRURAL, apesar de integrado no sistema Nacional de Saúde, mantém a política de compartimentalização das categorias beneficiárias dos seguros sociais. Um trabalhador rural não pode transferir seus direitos à pensão ou outros benefícios do INPS se deixa o trabalho do campo.

Somente com a Constituição de 1988, conforme o capítulo seguinte, os trabalhadores rurais tiveram o pleno acesso aos direitos sociais, inclusive à aposentadoria com piso de um salário mínimo e limite de idade de 55 anos para a mulher e de 60 anos para o homem.

8.5. COMPARTIMENTALIZAÇÃO

A compartimentalização dos regimes de seguro para outras categorias de trabalhadores ainda não foi solucionada, atando os trabalhadores aos seus serviços se quiserem um dia obter uma aposentadoria mais ou menos condizente com seu trabalho de toda uma vida.

Pela Lei nº 6.226 de 14 de julho de 1975 permite-se na esfera federal a contagem recíproca do tempo de serviço público e privado, ficando ainda excluídos desses benefícios funcionários estaduais e municipais.

Para a compartimentalização do atendimento contribui a separação da Previdência, do Ministério da Saúde e das Secretarias da Saúde[9].

O sistema de saúde e o INPS contribuem também para a reprodução das desigualdades regionais brasileiras.

É no Norte e Nordeste que se encontra o menor número de assegurados do INPS, em relação à população. Enquanto no Sudeste há 14,5% da população regional assegurada, no Norte só há 4,9% e no Nordeste 4,2%[10].

Outro problema a assinalar no INPS é seu orçamento em equilíbrio bastante instável. Para cobrir suas despesas tem-se utilizado o aumento de cotizações, o que onera ainda mais o orçamento dos trabalhadores. As multas das empresas devedoras são anistiadas e os seus nomes não foram ainda totalmente conhecidos do público, segundo promessa do atual ministro da previdência. A União é sempre culpada por não pagar sua dívida, mas em outros países, como no Canadá, a contribuição do Estado se limita ao pagamento dos gastos administrativos, e os fundos públicos de pensão não são deficitários. Pelo contrário constituem uma fonte de reserva para empréstimos ao Estado, e as contribuições são menores que no Brasil... As fraudes, pela falta de controle, sugam parte do orçamento do INPS[11].

8.6. FUNDOS PRIVADOS

Para compensar tantas deficiências que o modelo tecnocrático não conseguiu sanar, fala-se e legisla-se sobre os fundos privados de pensão (*pension funds*). Esta política beneficiará os trabalhadores que podem arcar com cotizações superiores, isto é, aqueles que trabalham para empresas multinacionais ou monopólicas que podem suportar novos ônus. As empresas monopólicas e/ou multinacionais, controlando o mercado, podem repassar ao consumidor custos adicionais.

Os fundos de pensão correspondem a uma exigência de renovação de mão-de-obra e de produtividade das empresas, que necessitam ver seu pessoal aposentar-se para dar lugar a gente mais rentável. É a política do capital humano que favorece o desenvolvimento industrial. Hoje em dia, mesmo os altamente remunerados temem aposentar-se, porque isto significa empobrecer[12]. Os índices de reajuste do INPS são inferiores à inflação e a Lei nº 6.025 de 29/4/75 criou o "valor de referência" para cálculo de prestações, inferior ao salário mínimo. Já não se tem em conta o mínimo, mas um valor inferior ao mínimo.

8.7. EMPOBRECIMENTO DOS APOSENTADOS

O trabalhador idoso, explorado toda a vida, e que foi excluído do processo produtivo, passa a contribuir de forma indireta ao processo de acumulação do capital com o consumo que propicia e com o barateamento da mão-de-obra que advém das reduções de suas prestações.

Se um idoso pode viver com menos de um salário, porque não o poderia um trabalhador ativo, perguntam os técnicos. Mas estes se esquecem que é na economia familiar que os idosos ainda podem encontrar um apoio aos minguados fundos de pensão do INPS ou suas aposentadorias mínimas.

A Lei n° 6.210/75 reduz ainda mais os percentuais daqueles que se aposentaram depois de 1975. A imensa reação do povo fez com que se revogasse a Lei n° 5.890/75, que obrigava os aposentados que voltassem ao trabalho a reduzir de 50% suas aposentadorias, mesmo aqueles que o fizeram antes da data acima. A nova lei de reajuste salarial (1979) exclui os aposentados dos reajustes semestrais.

A situação trágica dos idosos sem previdência social não foi resolvida. Somente os maiores de 70 anos (2,2% da população) passaram a gozar de uma ajuda mensal (Lei n° 6.179). Essa renda também foi estendida aos inválidos. A Lei Orgânica da Assistência Social de 1993 regulamenta o direito à assistência social, mas o limita aos idosos e portadores de deficiência de famílias com rensa de 1/4 do salário mínimo *per capita*.

Para os desempregados a situação foi só parcialmente considerada com o Fundo de Garantia por Tempo de Serviço. A política do Fundo é de obrigar a volta ao trabalho no tempo mais rápido possível, pelo controle rigoroso de sua utilização e pelo tempo limitado em que o trabalhador está disponível. O trabalhador deve provar que está passando necessidade e a partir do quinto mês de desemprego o trabalhador só recebe 20% do depósito.

Aliás, o próprio Fundo favorece essa rotatividade, eliminando praticamente a estabilidade no emprego. Não se trata de um seguro, mas de uma assistência-desemprego. Seus fundos acumulados servem às grandes companhias financeiras da habitação através do BNH.

O dinheiro proveniente do PlS/PASEP já é também distribuído como assistência (o 14° salário) e não como participação nos lucros. Aqueles melhor remunerados, assalariados da pequena burguesia, que só vão retirar esses fundos quando aposentados, podem gozar de juros e correções correspondentes, o que não acontece com a distribuição aos trabalhadores operários.

O III PND[13] promete o seguro-saúde estatal, a extensão dos seguros a categorias não abrangidas, a desburocratização da previdência...

São medidas tecnocráticas liberalizantes que vão ao encontro das exigências de produtividade de mão-de-obra (não perder tempo em filas), de sua rotatividade e mobilidade. Para que se possa ao encontro dos interesses dos trabalhadores é necessário que estes se organizem e se mobilizem pelos direitos sociais.

Apresentar aqui uma ladainha de sugestões técnicas seria entrar no jogo tecnocrático. A contribuição que os profissionais vinculados a estas ou outras instituições sociais podem oferecer para modificação dos seguros sociais se visualiza em vinculação com as lutas dos trabalhadores. Lutas pela compreensão dos direitos existentes, por abrir novos direitos e por manter as conquistas já realizadas.

As soluções técnicas podem ser elaboradas de acordo com as políticas determinadas pela correlação de forças sociais. No Capítulo 9 abordamos as questões e contradições no contexto dos anos 90.

Sem mobilização e organização dos trabalhadores seus direitos já reconhecidos podem deixar de sê-lo, como o foi no caso da Lei nº 5890 de 1975.

Dividida em tantos e tão díspares programas verticais a política previdenciária brasileira mantém a fragmentação da classe trabalhadora em diversas categorias compartimentalizadas.

Essa verticalidade e essa fragmentação só poderão ser modificadas pela discussão aberta dessa problemática pelas classes trabalhadoras. Essa discussão foi impedida pelo fechamento e pelo autoritarismo dos anos setenta. O arrocho salarial implicou também o arrocho previdenciário, pois mais baixos são os salários, mais baixos são os benefícios da previdência. E com benefícios mais baixos se influi também para a baixa dos salários.

Só um clima efetivo de abertura e as mobilizações dos trabalhadores poderão abrir novas avenidas à previdência social. No Capítulo 9 abordamos as questões e contradições no contexto dos anos 90.

NOTAS

1. O livro de Celso Barroso Leite e Luis Paranhos Veloso, *Previdência Social*, Rio de Janeiro, Zahar, 1963 é de orientação keynesiana. Afirmam esses autores que "a previdência social é em última análise (*sic*) uma forma de manutenção ou reforço do salário nos vários casos em que este deixa de ser recebido ou se torna necessário completá-lo mediante pagamentos especiais ou prestação de determinados serviços" (p. 30).

2. Há uma ampla demonstração da manutenção das desigualdades sociais pelos seguros sociais na América Latina em MESA-LAGO, Carmelo — *Social Security in Latin America*. Pittsburgh, University of Pittsburgh Press, 1978.

3. OIT — *Le cout de la sécurité sociale*. Genebra, 1978.

4. Anuário Estatístico de São Paulo (1914), 1, 108 in DEAN Warren — *A industrialização de São Paulo*. São Paulo, Difel, s/d, 3ª edição, p. 13.

5. Para uma análise dessa greve ver FAUSTO, Boris — *Trabalho urbano e conflito industrial*. São Paulo, Difel, 1977, pp. 135-146.

6. MALLOY, James — "Previdência Social e Classe Operária", in *Estudos CEBRAP* 15, São Paulo, 1976, pp. 115-136. O autor fala de um modelo técnico-administrativo.

7. MELLO, Carlos Gentile — "Irracionalidade da privatização da medicina previdenciária", in *Saúde em Debate*, n° 3, abr./mai./jun., 1977, p. 8.
Regina Maria Gittonni afirma que "a evolução da previdência tem sido francamente favorável ao setor privado" — "Privatizar ou estatizar", in *Saúde em Debate*, n. 2, jan./fev./mar., 1977, p. 34.

8. OIT — Op. cit., tabela 10. Dados baseados nessa tabela.

9. A criação do SIMPAS (Sistema Nacional de Previdência e Assistência Social), incluindo o INPS, o INAMPS (assistência médica), a LBA e a FUNABEM (assistência), o IAPAS e a DATAPREV (administração) e a CEME (medicamentos), ainda não foi acompanhada de uma real integração na prática.

10. Malloy apresenta o seguinte quadro:

Estrutura Geográfica da Cobertura do INPS — p. 70

Região	% da População Nacional	% da População Assegurada sobre a População Total	% da População Regional Assegurada
Norte	3,9	2,0	4,9
Nordeste	30,2	13,4	4,2
Sudeste	42,8	66,1	14,5
Sul	17,7	16,3	8,7
Centro Oeste	5,5	2,1	3,7

FONTE: Anuário Estatístico do Brasil 1973, INPS, 1971, in MALLOY, James — *The Politics of Social Security in Brazil*. Pittsburgh, University of Pittsburgh Press, 1979, p. 168.

11. Ver *O Estado de S. Paulo* de 10 a 14/2/1980.

12. Ver MEISNER, Teodoro — "Aposentar-se um ato de coragem", Folha de S. Paulo, 1/7/79, p. 41.

13. *O Estado de S. Paulo*, 12/9/1979, p. 12.

Capítulo 9

POLÍTICA SOCIAL, PREVIDÊNCIA E NEOLIBERALISMO*

O propósito deste texto é situar o debate sobre as diferentes propostas de mudança da política social, especialmente da previdência social no contexto atual, confrontando experiências de vários países, principalmente da Europa e América Latina. As mudanças e propostas de mudança, no entanto, implicam transformações na relação Estado-sociedade-mercado, marcadas, hoje, pela perspectiva neoliberal que propõe menos Estado e mais mercado. O objetivo é mais o de contribuir para o debate que o de oferecer soluções ante o processo de reformas neoliberais do Estado que se instalou no Brasil e no mundo globalizado.

As reformas neoliberais têm propósitos e mecanismos semelhantes em todo mundo, embora, em cada país, haja reações e arranjos diferentes. O propósito é o de mudar a estruturação do sistema de bem-estar social com a diminuição do papel do Estado e, principalmente, da garantia de direitos sociais, e a inserção dos dispositivos de manutenção da força de trabalho nos mecanismos lucrativos do mercado. No período do pós-guerra, no processo de desenvolvimento industrial e da condição salarial, criaram-se diferentes fundos públicos, com contribuições de patrões, empregados e de impostos para uma série de benefícios a idosos, doentes, inválidos, acidentados, viúvas, ex-combatentes, crianças, gestantes, migrantes com o objetivo de garantia de direitos a uma renda

---

* Este capítulo contém alguns trechos de "Previdência social e neoliberalismo". In *Universidade e sociedade.* IV(6): 87-93 Brasília, fevereiro de 1994. Trata-se de um novo texto.

mínima aos excluídos do mercado. Estado e mercado estabeleceram mediações, através da cidadania, para manutenção de quem não estivesse no mercado.

Uma das definições mais legitimadas de política social era a de Clauss Offe, que a considerava uma forma de transformar a força de trabalho não assalariada em assalariada (1984, p. 24): sendo vista como um "conjunto daquelas relações e estratégias politicamente organizadas, que produzem continuamente essa transformação do proprietário da força de trabalho em trabalhador assalariado...", ou seja, a função da política social, era, atendendo, ao mesmo tempo, as necessidades do trabalhador e as exigências do capital, inscrever o proprietário da força de trabalho no assalariamento.

Três formas de financiamento dos fundos foram se constituindo. A condição salarial possibilitou a uniformização do contrato de trabalho sobre o qual pesavam as contribuições. O lucro também passou a ser taxado quando se viu que a produtividade aumentava sem novos contratos. Os impostos gerais passaram a ser nova fonte importante de financiamento dos fundos, já que a base salarial estava se tornando frágil diante das profundas mudanças no processo produtivo capitalista.

A tecnologia, com a robótica e a informática, a globalização do capital industrial e a mundialização do capital financeiro provocaram uma reestruturação profunda na produção, com o crescimento sem novos empregos, e mudaram o conceito e a estratégia de política social estruturada nos anos 30.

Nos anos 30, como vimos no capítulo 5, quando o capitalismo passava por uma de suas maiores crises econômicas, com queda da produção, desemprego, quebradeira de bancos e firmas, adotaram-se de início políticas emergenciais de trabalhos públicos para ocupar os desempregados, pagos com bônus alimentícios e de combustível para aquecimento. Como a crise se aprofundou, e sob a influência das idéias de Keynes (1883-1946), passou-se a adotar nos Estados Unidos, também sob pressão de milhões de idosos sem proteção que saíam às ruas, uma política de segurança social para idosos (aposentadoria com um teto mínimo, ficando o restante para o mercado) e desempregados (seguro-desemprego) com contribuições dos beneficiários e patrões.

A articulação dessas intervenções representa um acordo de classes com participação do Estado, do patronato e dos trabalhadores para, ao mesmo tempo, estimular a demanda através de mais dinheiro no mercado, que iria influir na produção. Esta forma de implementação dos seguros sociais tinha como base as contribuições salariais e participação do Estado. O pré-pagamento de contribuições havia sido instaurado pelo chanceler Bismarck (1815-1897), na Alemanha desde 1883, para seguro-saúde, em 1884 para seguro de acidentes do trabalho, e em 1889 para aposentadoria. Esse modelo de proteção pelo seguro obrigatório se define como *modelo bismarckiano* de seguro social.

Na Suécia, em 1938, na localidade de Saltsjobaden, houve um acordo de classes, feito de forma mais explícita, com a presença de trabalhadores, patronato e Estado, que garantia uma cooperação de classes para o crescimento econômico e justiça social ou de redistribuição dos frutos do crescimento, com ênfase na política de pleno emprego. O seguro-desemprego passa a ser gerido pelos sindicatos. Os serviços de saúde, serviços sociais e de proteção à segurança de um rendimento mínimo e de alocações de doença, velhice, habitação e outras necessidades são financiados por impostos através de um fundo público destinado a todos os cidadãos, configurando-se o *modelo social-democrata* com financiamento também de impostos.

A Inglaterra, no pós-guerra, e como resposta preventiva a novas crises, por influência de Keynes, e sob elaboração de Beveridge (1879-1963), adotou um sistema de proteção social para todas as eventualidades de perda de renda: desemprego, doença, velhice, morte, nascimento, acidente, invalidez. Supunha-se que as crises econômicas seriam passageiras e o chamado pleno emprego (pouco desemprego) fundado no contrato salarial daria, juntamente com os impostos, condições de se financiar o sistema. É o *modelo beveridgiano de seguridade social*. O sistema de proteção, proposto por William Beveridge em 1943, visava "a garantia de um rendimento que substitua os salários quando se interromperem pelo desemprego, por doença, ou acidente, que assegure a aposentadoria na velhice, que socorra os que perderam o sustento em virtude da morte de outrem e que atenda a certas despesas extraordinárias, tais como as decorrentes do nascimento, da morte e do casamento. Antes de tudo, segurança social significa segurança de um rendimento mínimo; mas esse rendimento deve vir associado a providências capazes de fazer cessar, tão cedo quanto possível, a interrupção dos salários".[1] O plano pressupunha a formação de um sistema complexo e completo de proteção social na ausência do salário que deveria ser fruto do pleno emprego.

No Brasil, alguns autores (Weffort, 1980[2]) falam de pacto das elites (para se antecipar às reivindicações populares ou evitar o povo) na construção do modelo brasileiro que não foi nem social-democrata, nem de seguro social estatal extenso a todos os trabalhadores. Como vimos no capítulo 6, nem tudo se explica pelo pacto das elites, pois há uma história de lutas dos trabalhadores urbanos manifesta nas greves, principalmente na de 1917, e a necessidade de articular a economia de exportação (em especial de café) que levaram o Estado a implementar a previdência social dos ferroviários em 1923, com a lei de iniciativa do deputado paulista Eloy Chaves (1875-1964).

Em 1919, havia sido aprovada, com o apoio da burocracia estatal, uma lei limitada de seguro de acidentes de trabalho por seguradoras privadas. Getúlio Vargas, nos anos 30, buscava, ao mesmo tempo, controlar as greves e os movimentos operários, dando assim uma resposta a eles, não sendo pois apenas um pacto vindo exclusivamente do alto, e também estabelecer um sistema de seguro social. O governo falava explicitamente em substituir a luta de classes pela colaboração de classes. Na prática, fez-se o controle dos trabalhadores com o atrelamento ao Estado dos sindicatos autorizados legalmente (com o controle das eleições e de suas finalidades, finanças e atividades pelo Ministério do Trabalho).

O sistema de seguros foi paulatinamente implementado através de Institutos de Previdência Social para categorias de trabalhadores como marítimos, estivadores, bancários e industriários. Os trabalhadores rurais, maioria da população, sem condição salarial, por pressão dos latifundiários, e também sem organização de seus interesses, ficaram de fora do sistema estatal de previdência até os anos 70. Esse modelo getulista de proteção social se definia, em comparação com o que se passava no mundo, como fragmentado em categorias, limitado e desigual na implementação dos benefícios, em troca de um controle social das classes trabalhadoras. Os dirigentes de institutos foram cooptados pelo poder numa troca de favores para as categorias, o que fez com que se caracterizasse esse *modelo de corporativista,* conforme o capítulo 6.

A crise dos anos 70, o processo de mundialização do capital e a configuração da política social

A crise capitalista dos anos 70, com o aumento do petróleo, a revolução tecnológica, o fim da guerra fria, com a hegemonia americana dos anos 90, a internet, fazem com que as empresas estruturem estratégias globais buscando vantagens competitivas. Uma delas são as grandes fusões de grupos econômicos. Os Estados perdem soberania, principalmente os mais periféricos, e os esquemas nacionais de bem-estar social são pressionados a mudar pelo processo global de acumulação de capital e pelas pressões internas do desemprego, da crise fiscal (déficits), dos grupos de interesse em abocanhar a lucratividade possível dos fundos de garantia. A crise de 1930 provocou pressões para a construção da segurança social do trabalhador e do sistema capitalista, a crise dos anos 70 está provocando pressões para aumento da insegurança dos trabalhadores, em benefício da maior segurança do sistema. Ou seja, nas crises a dinâmica das ações não é mecânica, mas se articula à correlação de forças.

A crise, no entanto, é diferente na Europa, nos Estados Unidos e nos países periféricos. Hoje, predomina a hegemonia mundial dos Estados Unidos onde há mais oferta de emprego, ainda que precários e mal pagos, e menos proteção social, enquanto na Europa há muito desemprego e mais proteção social. Nos países periféricos, com pouca oferta de emprego e com mínima proteção social, a crise se condensa num processo perverso de fabricação da miséria, tanto pela redução do Estado como pela recessão econômica imposta para o pagamento de juros da dívida e obtenção de superávits nas exportações. Na correlação de forças do final dos anos 90 há um claro predomínio da hegemonia norte-americana no mundo e uma legitimação de sua política de desproteção social.

A crise, seguindo o que definimos no capítulo 4, pode ser considerada como a sobrecapacidade e a superprodução na indústria, em escala mundial. Para Brenner (1999), esta superprodução está na raiz dos problemas econômicos da globalização, com redução das taxas de lucro a partir da crise de estagnação iniciada nos anos 70. Esta superprodução tem origem na exacerbação da competição em nível internacional, afetando a competitividade no Japão, na Alemanha, nos Estados Unidos e posteriormente na Ásia. Esta superprodução vem acompanhada de queda do consumo pelo controle dos salários, ao mesmo tempo em que os Estados permitiram o financiamento de empresas com baixa produtividade (linha keynesiana) e posteriormente reduzindo os gastos do Estado (linha monetarista).

Ao contrário de Brenner, para o megainvestidor George Soros (1999), a crise advém tanto do colapso da periferia, que afeta o sistema central financeiro capitalista, com o "desencorajamento" dos capitais financeiros, como da falta de intervenção no mercado dos países centrais e das autoridades monetárias internacionais. Afirma Soros que "os mercados financeiros se ressentem de qualquer tipo de interferência governamental, mas, bem no fundo, sempre mantêm a esperança de que, se as condições se agravarem, as autoridades intervirão" (p. 17). Supõe-se que intervirão para salvar o capital financeiro. Na ótica do especulador financeiro, o capitalismo vai bem enquanto os bancos e as aplicações estiverem bem.

Para enfrentar a competitividade internacional[3] há formação de acordos internacionais (OMC) para circulação de mercadorias e também de blocos regionais como Comunidade Econômica Européia, o Acordo do NAFTA (Estados Unidos, México e Canadá), o do Mercosul, o Asiático, mas o que mais interessa é a circulação livre de mercadorias, sendo que a carta de direitos sociais vai dando passos lentos. A Carta Social Européia é que estabelece mais garantias contra a exploração da força de trabalho pelo capital, mas ainda se favorecem os arranjos de classe em nível nacional. Os trabalhadores não estão na cena internacional tão articulados como os capitalistas.[4]

O capital financeiro se tornou desatado e sem fronteiras, usando os fundos privados de previdência, para aumentar os ganhos através do mercado de capitais, movimentos especulativos com a moeda e as ações. Os ataques especulativos no México em 1994, na Ásia em 1997 e na Rússia em 1998 (com profundos reflexos no Brasil), mostraram claramente a nova dinâmica de mundialização do capital que tem levado a sua concentração brutal em poucos países e poucas empresas, polarizando ainda mais as distâncias sociais. O ajuste fiscal, com cortes nos gastos sociais, passou a ser o eixo da política econômica, implicando altas taxas de juros (principalmente nos países periféricos) para "segurar" ou atrair capitais. É uma transferência de rendas dos mais pobres para os mais ricos. Os juros da dívida (impagável) chegaram a 48% anuais no Brasil em 1998, e são os verdadeiros responsáveis pelo déficit público.

Nesse contexto, o desemprego se tornou a condição permanente de milhões e milhões de pessoas no mundo (atingindo entre 10 e 20% da população economicamente ativa, até mais em alguns países), levando-se a repensar todos os dispositivos de política social para o que Robert Castel (1998b) chama de gestão do não trabalho. A inserção social vem se tornando o conceito-chave de uma articulação de políticas sociais que podem compreender ou não a empregabilidade, a focalização e o *workfare*.

A inserção social é um conceito que se opõe à exclusão, visando uma nova estruturação da coesão social construída em torno do Estado de Bem-Estar Social e da Previdência social, e que abrange inclusive a focalização, a empregabilidade e o *workfare* em alguns contextos. O Estado de Bem-Estar social, em diferentes expressões, como vimos, é resultado de movimentos de oposição e de construção de consensos que possibilitaram aliar o progresso técnico, a industrialização, a garantia da propriedade, com condições de organização e de manutenção da força de trabalho, estabelecendo um Estado de direitos civis, políticos, sociais, éticos, administrativos, ambientais.

Os direitos sociais foram incorporados à cidadania formalmente (nas constituições e nas leis) e em dispositivos e instituições governamentais, conseguindo-se uma adesão ao sistema democrático-capitalista-cidadão. Com o solapamento do modelo por parte do capitalismo ao restringir a cidadania social em nome da competitividade, o discurso da inserção e da solidariedade veio contrabalançar a crise de legitimidade causada pelo agravamento da exclusão social. A preocupação com a pobreza é objeto do discurso das elites[5] e de organismos internacionais como o BID e o FMI.

A política de inserção tem sido operacionalizada com o acesso a uma renda mínima condicionada à análise de recursos e renda, capacitação, informação, abertura de microcrédito, incorporação das pessoas em atividades sociais e de trabalho. Na França, em 1988, foi implementada a Renda Mínima de Inserção para maiores de 25 anos e no valor inicial de meio salário mínimo como um direito social, após análise dos recursos.

Dentre as principais medidas adotadas no final dos anos 90 (também considerada como inserção social) está a empregabilidade. A empregabilidade significa a capacidade individual de encontrar emprego ou trabalho no mercado, pelo esforço de capacitação e busca de competitividade pessoal. A competitividade é que está na base da empregabilidade, fazendo com que os trabalhadores se inscrevam em programas de formação profissional ou mesmo de "reciclagem" e venham a aceitar os *bad jobs* ou trabalhos sujos. Os governos têm adotado programas de capacitação, inclusive em parceria com os sindicatos e empresários, como o FAT (Fundo de Amparo ao Trabalhador) no Brasil, para adaptar a mão-de-obra às condições do mercado, sem contudo transformá-la em assalariada. Os programas têm o efeito de manter a expectativa de trabalhar, fazer crer no esforço individual, no seu fracasso e de diminuir a busca do emprego.

A focalização visa substituir os programas de acesso universal, garantido pelos fundos públicos, por programas centrados em grupos considerados vulneráveis, agindo-se *ad hoc* em função de indicadores de pobreza ou de critérios emergenciais e de caráter político. A questão da desigualdade, como nos programas temporários dos anos 30, passa a ser vista como temporária, bastando um esforço adicional, uma *task force*, para que um grupo possa alcançar certos patamares mínimos. O mais grave é que esse esforço não é visto como complementar às políticas universais, mas como substitutivo delas. A focalização na geração de empregos e renda, na facilitação do crédito, na distribuição de alimentos e medicamentos, de fato, pode contribuir para que o acesso seja mais universal. O governo do sociólogo Cardoso, no Brasil, embutiu na emenda constitucional de reforma da previdência, em 1995, a modificação do direito ao benefício assistencial pelo auxílio assistencial (mudando a Lei Orgânica da Assistência Social), ou seja, substituindo a política de direitos universais, ainda que seja limitado a pessoas de baixíssima renda, por um auxílio aleatório e focalizado. Esta proposta foi rejeitada pelo Congresso, mas o governo desenvolveu o programa Comunidade Solidária, com critérios focalistas e eleitoreiros. Continuou, ainda, com distribuição de cestas básicas emergenciais, algumas em troca de trabalhadores.

O *workfare,* que une as palavras *work* (trabalho) e *fare* (realizar, dar-se), em oposição a *welfare* (bem-estar) e que traduzimos por "auxílio-atividade", significa a mudança de uma política de acesso a benefícios sem contrapartida de trabalho para uma política que vincula os benefícios sociais à prestação de um serviço, remunerado ou não, para, segundo seus proponentes, estimular a disciplina do trabalho e evitar a dependência e o chamado parasitismo dos beneficiários. Esta medida implica a redução do orçamento social e se inscreve na ótica da reforma neoliberal do Estado. Em alguns países, como o Canadá, a política de assistência social tem uma escala de benefícios que aumenta conforme a atividade social do beneficiário, para se estimular o trabalho (atividade) ao invés da inatividade (chamada de passividade ou cidadania passiva).

A essa visão se opõe um movimento que defende, por um lado, a taxação do capital financeiro, como a taxa Tobin, de menos de 1% sobre as transações internacionais (ver Chesnais, 1999), e por outro a alocação universal ou renda mínima garantida para todos (ver Sposati — org., 1997), não somente em nome da justiça (Parijs, 1997) como em função do nível de riqueza a que a sociedade chegou. As questões ideológicas (receber sem trabalhar), as dificuldades políticas (forças contrárias), as questões técnicas (imposto negativo, renda mínima, gestão local, definição de teto), têm bloqueado o processo.

Como podemos observar, a perspectiva neoliberal não se resume num corte linear, drástico, irreversível dos direitos sociais, mas num solapamento dos direitos sociais ou da cidadania, que avança e recua no contexto econômico da crise na correlação de forças internacionais e nacionais, confirmando o quadro de análise que elaboramos no capítulo 5.

As reformas neoliberais

A seguir veremos a estratégia neoliberal em geral e, em particular, para a previdência social, analisando-se as experiências européias e latino-americanas, em vista da privatização e reforma da previdência, para então se passar ao caso do Brasil.

194

As reformas neoliberais se fundam na perspectiva de privatização e devem ser distinguidas daquelas que visam a reforma dos pontos de estrangulamento da previdência estatal, pois representam duas estratégias distintas, embora possam ser complementares. Estrangulamentos existem em função do envelhecimento da população, da diminuição da massa salarial, do desemprego, da precarização do trabalho, da forma de financiamento de base salarial, dos modelos de gestão, da relação entre previdência mínima e complementar, da idade da aposentadoria, do número de benefícios, da condição de servidores públicos e de outros problemas, que implicam análises mais detalhadas.[6] Esses estrangulamentos podem ser pensados e superados num processo de negociação transparente e democrático, num pacto social pós-industrial, da era informacional e de serviços. Os capitalistas estão, no entanto, usando as oportunidades de enfraquecimento dos sindicatos e dos trabalhadores pelo desemprego para impor um modelo (não um contrato) de privatização, estranhamente chamado de consenso, Consenso de Washington, consenso excludente dos trabalhadores e articulado à hegemonia norte-americana pelo Fundo Monetário Internacional (FMI).

Não é mais o fantasma do comunismo que ronda o mundo, como bem lembrava Marx no século XIX, mas o fantasma do neoliberalismo. As forças que defendem o neoliberalismo estão capitaneadas pelo Fundo Monetário Internacional. A abordagem da economia latino-americana pelo FMI parte do pressuposto que por um lado existe um excessivo crescimento do populismo, incapaz de controlar os gastos públicos e de conter o corporativismo, conforme o chamado Consenso de Washington (Bresser, 1992). A diminuição do tamanho do Estado passa a ser, na ótica neoliberal, o foco central das estratégias do FMI para reduzir o papel do setor público no mercado, com o propósito de estimular a acumulação de capital. Essa estratégia representa uma guinada em relação à situação existente a partir dos anos 30, quando o Estado foi assumido como apoio e condutor do processo de acumulação. Keynes contribuiu muito para a defesa e implementação dessa perspectiva intervencionista.

Ao contrário do esquema keynesiano, a estratégia econômica atual do neoliberalismo baseia-se no mercado (*market oriented*), e não mais na intervenção do Estado, para estimular e consolidar a acumulação de capital. Para isso, a tarefa principal da ação pública é, paradoxalmente, a privatização dos serviços e da produção controlados pelo poder público. O Estado deve acabar com o Estado. Essa privatização dos lucros, já que com o desenvolvimento tecnológico os setores produtivos privados chegaram ao máximo de sua capacidade de gerar produtos para o mercado existente. Daí a necessidade de renovação constante dos produtos.

Apropriar-se de setores controlados pelo Estado significa ampliar os lucros e o campo de ação do capital privado. O discurso construído para justificar essa estratégia é o de que o Estado se tornou ineficiente, gastador, dominado por grupos corporativos (leia-se trabalhadores, sindicatos), manipulado por políticos populistas e causadores do déficit público. O déficit passou a ser visto como espantalho e ao mesmo tempo o *leitmotif* para reduzir gastos e direitos sociais. É o conflito distributivo instalado no interior do Estado. Na disputa pelos recursos públicos confrontam-se, de um lado, os *lobbies* das grandes multinacionais e seus aliados e, de outro, as organizações combativas, os trabalhadores e seus aliados.

Os capitalistas estão buscando um ajuste rápido para a crise, criticando violentamente o Estado produtor, defendendo um sistema tributário que não afete a distribuição desigual da renda (e por isso chamado de neutro) e propondo o livre comércio, a eliminação de barreiras tarifárias e o fim dos monopólios estatais (Bitar, 1988). O resultado dessa política, onde ela tem sido aplicada, é um significativo aumento do desemprego, a perda do patrimônio público, a perda de preços de referência por parte do Estado, a concentração da economia nas mãos dos monopólios, a concentração da renda e a perda de capacidade do Estado para dirigir o processo econômico (Taylor-Gooby, 1991).

Nesse contexto, a previdência social aparece como um dos setores a serem descentralizados ou privatizados a fim de possibilitar a expansão do capital na área de seguros, ampliando-se o mercado de capital. A previdência privada atua no setor de capitalização, dirigindo os recursos captados para grandes investimentos, em geral em ações de empresas multinacionais ou títulos estatais. A previdência privada pode ser operacionalizada através de entidades abertas a todo o público ou de entidades fechadas para grupos específicos.

No Brasil, em 1998, o setor de previdência complementar fechado contava com 349 entidades patrocinadas por 2071 empresas com mais de 2 milhões de participantes (menos de 5% dos trabalhadores formais), com ativos de aproximadamente 10% do PIB e são os maiores investidores institucionais do país, movimentando em média 30% do volume diário das bolsas. O sistema aberto movimenta menos de 1% do PIB. Os bancos privados entraram com força no setor, criando fundos privados de previdência individual (FAPI), com estímulo governamental para desconto no imposto de renda da pessoa física. Os representantes das empresas privadas de previdência defendem a intervenção do Estado apenas para garantia de um mínimo de seguro, e uma previdência privada complementar, regida pelo mercado, para os níveis salariais mais elevados. Ou seja, ter-se-ia uma dupla previdência: uma para os pobres, controlada pelo Estado, e outra para os assalariados de níveis mais elevados, controlada pelo setor privado.

O risco desse tipo de proposta é o aprofundamento da segregação social entre ricos e pobres, o que contraria os fundamentos das primeiras propostas de seguridade social, que defendiam uma solidariedade social entre grupos e classes para garantia de um mínimo condigno para todos, estruturado pelo Estado de direito. O eixo central da previdência privada é a capitalização, ou seja, a atribuição de uma renda definida pelo valor que os investimentos proporcionariam através do tempo às contribuições individuais, após o cálculo das taxas de mortalidade e de expectativa de vida dos contribuintes.

A previdência estatal se baseia geralmente no regime de *repartição*, ou seja, a distribuição do benefício está vinculada à entrada das contribuições, dependendo do número de ativos que mantêm os inativos. A Lei 9.717 de 27/11/98 estabelece normas rígidas para o regime público de previdência social da União, Estados e municípios, facultando-se a criação de fundos estaduais ou municipais que os Estados da Bahia e Paraná constituíram. A perspectiva de capitalização está embutida, pois as aplicações dependerão do Conselho Monetário Nacional, que estabeleceu em setembro de 1999 que devem ser aplicados preferencialmente (90%) em títulos públicos.

No contexto político de defesa da privatização, da redução do Estado e de valorização do mercado, o objetivo estratégico do governo, na área previdenciária, foi a sua privatização, através do regime de capitalização. Este já foi implementado em alguns países da América Latina como no Chile (novembro de 1980), na Bolívia (novembro de 1996), em El Salvador (dezembro de 1996) e no México (dezembro de 1995), conforme mostra Mesa Lago (1997). Em outros países como na Argentina e no Uruguai, os modelos são mistos, público e privado, enquanto na Colômbia e Peru há modelos paralelos.

O modelo chileno de previdência social valoriza a capitalização e em dez anos contribuiu para que o patamar do mercado de capitais se elevasse de 30 para 67 bilhões de dólares, com um volume de capital de 35 bilhões de dólares nas mãos das 18 AFPs (administradoras dos fundos de pensão), em 1997. Nessa época, apenas três AFPs detêm 70% das inscrições dos contribuintes. Os chilenos podem escolher uma AFP para administrar sua contribuição para a aposentadoria (13% do salário, incluindo 3% de administração), descontada compulsoriamente, e recebem de 70 a 85% do salário dos últimos doze meses. O sistema de saúde é misto, pois o sistema estatal coexiste com o sistema privado (controlado pelas ISAPRES — Instituições de Saúde Privadas).[7] O trabalhador pode se associar a um dos dois, mas apenas 25% da população pode pagar as contribuições para o sistema privado, ficando os outros 75% com o sistema estatal. As ISAPRES não estão conseguindo capitalizar-se, mesmo havendo uma contribuição obrigatória de 7% do salário (6), o que vale também para o sistema padrão estatal (7). O setor privado administra os fundos e os não incluídos nele ficam atendidos pelas políticas públicas. No Chile dos anos 90, 55% da força de trabalho são contribuintes do sistema, mas há problemas de perda do vínculo com este (o trabalhador não sabe de sua situação), de abandono e do custo da gestão. A longo prazo, qual será a situação dos fundos quando uma grande massa começar a retirar os benefícios? O valor da contribuição é de 13% do salário.

O atual presidente dos Estados Unidos, Bill Clinton, tentou promover a implantação de um sistema de saúde estatal, já que os norte-americanos não têm conseguido pagar os altos custos de um sistema privado. Esta foi uma de suas bandeiras de campanha, e sua implementação recebeu a oposição das companhias de seguro, as principais interessadas nesse tipo de seguro, e teve que recuar. O tema voltou na campanha presidencial do ano 2000.

Os acidentes de trabalho também são administrados por empresas privadas, o que já existia desde longa data no Chile. A Argentina adotou o modelo de agência reguladora dos seguros de acidente de trabalho ao passá-los para a empresa privada. As agências reguladoras estatais, modelo também adotado no Brasil para as áreas de energia, telecomunicações e saúde, devem controlar as empresas que prestam serviços públicos para que forneçam serviços de qualidade a preços "razoáveis" a todos os cidadãos. Depois de desfazer-se do monopólio estatal, as privatizações estão formando monopólios privados e estão se impondo ao Estado, descumprindo contratos e exigindo preços cada vez mais exorbitantes e formando cartéis, como no caso dos medicamentos. As agências reguladoras, ao menos no Brasil, têm se mostrado fracas em coibir abusos, apesar do discurso de defesa do consumidor. No campo das políticas sociais, as agências reguladoras são de modelo anglo-saxão.

Na Argentina foi aprovada a lei que institui o sistema misto de previdência social, com o objetivo de injetar dinheiro no mercado de capitais. Para o sistema estatal, os empregadores devem contribuir com 16%, e os trabalhadores com 10% do salário. Em caso de opção pelo sistema privado, o trabalhador descontará 11% de seu salário e deverá receber de 70 a 80% das contribuições de sua vida ativa, segundo a rentabilidade da companhia que administrou seus rendimentos. No país há aproximadamente 1,7 trabalhador ativo para cada aposentado (2,2 para trabalhadores assalariados e 0,7 para autônomos), o que torna onerosa a previdência social. O autor acredita que se poderá melhorar o valor da aposentadoria média dos argentinos, em torno de 280 dólares mensais, tendo em vista que o salário médio é de 600 dólares mensais. A média poderá ser elevada, mas seguramente ao preço de um maior distanciamento entre as aposentadorias dos mais ricos e dos mais pobres.

A crise do desemprego, da baixa produtividade, a recessão afetam profundamente o sistema previdenciário. Por exemplo, 42% da população era ativa em 1970 e somente 38% em 1988. O salário real médio durante 1989/1991 era inferior ao de 1977-78. A participação dos empregos de baixa produtividade no emprego total aumentou de 20 para 333% entre 1960 e 1990 (Uthoff, 1997). O sistema previdenciário não pode acompanhar o custo de vida, deteriorando-se os benefícios.

Na Europa e no Canadá, é comum a existência da previdência estatal e de uma previdência complementar, com variações de país para país (ANFIP, 1998). Na Alemanha, o orçamento social com seguridade social e saúde alcançava, em 1990, 23% do PIB, sendo que os benefícios de aposentadoria e pensão (sem os funcionários) atingem 9,6% do PIB. Esses valores são de 18,8% no Canadá, 27,8% na Dinamarca, 26,5% na França, 33,1% na Suécia, 22,3% na Inglaterra, 12,2% no Japão, 13,1% e 5% no Brasil.[8] Segundo o IPEA, o gasto social consolidado no Brasil representava em 1995, 20,9% do PIB, sendo: 5,4% da previdência, 4,7% de benefícios a servidores, 4,3% em educação e cultura, 3,3% em saúde, 1,1% em habitação, 0,4% em assistência social, 0,4% em emprego, 0,4% em transporte urbano de massa, 0,1% em saneamento, 0,1% em organização agrária, com cifras insignificantes (0%) em ciência e tecnologia, meio ambiente, alimentação e capacitação. O gasto social federal representava 12,2% do PIB.

Na Alemanha há uma combinação do regime de repartição estatal com o regime de capitalização privada. Existem várias caixas controladas por um órgão central federal, e a aposentadoria pode ser antecipada, para os homens, aos 63 anos, se tiver havido contribuição durante 35 anos. As empresas, no entanto, podem pagar uma pré-aposentadoria desde os 58 anos, de acordo com as convenções coletivas. Os benefícios podem chegar a 73% do último salário líquido. A crise de caixa levou o Estado a estabelecer maior controle das caixas, aumento das cotizações (em torno de 18%), corte dos subsídios às caixas, mas o fundamental é o processo de negociação entre os sindicatos e o Estado para estabelecer novos parâmetros para o sistema previdenciário. As negociações têm como horizonte o ano 2010, data em que as contribuições deverão ter se reduzido em 3%. A previdência complementar é constituída por fundos das empresas para seus funcionários, predominantes nas grandes empresas. Os fundos são isentos de impostos. Alguns fundos são financiados só pela empresa, outros têm a contribuição dos empregados.

O sistema previdenciário sueco também passou por uma reforma, após uma longa discussão que começou nos meados dos anos 80 (Klingvall, 1999) e se concluiu em 1998, com grupos de trabalho, negociações e votação. A reforma buscou assegurar um padrão de renda na velhice, na enfermidade e na invalidez, baseado na renda auferida durante toda a vida, para o qual contribui com 18,5% dessa renda, sendo 16% em regime de repartição e 2,5% em regime de capitalização. Os benefícios dependem da contribuição (até 7,5 o piso estabelecido), corrigida por juros, e da expectativa de vida. Há garantia de aposentadoria mínima para quem não exerceu atividade laboral, com flexibilidade da idade mínima para todos. Há informações anuais individuais sobre as contribuições e foi estabelecida uma transição para o novo regime.

Os suecos também tiveram de enfrentar a redução do crescimento e do emprego, o aumento da idade e a existência de 100 pessoas economicamente ativas para 30 aposentados, que poderão chegar a 41 em 2025. Continua sendo garantido um piso básico de aposentadoria no valor de 96% para os solteiros e 78% para os casados. Todas são indexadas ao crescimento da média dos salários. Os suecos mantiveram o regime de repartição com uma proporção pequena de capitalização, forçaram o sistema contributivo, sem jogar fora o fator redistributivo para os excluídos do mercado de trabalho.

No Canadá, a seguridade social combina a universalidade com o seguro, com co-participação federal e provincial. Há acesso universal à saúde (federal/provincial), aposentadoria mínima estatal (contributiva), assistência social de último recurso (provincial/federal) e seguro-desemprego federal. As reformas reduziram o valor da alocação familiar, taxando-a no imposto de renda, reduziram o valor e as condições de acesso ao seguro-desemprego e impuseram condições mais drásticas para a assistência social na perspectiva do *workfare* (Faleiros, 1999).

Na França discutiu-se muito o "fim das aposentadorias" (Babeau, 1985 e Johanet, 1998), tendo em vista o custo dos pagamentos. No governo Rocard (1990) foi aprovada por pequena margem de votos, depois de muito conflito, uma contribuição social generalizada para todos os segmentos, destinada a aliviar o caixa da seguridade social, além de aumentar a parcela *ticket moderateur* que o usuário paga pelos serviços de saúde. Em 1995, Juppé propôs uma reforma de redução dos benefícios que foi rejeitada em grande mobilização social nas ruas. O governo socialista de Jospin (1998) está propondo a taxação das alocações familiares, que encontra grande resistência. Tanto na Suécia como na França, os fundos estatais têm participação dos trabalhadores e empresários[9] em sua administração. A opção política desses países é a de garantir um *mínimo* para todos, embora se reconheça que esse mínimo nem sempre atende às necessidades básicas historicamente mutantes.

O pagamento de aposentarias complementares é estimulado, numa perspectiva de se *fortalecer a desigualdade social, o mercado e a competitividade, sem se perder o consenso social na manutenção do mínimo para todos*, ou seja, a ótica de fundo é neoliberal. Há na Suécia uma grande contribuição do tesouro ao financiamento dos gastos sociais (em torno de 56%), mas também uma alta taxa de arrecadação de impostos. Nos países da Comunidade Econômica Européia há também uma tendência à implantação da aposentadoria parcial, correspondente à expansão do trabalho em tempo parcial, dada a crise de emprego aí existente.

É preciso notar que, nesses países, um conjunto de políticas sociais ajuda a melhorar a condição de vida do cidadão, como educação gratuita para todos, auxílio moradia, assistência social, formação profissional, alocações familiares, serviços para pessoas idosas e deficientes. Denota-se, assim, uma ampla presença do Estado na vida cotidiana.

No entanto, as caixas de seguro social têm autonomia e participação da sociedade, e um esquema profissional de gerenciamento independente das interferências políticas. Há, na Europa, uma tendência à eliminação das aposentadorias especiais e ao enquadramento progressivo de todos no regime geral, tendência essa que se deve principalmente à necessidade de mobilidade de mão-de-obra de um país para outro na comunidade econômica. As mudanças geradas pela crise fiscal são, por sua vez, negociadas, numa dinâmica de "contrato entre gerações", como ficou estabelecido nas propostas do primeiro-ministro Rocard (1991).

Rocard dizia claramente que não estão em causa as aposentadorias atuais, mas a necessidade de repensar o sistema para as gerações futuras e a longo prazo, diante das mudanças nas formas de organização do trabalho, da demografia (envelhecimento da população), dos custos, das formas de arrecadação das contribuições e da fiscalidade. O Livro Branco sobre aposentadorias visava abrir e estimular o debate público sobre o tema e apresenta a questão central levantada pela proposta neoliberal: a passagem do regime de repartição para o regime de capitalização. O Livro Branco constata também que uma substituição total da repartição pela capitalização seria contrária à eqüidade entre gerações e intergeneracional, pois haveria um acréscimo das desigual-dades. Além disso, não há garantias de que a poupança gerada pela capitalização seja importante para a economia a longo prazo, embora possa ser importante a curto prazo. A longo prazo também haverá uma retirada das economias aplicadas, o que poderá acontecer numa idade inferior à das aposentadorias atuais, caso haja, por exemplo, aumento do desemprego. O limite das aposentadorias por repartição a um determinado teto teria como conseqüência o aumento da iniqüidade, assinala o Livro Branco.

Uma síntese das propostas em desenvolvimento na União Européia feita por Anne Meyer (1998) destaca: transformar o seguro-desemprego em seguro-empregabilidade, conforme a tendência canadense; inserir as pessoas ameaçadas de exclusão, por exemplo, por meio de um enfoque ativo dos gastos sociais (*workfare*); reduzir a distância entre o salário líquido (pós imposto) e o custo salarial total; inverter a tendência de cessão precoce da atividade com trabalhos para idosos e aposentadoria flexível e progressiva; busca de maior eficácia dos sistemas de saúde. Um modelo social europeu comum, segundo a autora, ainda não existe, mas deve ser construído.

Em síntese, a pregação neoliberal na defesa do regime de capitalização está no horizonte e na prática das reformas, traduzindo-se de forma diferente na correlação de forças internas e externas. Contraria, no entanto, o projeto fundador da previdência social do pós-guerra baseado na solidariedade social, fundando-se na competitividade, na ampliação do mercado e fortalecimento da desigualdade. Há, no entanto, a preocupação, principalmente nos países europeus, de garantia da coesão social em torno de mínimos sociais garantidos pelo Estado.

Antecedentes das reformas no Brasil

Os institutos fragmentados criados por Vargas, em regime de repartição simples[10], passaram a ter uma base comum através da Lei Orgânica da Previdência Social (LOPS), mas só houve um regime único em 1966 quando foram unificados pelo regime militar de cima para baixo, de acordo com a política centralizadora vigente, criando-se o INPS (Instituto Nacional de Previdência Social), cuja administração ficou nas mãos da tecnocracia. Foram feitos convênios entre o INPS e grandes empresas para que o trabalhador fosse atendido no local de trabalho, usando-se o esquema de Saúde e Segurança no Trabalho, que deveria contribuir para o aumento da produtividade. Vários industriais contribuíam também para o financiamento dos órgãos diretos de repressão.

Numa conjuntura de emprego, embora com arrocho salarial, os limites estruturais da economia também não impediram que se ampliasse a previdência aos trabalhadores rurais (1971), aos empregados domésticos (1972), jogadores de futebol (1973) e ambulantes (1978). Os trabalhadores rurais apenas tiveram acesso a uma previdência de meio tamanho, com benefício de meio salário mínimo e sem contribuição direta. Uma pequena parcela do financiamento desse benefício vinha da taxação da comercialização dos produtos rurais.

Nas eleições consentidas pelos militares, que reduziram a disputa política a dois partidos, a Arena (Aliança Renovadora Nacional) e o MDB (Movimento Democrático Brasileiro), a primeira, apoiada pelo governo, ganhava as eleições nos chamados fundões, ou pequenas cidades do interior controlada por caciques políticos. Nesse contexto, era estratégico obter o apoio dos trabalhadores do campo e estimular a economia no meio rural com a distribuição de benefícios em dinheiro para um vasto setor excluído do mercado de consumo de bens industrializados e de serviços.

Os trabalhadores domésticos não foram incorporados, como os demais trabalhadores, em todos os direitos trabalhistas, como fundo de garantia por tempo de serviço,[11] mas à contribuição/prestação previdenciária. Os idosos pobres, de mais de 70 anos, foram contemplados com uma renda mensal vitalícia (1974) de um salário mínimo.

Também em 1974 foi criado o Ministério da Previdência e Assistência Social com a incorporação da LBA (Legião Brasileira de Assistência), Funabem (Fundação para o Bem-Estar do Menor), Ceme (Central de Medicamentos), Dataprev (Informática). Os militares unificam o sistema em 1977 com criação do Sinpas (Sistema Nacional de Assistência e Previdência Social), que compreende, além do INPS, o Inamps (Instituto Nacional de Assistência Médica da Previdência Social) e o Iapas (Instituto Nacional de Administração da Previdência Social). Nesse mesmo ano foi regulamentada a previdência privada. Ao mesmo tempo, 40 milhões de brasileiros não tinham nenhum acesso a serviços médicos, consolidando-se a desigualdade: o setor privado para os ricos, os planos para grupo seleto de assalariados e classes médias, os serviços públicos para pagantes da previdência e a "caridade" para os pobres.

A lógica repressivo-tecnocrática, a crise dos anos 70 e as prioridades do governo para megaprojetos como Transamazônica, Ferrovia do Aço, não deixaram de afetar o sistema que fica longe de se constituir como um movimento de cidadania. É um arranjo tecnocrático-político do sistema.

Esse modelo repressivo, centralizado, autoritário e desigual foi sendo implantado como um complexo assistencial-industrial-tecnocrático-militar (Faleiros, 1986), controlado pela gestão estatal para dar certa legitimidade ao governo, e não mudou as bases anteriores de sustentação, e nem se articulou como um projeto de cidadania universal. Era a continuidade de um modelo fragmentado e desigual de incorporação social em estratos de acesso, conforme os arranjos do bloco no poder para favorecer grupos, conquistar clientelas, impulsionar certos setores, obter lealdades. Grupos de interesse e poder disputavam os cargos do Estado, que justificava a decisão final com uma linguagem tecnocrática, racionalizadora e de tom economicista. O regime de repartição simples teve continuidade, mas com o impulso à previdência privada e a planos de saúde privados que tiveram expansão (ver Faleiros, 1992).

A Constituição de 1988: a seguridade social

A ruptura com o regime militar foi lenta e gradual, com anistia em 1979 e eleições para governadores em 1982. Em 1984, a luta pelas diretas para a Presidência da República resultou em eleições indiretas e convocação de Assembléia Nacional Constituinte em 1986, com os mesmos congressistas eleitos para a legislatura normal.

A conjuntura econômica já se demarcava pela inflação, dívida pública acentuada, mas a sociedade emergiu com força inaudita dos porões da repressão com manifestações de rua, formação de comitês, articulação de organismos, estruturação de abaixo-assinados, organização de *lobbies*. Apareceram as vozes de mulheres, índios, negros, além de empresários, setores específicos de empresas, ruralistas, evangélicos na disputa por seus interesses na Assembléia Nacional Constituinte. Vianna (1998) cita pesquisas sobre a existência de 383 grupos ou *lobbies* atuantes, inclusive com um bloco chamado Centrão, da ala conservadora do Congresso.

Em linhas gerais, a Constituição se coloca como liberal-democrática-universalista, expressando as contradições da sociedade brasileira e fazendo conviver as políticas estatais com as políticas de mercado nas áreas da saúde, da previdência e da assistência social. A Seguridade Social, que integra saúde, previdência e assistência social, é consagrada pela primeira vez no texto constitucional. A saúde e a assistência social passam a ser direitos do cidadão e dever do Estado, e a previdência mistura contribuição com financiamento estatal, principalmente para servidores públicos e militares. Os trabalhadores rurais passaram a obter o pleno acesso à previdência, com benefícios não inferiores a um salário mínimo, alcançando seis milhões de beneficiários, de fato, de uma renda mínima. O salário mínimo foi definido como piso básico de todos os benefícios e os reajustes vinculados a ele.

O solapamento dos direitos na ótica neoliberal

À medida que o Congresso incorporava direitos e definia o conceito de cidadania, na prática, o governo Sarney (1985-1989) promovia o desmonte das políticas, sociais federais reduzindo os programas de habitação, sucateando a saúde, controlando as verbas da educação e distribuindo cargos para se manter no poder por cinco e não por quatro anos, como estava previsto quando assumiu após a morte de Tancredo Neves. Diante da crise do sistema, já em 1985 o Inamps passa para o Ministério da Saúde, buscando-se integrar as ações municipais, estaduais e federais no âmbito da saúde. O sistema de saúde deveria configurar o SUS, Sistema Único de Saúde, com conselhos paritários, com o mesmo número de representantes escolhidos pela sociedade e pelo poder público. Quase todos municípios, hoje, têm conselhos, mas ao invés de um modelo descentralizado e participativo, previsto na Constituição, têm um modelo prefeiturizado, com predominância do poder dos prefeitos onde não há reação dos movimentos populares.

O relatório da Comissão Especial da Câmara de Deputados, cujo relator foi o ex-ministro da Previdência, Antonio Britto, trouxe recomendações para a reforma da Previdência Social, depois de constatar que ela vivia "sua pior crise". O documento parte do pressuposto que as reformas "não podem prejudicar direitos já adquiridos". Recomendou a volta dos princípios da dignidade e da eficiência, inclusive a nomeação de um ouvidor e de um Conselho de Gestão pelo Congresso Nacional. Propôs a extinção da contribuição proveniente dos lucros e do faturamento das empresas, com uma possível implementação do IPMF.[12] Assinalou que o governo deveria criar a previdência complementar pública, mantendo-se o limite de dez salários mínimos como teto do regime geral. Recomendou o fim dos subsídios às aposentadorias dos servidores civis e militares, da acumulação de aposentadorias, das aposentadorias especiais, e a implantação de uma idade mínima para a aposentadoria, com tabelas diferenciadas segundo o rendimento dos segurados. Não descartou a privatização do seguro de acidentes do trabalho. O relatório[13] tenta esboçar algumas medidas que estariam em pauta na revisão constitucional iniciada em outubro de 1993 que não chegou a um consenso sobre as temáticas e o processo de reforma num período pré-eleitoral, mas mostrou os interesses em jogo na privatização da previdência.[14]

A previdência social era afetada, ao mesmo tempo, pelo ciclo vicioso da sonegação/anistia a devedores e pelo ciclo de vantagens que certas categorias conseguiram com uma dicotomização entre previdência para servidores e previdência para trabalhadores da iniciativa privada. Enquanto os trabalhadores do INSS recebiam 1,9 salário mínimo de aposentadoria, os servidores do Executivo recebiam 14 salários mínimos em média, os do Legislativo 41,5 salários, e os do Judiciário 32,8 (Stephanes, 1998).

O primeiro presidente da República eleito após 29 anos da última consulta direta às urnas de 1960, Fernando Collor, definiu seu programa na ótica neoliberal, ao defender a redução do Estado e ampliação do mercado, incluindo mudanças na própria Constituição que acabava de ser promulgada, com um discurso de apelo popular: combate aos marajás (os altamente remunerados do setor público). Pelo esquema de corrupção que adotou, sofreu o *impeachment* pelo Congresso Nacional em 1992. Promoveu uma abertura econômica, acelerou o processo de privatização que vinha sendo feito por Sarney e demitiu 65.000 funcionários.

Com o *impeachment*, o vice Itamar Franco assumiu o governo e readmitiu, após muita luta, boa parte dos demitidos, e no final de 1993 fez aprovar a LOAS, Lei Orgânica da Assistência Social, que torna a assistência social dever do Estado e direito do cidadão. A política de mínimos sociais, nela prevista, foi implementada através de benefícios continuados de um salário mínimo para idosos e portadores de deficiência muito pobres (renda familiar de 1/4 do salário mínimo per capita). Grande parte dos municípios implementaram os conselhos de assistência social e de direitos da criança e do adolescente. A lei previdenciária havia cortado a renda vitalícia para os idosos. A LBA, o INPS e o Inamps foram extintos no contexto da descentralização e foi criado o INSS, Instituto Nacional de Seguro Social.

A informatização do sistema de cadastro e pagamento dos beneficiários tem possibilitado maior transparência e controle dos dados (28). A mudança no sistema gerencial (a proposta é de transformar o INSS em uma agência de seguros[15]) envolve também o combate ao clientelismo nas nomeações, na criação de postos de atendimento, no controle de cargos que, não raramente, são negociados no sistema do "é dando que se recebe", isto é, em troca de votações favoráveis a certas matérias. Neste ponto talvez não haja consenso, mas a sociedade está despertando para a ética, para o fato de que a coisa pública não pode ser apropriada por um grupo de políticos que a utilizam exclusivamente em proveito próprio.

Em 1994, Itamar Franco conseguiu o controle da inflação com da adoção de uma nova moeda, o Real. O então ministro da Fazenda, Fernando Henrique Cardoso, foi eleito Presidente da República com a bandeira da estabilização da economia e das reformas da Constituição.

Cardoso priorizou quatro eixos no seu primeiro mandato (1995-1998): aprovação de sua reeleição, ajuste fiscal, privatização e redução dos direitos sociais, com o monitoramento do Fundo Monetário Internacional. Visto que a reeleição visava a continuidade do poder, os eixos seguintes se inscrevem na perspectiva neoliberal de redução do Estado e favorecimento do mercado. O modelo econômico e político é o de maior favorecimento do mercado e de redução do Estado, priorizando os que vivem da especulação em detrimento dos que vivem do trabalho.

A iniciativa do Governo de Fernando Henrique Cardoso de promover uma reforma constitucional da Previdência Social não está isolada do processo político contemporâneo de mudanças da relação do Estado com a sociedade e que traduz as exigências veiculadas pelo Fundo Monetário Internacional e pelo chamado Consenso de Washington. Segundo os diagnósticos desses organismos, a crise latino-americana se deve ao excessivo crescimento do Estado e ao populismo, este por sua incapacidade de controlar o déficit público. O déficit público passou a ser o bode expiatório da falência do Estado, sem que, no entanto, sejam explicitadas as suas causas mais profundas. De acordo com o discurso oficial, a Previdência Social foi estigmatizada como sorvedoura do dinheiro público. O próprio presidente Sarney assinalou que, com as conquistas sociais da Constituição de 1988, o país seria ingovernável. Os gastos sociais, os gastos com o funcionalismo e a estigmatização da assistência social vinculada à corrupção serviram de propaganda pelo desmonte da área social. Parte desse projeto está consubstanciada na extinção do Ministério do Bem-Estar Social, no primeiro dia de governo de Fernando Henrique Cardoso. O PIS/Pasep poderá ser extinto e seu patrimônio ficar em mãos do BNDES para financiar empresas (*Folha de S.Paulo*, 5-1-95).

Já no início do mandato, em 1995, o governo enviou uma Emenda Constitucional (posteriormente denominada de Emenda número 20) de reforma da previdência social, incluindo também o fim do direito à assistência social com a volta dos auxílios sociais (o que foi rejeitado no Parlamento) e centrada no seguro social e não na seguridade social.

A emenda levou quatro anos para ser aprovada devido às resistências da própria base do governo, dos setores, grupos, sindicatos e *lobbies*, tanto engajados num projeto de maior privatização, como daqueles engajados na luta pela garantia dos direitos sociais. Mantiveram-se três regimes: a previdência pública para trabalhadores do setor privado em regime de repartição,[16] até o teto de R$ 1.200,00 (US$ 600,00 em fevereiro de 1999); a previdência dos servidores públicos, sem limite de teto; a previdência dos militares, sem limite de teto e garantia de pensões.

Na estratégia neoliberal surgiram projetos que reduzem o âmbito da previdência estatal, transferem para o setor privado atividades controladas pelo estado e modificam as fontes de custeio da previdência. A Fiesp (Federação das Indústrias do Estado de São Paulo) propõe que a previdência estatal, limitada a um mínimo, seja transformada em capitalização, reduzindo-se o teto da previdência pública a três salários mínimos, abrindo ao mercado a faixa mais lucrativa dos segurados.[17] Esta proposta de reforma retiraria da Previdência um dos grupos que lhe trazem maiores recursos e teria como conseqüência um aumento da desigualdade entre os segurados do Estado e os segurados do setor privado.

A privatização do seguro de acidentes de trabalho é tema recorrente na reforma da Previdência e uma das questões mais debatidas na história das garantias previdenciárias (Faleiros, 1992). A Constituição de 1988 estabeleceu que é direito do trabalhador o seguro por acidentes de trabalho, a cargo do empregador.[18] No projeto de lei apresentado pelo governo em 1997, criam-se as Mútuas de Acidentes do Trabalho e Doenças Ocupacionais (MAT), portanto, no âmbito do mercado, mas autorizadas pelo Ministério da Previdência e Assistência Social. Elas teriam um mínimo de empresas filiadas. Na área social, segue-se o modelo das agências governamentais de controle em vez do modelo dos conselhos com participação cidadã. As seguradoras privadas, por sua vez, não demonstram muito entusiasmo em relação a esse tipo de privatização. Um de seus representantes assinala que a privatização do seguro de acidentes de trabalho "precisa ser feita com muito cuidado, levando-se em conta a realidade brasileira, que nos coloca como recordistas mundiais nesse tipo de sinistro".[19] O autor acrescenta que as atividades básicas de saúde e previdência devem ficar com o Estado, propondo que o setor privado atue complementarmente ao setor público. Na ótica neoliberal se inscreve também a pressão dos empresários para diminuir o que chamam de "custo Brasil", incluindo o desconto sobre a folha de salários (hoje em 20% para os patrões e em torno de 10% para os empregados) como o pagamento das taxas para acidentes de trabalho (de 1 a 3%) e alíquotas sobre o faturamento (2 a 3%) e sobre o lucro líquido ajustado.

Há divergências no bloco liberal sobre como "aliviar" as empresas, seja eliminando toda a contribuição patronal, conforme proposta da Fiesp e da Kandir & Equipe (1993). Recomendam que toda contribuição social recaia sobre os empregados e também que haja um "desmembramento" do sistema de seguridade, com a transferência dos gastos com saúde e assistência para o orçamento fiscal de forma descentralizada, ou seja, sob a responsabilidade de estados e municípios fundamentalmente.

Às propostas privatistas reagiram os trabalhadores, principalmente a Central Única dos Trabalhadores (CUT), que critica a crescente vulnerabilidade externa provocada pela valorização artificial do real, pela abertura indiscriminada às importações e por juros elevados e as privatizações. Esta política, segundo o referido autor, serviu como travessia cômoda até as eleições de 98, mas não foi capaz de livrar o país da volúpia dos especuladores, e a fatura é apresentada somente aos trabalhadores pelo desemprego, cortes nos gastos, ataques aos direitos elementares como no caso da previdência, atingindo principalmente o funcionalismo.

A CUT não aceitou a "chantagem presidencial", considerando-a "como única e falsa opção". Em vez de aumentar juros, fazer os cortes orçamentários e o arrocho salarial para garantir a estabilidade, dever-se-ia priorizar os interesses do Brasil. Além disso, segundo a CUT, o governo deveria ter tido a coragem de envolver toda a sociedade na discussão das reformas previdenciária, fiscal, tributária, industrial e agrícola (*Folha de S.Paulo*, 9-11-97, p. 15). A oposição manteve o discurso de combate a sonegação e controle dos recursos para garantir a seguridade social, como afirma o deputado Sérgio Arouca (*A Gazeta* 4-1-97, p. 5). Critica também a estrondosa despesa com os juros sob o crescimento da dívida pública, escondendo da população esse fator, justificando o arrocho. O dinheiro da contribuição sobre a folha de pagamentos, da Cofins, da contribuição sobre o lucro, do servidor, do PIS/Pasep, deveria ser destinado à seguridade social, mas é desviado no Ministério da Fazenda para reforçar o orçamento fiscal. O próprio Congresso Nacional propôs uma emenda constitucional (PEC 169) para redefinir a distribuição de recursos na área da seguridade social, mas não foi adiante. Quanto à reforma, há consenso na sociedade de que o combate às fraudes e à inadimplência e a melhora do gerenciamento são medidas urgentes e inadiáveis. Os tipos de fraudes são quase incontáveis: aposentadorias indevidas, aposentados fantasmas, médicos fraudadores, juízes corruptos, máfias para obtenção de benefícios, advogados interceptadores, duplos benefícios.[20]

Nesse processo o governo não deu ouvidos aos representantes dos trabalhadores, mas sim aos empresários (*Folha de S.Paulo*, 11-8-97, p. 14). Uma das vitórias das centrais sindicais foi a aceitação no Congresso, por apenas um voto de diferença, do critério de ausência de idade mínima para a aposentadoria, por considerar que o trabalhador brasileiro ingressa muito cedo no mercado de trabalho.

Nesse contexto neoliberal, a principal modificação para os trabalhadores do setor privado na reforma constitucional foi o fim da aposentadoria por tempo de serviço e a exigência do sistema contributivo. Para se ter direito à aposentadoria, agora, são necessários trinta anos de contribuição (mulheres) e trinta e cinco (homens). Aos 65 anos (homens) e aos 60 (mulheres), é garantida uma aposentadoria *nos termos da lei*. A lei 9.876, de 26/11/99, introduziu o fator previdenciário, segundo o qual o valor do benefício depende do conjunto das contribuições e da expectativa de vida da pessoa, com o objetivo de dilatar o pedido de aposentadoria e incorporar ao seguro os 50% de trabalhadores informais que não contribuem para a previdência. O número de desempregados, segundo o Departamento Intersindical de Estudos (DIEESE), chegou a 20% em São Paulo em 1999, o que torna difícil o processo de incorporação à previdência, pois o valor da contribuição individual facultativa é de 20% sobre o respectivo salário de contribuição. A idade mínima para se trabalhar passou a ser de 16 anos. O salário-família ficou restrito aos que ganham, mensalmente, menos de R$ 360,00.

Um dos alvos centrais da reforma foi o regime de aposentadoria dos funcionários públicos, culpado pelo governo dos males e do déficit público. Em 1998 houve um déficit de 18 bilhões de reais no resultado da previdência pública federal e de 13 bilhões das previdências estaduais. Para reduzir o déficit, o governo tentou em 1995, 1996, 1998 e 1999 taxar os inativos. As três primeiras propostas foram rejeitadas no Congresso Nacional, e a última, aprovada sob a pressão dos mercados e do FMI para se fazer o ajuste fiscal, foi considerada inconstitucional pelo Supremo Tribunal Federal. Há uma nova proposta no Congresso, com apoio dos governadores, para ser votada no ano 2000, que volta a taxar os inativos, excluindo-se os de menor remuneração. Esta medida reduz ainda mais o poder de compra dos funcionários, com salários congelados desde 1995. A aposentadoria dos servidores, menos a dos militares, passou a exigir a introdução dos critérios de idade e de tempo de contribuição (60 e 35 anos para homens e 55 e 30 anos para mulheres). Não existem mais aposentadorias proporcionais no serviço público.

O governo pretende seguir o receituário monetarista do FMI nos próximos quatro anos, implicando arrocho salarial, ajuste fiscal, redução do Estado, privatização e desregulamentação das leis trabalhistas. Nesta perspectiva deve-se privilegiar a previdência e os serviços privados de saúde no mercado (inclusive com renúncia fiscal), e serviços de atendimento em domicílio, como o Saúde da Família, que desoneram os hospitais, mas com restrição de recursos. Milhões de brasileiros já pagam planos de saúde.

Na área da assistência social devem ser implementados serviços focalizados nos mais pobres, em parceria com organismos não-governamentais, reduzindo-se o campo estatal de garantia universal da cidadania. O modelo prevê que cada indivíduo vele pelo seu bem-estar ao invés da garantia do Estado de direito. O programa "Comunidade Solidária" tem distribuído cestas básicas de alimentos em municípios dentro de uma perspectiva focalizada em "emergências" e de acordo com conveniências políticas. A política educacional, apesar do fundo criado, não tem conseguido garantir vagas para todos no ensino fundamental e melhorar a qualidade do ensino, onde continuam altos índices de evasão e repetência. O setor privado tem cobrado caro pelo ensino. A política habitacional está submetida ao setor financeiro.

O modelo neoliberal visa estimular as pessoas a se sustentarem pelo trabalho e não pelos benefícios, mesmo numa conjuntura de desemprego. Os governos federal e estaduais têm recorrido à distribuição de cestas básicas e contratos temporários para situações de emergência, para conter as revoltas e saques e manter sua legitimidade. É a ótica do *workfare*, ou prestação de auxílio temporário, em troca de algum trabalho. A médio prazo, busca-se substituir o modelo de repartição simples da previdência e de acesso universal pelo *modelo de capitalização* e de cobrança de serviços. Os fundos públicos se reduzem com a implantação de fundos privados que aplicam o dinheiro do contribuinte nos empreendimentos e/ou na especulação. Na atual correlação de forças, o conflito distributivo está sendo resolvido em benefício dos banqueiros e dos especuladores.

Em alguns estados e municípios, entretanto, há muitos projetos de renda mínima que integram a distribuição de rendimento aos mais pobres com obrigações de freqüência à escola, como foi feito no Governo Democrático Popular do Distrito Federal, nos anos 90. Há iniciativas de políticas habitacionais a baixo custo, e o orçamento participativo vem articulando a relação cidadã, em algumas localidades, entre Estado e sociedade. A questão que se coloca é se esses e outros projetos civilizatórios, em nível local, poderão mudar a barbárie global da mundialização do capital. É também necessária uma cidadania que garanta os direitos humanos, dos indivíduos e dos grupos em nível global.

A presença da previdência estatal é condição essencial para a garantia dos direitos sociais e o acesso do cidadão a uma renda mínima em situações de risco social e de pobreza. Não se pode conceber a cidadania sem as garantias desses direitos. Para garantir essa cidadania é fundamental que haja transparência em relação aos dados da Seguridade Social brasileira, e uma negociação real, envolvendo toda a sociedade, sobre o futuro de nosso sistema previdenciário. Se o projeto de privatização for levado ao extremo, terá como efeito um aprofundamento ainda maior das desigualdades sociais em nosso país. A negociação é o instrumento capaz de colocar na mesa a dimensão da cidadania expressa na Constituição de 1988, os problemas concretos do sistema previdenciário, o futuro da Seguridade Social diante da desigualdade social e das pressões corporativistas de empresários, políticos e grupos de trabalhadores.

Ante as estratégias do Fundo Monetário Internacional de reduzir o Estado ao mínimo, é imprescindível que se coloquem estratégias de defesa da cidadania social e de manutenção do papel do Estado na garantia efetiva de uma seguridade social que compreenda, por um lado, um seguro obrigatório para todos, com um teto de dez salários mínimos, abrindo-se à previdência privada (lucrativa ou não) e pública uma faixa complementar sob rígida fiscalização do Estado e da sociedade.

211

É preciso rejeitar o projeto "trator" de privatização, que interessa fundamentalmente ao mercado de capitais para a efetivação da seguridade social, para que o fosso entre uma previdência para os integrados ao sistema de trabalho e os excluídos econômica, social e culturalmente não se amplie ainda mais nesse país. O objetivo deve ser sempre a cidadania.

NOTAS

1. In *"O plano Beveridge"* — São Paulo, José Olympio Editora, 1943, p. 189.

2. Weffort (1980) se refere às massas como parceiro-fantasma ou de transição pelo alto (1984).

3. Na ótica liberal trata-se de um processo naturalizado de competitividade. O Relatório do Grupo de Lisboa assinala: "o processo de globalização do sistema financeiro, da indústria, dos mercados de consumo, infra-estruturas e serviços de informação e comunicação, para não falar da segurança militar baseada em alta tecnologia, acentuou a transformação da competição que, de um meio e modo específico de funcionamento econômico, se tornou numa ideologia e num modo agressivo de sobrevivência e hegemonia (ser o vencedor)" (p. 15).

4. O acordo multilateral de seguridade social do Mercosul estabelece que os trabalhadores de outro país estarão sujeitos às mesmas normas que os nacionais. Ver o texto do Acordo in MPAS, *A seguridade social e os processos de integração regional*. Brasília, MPAS/CEPAL, 1996.

5. No Brasil, o senador baiano Antônio Carlos Magalhães, representante das elites políticas, empresariais e militares conservadoras, propôs, em 1999, um fundo de combate à pobreza, utilizando recursos fiscais e gerido por políticos.

6. Estamos na fase final de uma pesquisa sobre previdência social brasileira de 1979 a 2000. Ver Vianna (1998), Fleury (1994) e Faleiros (1999).

7. Boa parte dos fundos de previdência já foram investidos fora do Chile. As Isapres não cobrem todos os gastos com saúde (em geral 70%) e nem todos os eventos. Se uma Isapre falir, o governo dá cobertura até a escolha de uma outra. Ver Revista da ANFIP 2, (21).

8. In Esping-Andersen (1996).

9. No final de janeiro de 2000, a associação de empresários Medef anunciou a retirada dos patrões da gestão da previdência e sua mobilização para diminuir os custos, em função da produtividade. Ver *Folha de S. Paulo* de 25-1-2000, p. 22.

10. O modelo de repartição simples é o sistema de previdência social de solidariedade intergeneracional e de ativos/inativos, segundo o qual o pagamento dos benefícios aos aposentados é feito com o montante arrecadado dos contribuintes, sem que haja necessariamente uma reserva. Já no modelo de capitalização, o sistema de pagamento de aposentadoria se faz através de um fundo individual aplicado em instituições financeiras. Elas retribuem as contribuições de acordo com o rendimento das aplicações após um período determinado de anos combinado com a idade. Há um adicional para a administração do fundo. É o modelo chileno de aposentadoria.

11. Somente no final de 1999 foi aprovada a lei que permite aos domésticos o acesso ao FGTS, mas de forma voluntária, por iniciativa dos empregadores.

12. A Contribuição Provisória sobre Movimentação Financeira foi implementada e hoje é de 0,35%, devendo servir aos gastos de saúde.

13. Brasília, Câmara dos Deputados, 1992. O relatório está publicado também na revista *Previdência em dados* 7(2). Abr./jun./1992. A própria Comissão constata que as contribuições provenientes da folha de salários correspondem a 47,05% dos recursos, cabendo ao Finsocial 20,5%, aos lucros 4,87%, ao PIS/Pasep 9,88%, a recursos ordinários 7,23% e 10,43% a outros. A previdência social brasileira tem aproximadamente o equivalente a 6% do PIB em receitas.

14. Houve também a sugestão oriunda da ANFIP, que propôs uma combinação de tempo de serviço e idade, podendo o trabalhador se aposentar, por exemplo, com 60 anos de idade e 35 anos de contribuição. A chamada fórmula 95 é complexa e mexe com interesses e direitos adquiridos. In Revista da ANFIP, 2(20) maio de 1992.

15. Em junho de 1999 foi extinta a Divisão de Serviço Social que vinha atuando na defesa de direitos do usuário (Silva, 1999).

16. Oitenta por cento das aposentadorias por velhice (urbanas) situam-se na faixa de até dois salários mínimos, enquanto apenas 17% das aposentadorias por tempo de serviço estão nesta faixa. As aposentadorias por velhice compreendiam, em 1995, 7,67% do valor dos benefícios, por tempo de serviço 10,38%, especiais 2,54%, por invalidez 14,36%, pensões 22,53%, auxílios (doença e acidente) 7,50%, aposentadoria por velhice rural 17,64%.

17. Cálculos feitos em 1986 mostram que os segurados que contribuem com até três salários mínimos geram 26,8% da receita de contribuições. Nesse período, as faixas até dez salários mínimos geravam 70% das contribuições. Cf. DAIN, Sulamis, "Dilemas do financiamento da nova Previdência", in *Previdência em dados* 1(4): 12-18, Rio de Janeiro, jul./set. de 1986. Estudo feito em 1992 por José Neves constata que os trabalhadores que ganham até cinco salários mínimos pagam 44% da receita proveniente da folha de salários e recebem 71% da despesa de benefícios. In *Previdência em dados* 7(3): 5-6, jul./set. de 1992.

18. Inciso XXVIII do artigo 7º.

19. Ver MENDONÇA, Antonio Penteado de, in *Folha de S. Paulo* de 27-9-93, pp. 2.2. O autor é sócio da APM Seguros, Consultores e Corretores.

20. Ver dados a respeito no relatório da CPI das Irregularidades na Previdência Social, Brasília, Câmara dos Deputados 1992. Ver também ALVES, Mário, *Evasão de contribuições sociais: a face perversa da Previdência Social*, Natal, UFRN, Depto. de Ciências Administrativas, dissertação de mestrado, 1992. A Comissão Especial da Câmara sobre Previdência Social assinala que o grau de evasão de recursos é da ordem de 41,03% (dados de 1988). A ANFIP destaca, em 1997, que a evasão na área da receita previdenciária situa-se entre 30 e 40% do seu potencial, podendo arrecadar mais R$ 30 bilhões se não houvesse fraude, evasão ou sonegação. In ANFIP, *Sonegação, fraude e evasão fiscal.* Vol 1. Brasília, ANFIP, 1997. A existência de um "caixa 2" é até benéfica para a empresa, pois não permite a fiscalização e não é punida.

REFERÊNCIAS BIBLIOGRÁFICAS

ANFIP. *A Previdência ao redor do mundo*. 5 volumes. Brasília, ANFIP, 1998.

ARRIGHI, Giovanni. *A ilusão do desenvolvimento*. Petrópolis, Vozes, 1997.

BABEAU, André. *La fin des retraites*. Paris, Hachette, 1985.

BITAR, Sérgio, Neoliberalismo *versus* neoestructuralismo en América Latina. In: *Revista de La Cepal*, nº 34, Santiago, Abril de 1988, pp. 45-64.

BRASIL — "Regulamento da Previdência Social" — Decreto nº 3.048 de 6 de maio de 1999, publicado no *Diário Oficial da União* de 12/5/99.

BRENNER, Robert. A economia da turbulência global. In: *Praga*. (7): 37-46, São Paulo, março, 1999.

CASTEL, Robert. *As metamorfoses da questão social*. Petrópolis, Vozes, 1998a.

_____. Du travail social à la gestion sociale du non-travail. In: *Esprit*. (3-4): 28-47, Paris, março-abril. 1998b.

CHESNAIS, François (org.). *A mundialização financeira*. São Paulo, Xamã, 1999.

_____. *A mundialização do capital*. São Paulo, Xamã, 1996.

DOWBOR, Ladislau, IANNI, Octavio e RESENDE, Paulo-Edgar (orgs.). *Desafios da globalização*. Petrópolis, Vozes, 1997.

DRAIBE, Sônia M. As políticas sociais nos anos 1990. In: BAUMANN, Renato. *Brasil: uma década em transição*. Rio de Janeiro, Campus, 1999, pp. 101-142.

ESPING-ANDERSEN, Gosta. *Welfare states in transitions*. Londres, Sage Publications/UNRISD, 1996.

FALEIROS, Vicente de Paula. As reformas da seguridade social: o contexto mundial e o caso canadense. In: *Ser Social* (4):195-234, Brasília, UnB, Mestrado em Política Social, 1999.

_____. Estado, sociedad y políticas sociales. In: TEIXEIRA, Sônia Fleury. *Estado y políticas sociales en América Latina*. Xochimilco, Universidad Autónoma Metropolitana, 1992a, pp.79-120.

_____. *O que é política social*. São Paulo, Brasiliense, 1986.

FALEIROS, Vicente de Paula. *O trabalho da política. Saúde e segurança dos trabalhadores*. São Paulo, Cortez, 1992.

FLEURY, Sônia. *Estado sem cidadãos. Seguridade social na América Latina*. Rio de Janeiro, Editora Fiocruz, 1994.

GRAY, John. *False Dawn. The desilusions of global capitalism*. Londres, Granta Books, 1998.

GRUPO DE LISBOA. *Limites à competição*. Lisboa, Publicações Europa-América, 1994.

HIRST, Paul e THOMPSON, Grahame. *Globalização em questão*. Petrópolis, Vozes, 1998.

IANNI, Octavio. A política mudou de lugar. In: DOWBOR, Ladislau, IANNI, Octavio e RESENDE, Paulo-Edgar (orgs.). *Desafios da globalização*. Petrópolis, Vozes, 1997.

JOHANET, Gilles. *Sécurité sociale: l'échec et le défi*. Paris, Seuil, 1998.

KANDIR, Antonio & equipe. Diretrizes conceituais e operacionais para a reforma da previdência social. In: MINISTÉRIO DA PREVIDÊNCIA SOCIAL. *A previdência social e a revisão constitucional*. Pesquisas, v. 1, pp.141-221, Brasília, MPS/CEPAL, 1993.

KLINGVALL, Inger. Reforma do sistema previdenciário sueco. In: *Conjuntura Social* 10(1):129-138, Brasília, MPAS, 1999.

LAURELL, Asa Cristina (org.). *Estado e políticas sociais no neoliberalismo*. São Paulo, Cortez/CEDEC, 1995.

LEBAUSPIN, Ivo (org.). *O desmonte da nação. Balanço do governo FHC*. Petrópolis, Vozes, 1999.

LOJKINE, Jean. *A revolução informacional*. São Paulo, Cortez, 1995.

MELO, Marcos André B. C. de. As reformas constitucionais e a Previdência Social. In: DINIZ, Eli e AZEVEDO, Sérgio (orgs.). *Reforma do Estado e democracia no Brasil*. Brasília, Editora da UnB/ENAP, 1997.

MERCADANTE, Aloizio (org.). *O Brasil pós-Real. A política econômica em debate*. Campinas, UNICAMP, Instituto de Economia, 1998.

MESA-LAGO, Carmelo. Análise comparativa da reforma estrutural do sistema previdenciário realizada em oito países latino-americanos; descrição, avaliação e lições. In: *Conjuntura Social* 8(4):7-66, Brasília, MPAS, out./nov./dez. 1997.

MEYER, Anne. *L'Europe sociale*. Paris, La documentation française, 1998.

MOTA, Ana Elizabete. *Cultura da crise e seguridade social*. São Paulo, Cortez, 1995.

OFFE, Claus. *Problemas estruturais do Estado capitalista*. Rio de Janeiro, Tempo Brasileiro, 1984.

OLIVEIRA, Carlos Alonso de e MATTOSO, Jorge Eduardo Levi (orgs.). *Crise e trabalho no Brasil. Modernidade ou volta ao passado?* São Paulo, Scritta, 1996.

PARIJS, Philippe. *O que é uma sociedade justa*. São Paulo, Ática, 1997.

PEREIRA, Luiz Carlos Bresser. *A crise do Estado. Ensaios sobre a economia brasileira*, São Paulo, 1992.

REICH, Robert B. *O trabalho das nações: preparando-nos para o capitalismo do século XXI*. São Paulo, Educador, 1994.

ROCARD, Michel. *Demain, les retraites. Un contrat entre générations*, resumo do Livro Branco sobre aposentadorias, Paris, Gallimard-Folio, 1991.

SADER, E. e GENTILI, P. (orgs.). *Pós-neoliberalismo. As políticas sociais e o Estado democrático*. Rio de Janeiro, Paz e Terra, 1995.

SANTOS, Boaventura de Sousa. *Reinventar a democracia*. Lisboa, Gradiva Publicações/Fundação Mário Soares, 1998.

SILVA, Maria Lúcia Lopes da. Serviço social no INSS. Luta para garantir direitos e cidadania. In: *Inscrita* (5): 19-22. Brasília, CFESS, 1999.

SOROS, George. *A crise do capitalismo*. Rio de Janeiro, Campus, 1999.

SPOSATI, Aldaiza (org.). *Renda mínima e crise mundial — saída ou agravamento?* São Paulo, Cortez, 1997.

STEPHANES, Reinhold. *Reforma da Previdência sem segredos*. Rio de Janeiro, Record, 1998.

TAVARES, Maria da Conceição e FIORI, José Luís (orgs.). *Poder e dinheiro. Uma economia política da globalização*. Petrópolis, Vozes, 1997.

TAYLOR-GOOBY, Welfare, a hierarquia e a nova 'direita' na era Tatcher. In: *Lua Nova* (24): 165-187, São Paulo, 1991.

UTHOFF, Andras. Reforma dos sistemas de benefício na América Latina. In: *Conjuntura Social* 8(4): 73-90, Brasília, MPAS, out./nov./dez. 1997.

VÁRIOS. *Cahiers de Recherche Sociologique* (24), L'État dans la tourmente. Montréal, UQAM, 1995.

VIANNA, Maria Lúcia Teixeira Werneck. *A americanização (perversa) da seguridade social no Brasil*. Rio de Janeiro, Revan/UCAM/IUPERJ, 1998.

WEFFORT, Francisco. *Por que democracia?* São Paulo, Brasiliense, 1984.

_____. *O populismo na política brasileira*. Rio de Janeiro, Paz e Terra, 1980.